Louis Dasté

Marie-Antoinette

&

Le complot maçonnique

ⓞmnia Veritas

Louis Dasté

Marie-Antoinette
& LE COMPLOT MAÇONNIQUE
1910

Publié par
OMNIA VERITAS LTD

OMNIA VERITAS

www.omnia-veritas.com

I 11

QUI A CHANGÉ L'ÂME DES FRANÇAIS ? 11

Introduction de la Maçonnerie en France La Première Encyclique contre la Secte 15
Le Mensonge, arme principale de la Maçonnerie 17
Les Rouages de la Machine à Mensonge 18
Les Ministres du Roi et la Maçonnerie 21
Les Magistrats et la Maçonnerie. 29
L'Église de France et la Maçonnerie 31

II 50

LEURS ARMES : MENSONGE ET CALOMNIE 50

Pouvoir Occulte et Grand Orient 50
Édifiant Parallèle 52
Basile 56
« Que n'ai-je cru, il y a onze ans ! ... » 62

III 71

L'AFFAIRE DU COLLIER 71

Le F*** Juif Cagliostro 72
On tisse la Trame… 78
Le Bosquet de Vénus 84
Le Collier de Diamants 88
Le Convent de Paris 92
L'Initié Sainte-James 93
La Reine pleure 95
Le Mystère d'Iniquité 97
Il fallait supprimer la Reine 98
Les Fausses Lettres de la Reine 102
Cagliostro a peur… 107
Révélations de Cagliostro sur la Maçonnerie 108

    Les FF*** du Parlement contre la Couronne 112
    Les Mémoires des Avocats 114

IV **118**

  Pouvoir occulte juif et révolution 118

    Le Comité Intime 118
    Le F*** Cagliostro, agent des… Jésuites ! 121
    La main Juive 122
    Lilia pedibus destrue 125
    Continuité de l'Action Révolutionnaire du Juif 128

V **136**

  Le procès du collier 136

    La Reine mise en Cause 137
    La Condamnation de Marie-Antoinette 140
    Le Sang des Valois coule, en attendant le Sang des Bourbons… 144
    À Instar de l'Affaire Dreyfus 147
    La Preuve que la Presse Maç*** mentait 150
    L'Évasion de la Comtesse 151

VI **154**

  Les deux « mémoires justificatifs » 154

    Vue d'Ensemble 154
    « Ce sont ces Gens-là… » 156
    Jeanne n'avait jamais vu la Reine ! 158
    Les Collaborateurs de Mme de la Motte 162
    Les Fausses Confessions de la Comtesse 168
    Encore des Pamphlets contre la Reine 170
    Le Sang mêlé à la Fange 173

VII ... 178

HAINES EXCITÉES CONTRE LA BASTILLE ... 178

Le Haut-Maçon Ximenès ... 182
L'Anti-Maçon Linguet et la Bastille ... 184
*Le F*** Cagliostro et la Bastille* ... 189

VIII ... 196

LA FIN DE CAGLIOSTRO ... 196

Le « Porc à l'Arsenic » ... 197
Morande contre Cagliostro ... 199
L'Exode du Juif Cagliostro ... 205

IX ... 212

1789 : LA GRANDE ANNÉE MAÇONNIQUE ... 212

1789 : Vue d'Ensemble ... 214
La Maçonnerie et les élections de 1789 ... 218
Les Cahiers de 1789 ... 223
L'Enquête de MM. Cochin et Charpentier ... 226
Témoins Oculaires ... 229
Les Plans et Moyens ... 231
« Comment on fabrique l'Opinion. » ... 236
Épuration Maçonnique ... 242
Arrêts du Peuple ... 245

X ... 247

LA REINE ET LES ÉTATS GÉNÉRAUX ... 247

La Système de la Terreur et la Loge « Les Amis Réunis » ... 252
La Mort du Dauphin ... 254
La Peur aux États-Généraux ... 257

Juillet 1789 .... *261*
Necker *262*
Le Commencement de la Fin *264*

XI **268**

LA PRISE DE LA BASTILLE ET LA GRANDE PEUR 268

L'Appel à la Force des Masses *268*
Les Prédictions du F*** Chamfort *272*
Les Moyens de Terreur *275*
La Peur à Paris *276*
La Grande Peur *279*
L'Homme aux Cheveux attachés en Queue *283*
La Prétendue Spontanéité de la Grande Peur ... *285*
Encore « l'Homme aux Cheveux attachés en Queue » *287*
Les Meneurs *290*
Les Résultats de la Grande Peur *295*
Quatre Témoignages de Contemporains *297*
La Reine et la Grande Peur *303*
« Le Crachat Royal. » *309*

XII **315**

ÉPILOGUE 315

La Nuit du 5 au 6 octobre 1789 .... *315*
La Reine accuse la Maçonnerie *316*

TABLE BIBLIOGRAPHIQUE **323**

À la mémoire de S. S. Clément XII, le premier des sept Papes qui ont dénoncé la Maçonnerie comme l'arme principale des ennemis de l'Église et de la société chrétienne, sans réussir, hélas ! à entraîner les Catholiques dans une Croisade nouvelle, - Croisade nécessaire pourtant, si les Nations chrétiennes veulent ne pas mourir ;

À la mémoire des pères de l'Antimaçonnisme

Les PP. Jésuites Barruel et Deschamps ;

Les grands journalistes chrétiens Crétineau-Joly et Claudio Jannet.

LOUIS DASTÉ

I

QUI A CHANGÉ L'ÂME DES FRANÇAIS ?

Au XVIIIe siècle, la Foi catholique et la France furent ensemble comme incarnées dans un être représentatif au plus haut degré : fille des Césars catholiques d'Autriche et femme du Roi Très-Chrétien, Marie-Antoinette eut ce douloureux honneur. Elle l'a porté au comble par son martyre sur l'échafaud.

Et vingt ans auparavant, elle était l'idole de la France !

Qui avait changé l'âme des Français ? Qui avait transformé les Français catholiques en blasphémateurs et sacrilèges ? Les Français amoureusement fidèles à leur dynastie séculaire en régicides ?

Le but de ce livre est de montrer que l'agent de ces œuvres de mort fut la Franc-maçonnerie.

Lors de l'avènement de Louis XVI et de Marie-Antoinette, le peuple de France idolâtrait ses jeunes souverains. La Reine surtout avait touché son cœur.

Le 11 septembre 1774, Mercy-Argenteau, ambassadeur d'Autriche, écrivait à l'impératrice Marie-Thérèse, mère de Marie-Antoinette, une lettre où nous lisons :

Il n'y a pas eu, dans la conduite de la Reine, la moindre nuance qui n'ait porté l'empreinte de l'âme la plus vertueuse...

Personne n'est plus convaincu de cette vérité que le Roi... Les grandes et vraiment rares qualités de la Reine ne sont pas moins connues du public ; *elle en est adorée avec un enthousiasme qui ne s'est jamais démenti. (Lettre de Mercy-Argenteau à Marie-Thérèse,* le 11 septembre 1774. - *Correspondance secrète...* publiée par A. d'Arneth et A. Geffroy, Paris, 1874, t. II, p. 232.)

Le 8 juin 1773 avait eu lieu l'entrée solennelle de Louis XVI, encore dauphin, dans la ville de Paris, avec la Dauphine. L'enthousiasme de la foule allait au délire. Les maisons étaient en fleurs, les chapeaux volaient dans les airs. Des acclamations ininterrompues : « Vive Monseigneur le Dauphin ! Vive Madame la Dauphine ! » Se répétaient en mille échos. « Madame, disait le duc de Brissac, vous avez là deux cent mille amoureux ». Marie-Antoinette voulut descendre dans les jardins, se mêler directement à la foule, remercier de plus près, serrer les mains qui se tendaient à elle. Et elle écrit à sa mère une lettre où bat son cœur :

« ... Ce qui m'a touchée le plus, c'est la tendresse et l'empressement de ce pauvre peuple qui, malgré les impôts dont il est accablé, était transporté de joie de nous voir... Au retour, nous sommes montés sur une terrasse découverte. Je ne puis vous dire, ma chère maman, les transports de joie, d'affection, qu'on nous a témoignés dans ce moment... » (M. FUNCK-BRENTANO, *L'Affaire dit Collier,* 6e édit., pp. 51, 52.).

Vingt ans après, en 1793, ce n'est plus d'amour mais de haine que la France parait enivrée.

Avant d'être menée à l'échafaud dans la charrette, « *cette bière des vivants* », la Reine écrivit à Mme Élisabeth, sa belle-sœur, une lettre aussi admirable que navrante. En voici le début :

Ce 16 octobre, à quatre heures et demie du matin,

C'est à vous, ma sœur, que j'écris pour la dernière fois. Je viens d'être condamnée, non à une mort honteuse, elle ne l'est que pour les criminels, mais à aller rejoindre votre frère. Comme lui innocente, j'espère montrer la même fermeté que lui dans ses derniers moments.

Je suis calme, comme on l'est quand la conscience ne reproche rien. J'ai un profond regret d'abandonner mes pauvres enfants... Et vous, ma bonne et tendre sœur, vous qui avez, par votre amitié, tout sacrifié pour être avec nous, dans quelle position je vous laisse !

J'ai appris, par le plaidoyer même du procès, que ma fille était séparée de vous. Hélas ! La pauvre enfant, je n'ose pas lui écrire ; elle ne recevrait pas ma lettre, je ne sais même pas si celle-ci vous parviendra. Recevez pour eux deux, ici, ma bénédiction. (Lettre citée par Mme la comtesse d'Armaillé : *Madame Élisabeth,* Paris, 1886, pp. 443, 444.)

Qu'ils pensent, tous deux, continuait la Reine, à ce que je n'ai cessé de leur inspirer : que les principes et l'exécution exacte de ses devoirs sont la première base de la vie. *(Id., ibid., p. 444.)*

Après la parole divine du Christ pardonnant à ses bourreaux du haut de la croix où ils viennent de le clouer, il est peu de paroles humaines qui, puissent venir en parallèle avec cette suprême adjuration de Marie-Antoinette :

Que mon fils n'oublie jamais les derniers mots de son père, que je lui répète expressément : qu'il ne cherche jamais à venger notre mort *(Id., ibid.* p. 445.)

La noble femme capable, au pied de l'échafaud, de pousser la générosité d'âme jusqu'à cet héroïsme qui l'élève au-dessus de l'humanité, c'est la même femme que l'exécrable Maçonnerie s'est efforcée de salir, jusqu'à ses derniers moments, par des pamphlets regorgeant de calomnies odieuses, afin de souiller avec elle la Monarchie française, tout en l'assassinant.

Après la Reine-Martyre, envisageons la France, la Nation-Martyre frappée, elle aussi, par la Maçonnerie.

Au commencement du XVIIIe siècle, la France était encore attachée avec ferveur à ses traditions religieuses et politiques. À la fin du même siècle, elle rompt - ou plutôt une influence cachée la fait rompre - avec toutes ses traditions à la fois. Quelle est cette influence ? Toujours celle de la Maçonnerie. Or, dès 1791, un admirable prêtre, l'abbé Le Franc, osa l'écrire. Un an plus tard, le 2 septembre 1792, à l'abbaye de Saint-Germain-des-Prés, il paya de son sang le courage d'avoir dénoncé la Maçonnerie comme la mère de la Révolution, alors déjà toute souillée de crimes.

Les tueurs au service du Pouvoir Occulte n'eurent garde de laisser échapper aux massacres maçonniques de Septembre ce voyant, qui, arrachant leurs masques aux meneurs révolutionnaires, venait de mettre en lumière leurs faces de Francs-Maçons.

Écoutons donc avec respect les paroles de l'abbé Le Franc : c'est pour les avoir dites qu'il est mort.

L'Europe (écrivait-il en 1791) est étonnée du changement qui s'est opéré dans nos mœurs. Autrefois, on ne reprochait à un Français que sa gaieté, sa frivolité. Aujourd'hui qu'il est devenu sanguinaire, on l'a en horreur... Qui l'a rendu farouche, toujours prêt à attenter à la vie de ses semblables et à se repaître de l'image de la mort ? Le dirai-je et m'en croira-t-on ? C'est la Franc-maçonnerie !... C'est à l'ombre de l'inviolable secret qu'elle fait jurer à ses initiés, qu'elle a donné des leçons de meurtre, d'assassinat, d'incendie et de cruauté...

(*Le Voile levé... ou* le *Secret de la Révolution révélé à l'aide de la Franc-maçonnerie*, pp. 67, 68.)

Longtemps la Maçonnerie a fait l'impossible pour effacer, sur le fumier sanglant de 89 et de 93, ses traces criminelles. Mais, aujourd'hui, mentir là-dessus serait peine perdue pour elle. La vérité se fait plus claire chaque jour et, par un enchaînement de textes écrasants, nous allons prouver à quel point l'abbé Le Franc avait dit vrai. Oui, en toute réalité, durant plus d'un demi-siècle, les Francs-maçons ont secrètement creusé la mine dont l'explosion a jeté bas l'ancienne France en 89.

Nous ne pouvons ici traiter en quelques mots l'immense question de l'origine de la Maçonnerie. Disons simplement que, quels que fussent ses créateurs, la Maçonnerie était *dès le commencement* l'ennemie mortelle de la Foi chrétienne, de l'ordre chrétien, de la civilisation chrétienne tout entière.

INTRODUCTION DE LA MAÇONNERIE EN FRANCE
LA PREMIÈRE ENCYCLIQUE CONTRE LA SECTE

D'Angleterre où les Rose-Croix judaïsants et kabbalistes l'avaient greffée sur les vieilles corporations d'ouvriers maçons, la Franc-maçonnerie s'introduisit en Europe, partout à la fois, de 1725 à 1730. Dès 1735, un article du code primitif des Francs-maçons révolta, par son audacieux esprit révolutionnaire, d'honnêtes magistrats de Hollande : les premiers, ces protestants proscrivirent la Maçonnerie. Mais celle-ci fit un retour offensif et triompha des premières résistances, en Hollande comme ailleurs.

Deux ans après, en 1737, le Premier Ministre de *Louis XV* était le cardinal de Fleury : sa clairvoyance touchant la Maçonnerie a fait de lui la bête noire des menteurs professionnels chargés de falsifier notre Histoire. Après une minutieuse enquête, le Cardinal acquit la même conviction qui avait armé les magistrats hollandais contre la Maçonnerie *antichrétienne et révolutionnaire*. Il donna des ordres sévères contre les Loges qui déjà pullulaient en France.

L'année suivante, en 1738, le Pape Clément XII avait été renseigné par le cardinal de Fleury et sans doute aussi de bien d'autres côtés pour l'Europe entière. Sans tarder, le Pape lança la première des Encycliques que Rome ait opposées au fléau maçonnique. Comme toutes celles qui l'ont suivie, cette Bulle a stigmatisé dans la Maçonnerie ce double caractère : de viser à détruire en même temps l'Église de Dieu et les sociétés politiques basées sur le Christianisme.

Mais tout était conjuré pour empêcher la France d'écouter les cris d'alarme du Pape et du Premier Ministre de Louis XV. Les tendances gallicanes et l'hérésie janséniste (reliées par de secrètes accointances) arrêtaient aux frontières de France la parole du Pape et faisaient méconnaître le bien fondé des angoisses que lui causait le péril maçonnique. La Maçonnerie profita de ces déplorables dispositions de l'esprit public : elle sema des brochures faites avec un art infernal pour attirer dans ses pièges les hommes de bonne foi ; elle commença par y prêcher la fameuse tolérance, masque menteur de l'intolérance la plus fanatique.[1] Bref la Maçonnerie, dès son entrée en France, apprit aux Français à détester le Catholicisme *parce qu'intolérant,* disait-elle.

En 1743, le cardinal de Fleury meurt. Nous verrons bientôt par quels aveugles fut remplacé au pouvoir le premier *et le dernier* ministre anti-maçon qu'aient eu Louis XV et Louis XVI. On peut dire que depuis la mort du cardinal de Fleury,

---

[1] Dans son livré *Le Pouvoir Occulte contre la France,* Copin-Albancelli a magistralement montré comment, dans les Loges actuelles, la pseudo-tolérance maçonnique mène à la plus outrancière intolérance.

la Royauté française fut soumise chaque jour davantage à l'influence de la Maçonnerie, qui va s'imposer à elle, chaque jour plus forte, jusqu'à la chute, cinquante ans plus tard, dans le sang de Louis XVI et de Marie-Antoinette.

Mais quels ressorts furent mis en jeu par la Maçonnerie pour arriver à son but ?

LE MENSONGE, ARME PRINCIPALE DE LA MAÇONNERIE

L'histoire de l'action maçonnique sous Louis XV et Louis XVI tient dans ce mot : *le Mensonge*. Nous avons là, dans les faits historiques d'une longue période, une application frappante de la thèse générale créée et défendue avec tant d'énergie et de logique par l'éminent Président de notre Ligue.[2]

Il faudrait un volume pour décrire comme ils le méritent les chefs-d'œuvre d'imposture du F*** de la Tierce, le menteur en chef de la Maçonnerie en France à cette époque. Or, le F*** de la Tierce les a publiés *immédiatement après* que le pape Clément XII et le cardinal de Fleury eurent dénoncé le péril maçonnique, - tout comme le F*** Taxil a bâti son édifice d'imposture *immédiatement après* que le pape Léon XIII eut à nouveau dénoncé le péril maçonnique. Instruits par l'expérience, les FF*** de la Tierce et consorts effacèrent dans le code des Loges ce qui avait dès l'abord effrayé la protestante Hollande. Avec persévérance, ils travaillèrent à persuader aux honnêtes Français attirés dans les Loges que la Maçonnerie ne rêvait d'accomplir *« aucune Révolution »*. C'est imprimé en toutes lettres dans l'ouvrage du F*** de la Tierce dont la première édition parut peu de mois avant la mort du cardinal

---

[2] M. Copin-Albancelli, président de la Ligue Française Anti-Maçonnique, 33, quai Voltaire, Paris.

de Fleury. Ceci, imprimé cinquante-sept ans avant la prise de la Bastille, est bien la preuve que le Pape et le cardinal de Fleury n'avaient que trop raison de voir dans la Maçonnerie la source de torrents de maux !

« *Nous ne fomentons aucune Révolution* », disaient les Tartufes des Loges. Mensonge !

« *Nous sommes de zélés et fidèles chrétiens. Voyez plutôt : dans les églises, nous faisons chanter des messes solennelles* », disaient-ils encore. Sacrilège !

« *Nous portons les lys de France dans le cœur !* » ajoutaient-ils. Et leur but était de rougir de sang royal la blancheur des lys ! Toujours le Mensonge !

LES ROUAGES DE LA MACHINE À MENSONGE

Les livres comme ceux du F*** de la Tierce, si perfidement habiles qu'ils fussent, ne pouvaient à eux seuls transformer la France. Nous allons maintenant démonter les rouages multiples qui ont servi à la Maçonnerie du XVIIIe siècle à centupler son action, à répandre ses poisons dans toute la France, jusque dans le dernier des hameaux. Ces rouages vont bientôt être décrits en détail par M. Augustin Cochin, d'après les textes qu'il compulse avec une admirable patience dans les Archives des provinces. En attendant, voici ce qu'on observe d'une façon générale :

À partir du milieu du XVIIIe siècle, dans la plupart des villes françaises s'ouvrirent des Sociétés dites *de Lecture*. Ainsi que les Sociétés actuelles de Libre-Pensée, elles étaient menées par des Maçons. Ces Sociétés de Lecture, comme leur nom l'indique, avaient pour but de *faire lire* aux Français qu'on y enrôlait toute une gamme de livres et brochures imprégnés de venin maçonnique et savamment gradués, depuis le respect hypocrite de toutes les traditions françaises jusqu'à la haine la plus atroce contre ces mêmes traditions.

Ceux des lecteurs de ces officines qui mordaient le mieux à l'hameçon maçonnique et possédaient, en outre, quelque talent d'écrivain étaient attirés dans des groupes d'un degré plus haut : les *Sociétés* dites *Académiques*. Là des prix nombreux et alléchants étaient distribués aux auteurs des écrits les mieux conçus pour répandre dans le grand public l'esprit de ces conventicules. Est-il besoin de dire que, comme les Sociétés de Lecture, les Sociétés Académiques étaient menées secrètement par des Francs-Maçons ?... Riches et pauvres, tous les Francs-maçons (nous en donnons plus loin un grave témoignage) versaient leur argent en vue de destinations imaginaires. Nous voyons là, dans les prix décernés aux brochures de propagande antichrétienne et dans les frais d'édition de ces brochures, une des vraies destinations du trésor de guerre maçonnique, alimenté par ceux-là mêmes dont la Maçonnerie devait un jour guillotiner les petits-fils. Il est clair que dans ces deux sortes de groupements (qui répondaient exactement aux grades d'Apprenti et de Compagnon), la Maçonnerie avait des outils merveilleux pour fabriquer par centaines des *lecteurs* et des *écrivains maçonnisants*. Enfin, au-dessus des Sociétés de Lecture et Académiques, fonctionnaient des Sociétés dites *d'Action,* qui n'étaient autre chose que des avatars, des extériorisations des Loges maçonniques.

Dès lors, on comprend aisément le mécanisme des transformations mentales opérées en France par la Maçonnerie.

Mais si ces mécaniques infernales ont servi à la Maçonnerie à détruire la vieille France, ces mêmes mécaniques, retournées contre l'ennemi, peuvent et doivent nous servir pour rendre à la France son âme traditionnelle, et reconstruire une France nouvelle, hiérarchisée comme celle d'autrefois, avec le Christ pour pierre angulaire. - Et c'est l'œuvre à laquelle est vouée notre *Ligue Française Antimaçonnique*, dont les Sections ne sont pas autre chose que des Sociétés de Lecture et Académiques pareilles à celles du XVIIIe siècle, avec cette différence que les nôtres font boire à la France non plus le poison, mais un breuvage de vie.

Nous venons de décrire les outils maçonniques : les Sociétés de Lecture et Académiques. Voyons quelle fut leur besogne, conjointement avec les Loges qui les maniaient. Cette besogne fut aussi funeste que simple. De proche en proche, ces groupes de Maçons et de Maçonnisants changèrent des catholiques tièdes en incroyants et des incroyants en fanatiques antichrétiens. En même temps, chez tous on nourrissait la haine des hiérarchies nécessaires sans lesquelles il n'y a plus ni familles ni peuples.

Cette action maçonnique, qui aboutit en 89 à la Révolution, s'est, hélas ! manifestée là même d'où il eût été nécessaire qu'elle fût bannie pour que la France pût éviter un cataclysme. Nous allons voir, en effet, la Maçonnerie gangrener à la fois les ministres du Roi et les hauts fonctionnaires ; puis les magistrats de tout ordre ; enfin, l'Église de France elle-même. Et ce n'est pas le moins triste de penser que des hommes chargés de défendre qui le Trône, qui l'Autel leur ont porté des coups funestes, en subissant comme ils l'ont fait les suggestions du Pouvoir Occulte.

Ainsi donc, le pape Clément XII avait parlé en vain. En vain le cardinal de Fleury, certains évêques et prédicateurs avaient crié le danger maçonnique : le F*** de la Tierce et ses innombrables émules avaient opposé à la vérité le mensonge, en le multipliant à l'infini. Et le Mensonge l'emporta, favorisé à l'envi par les hauts fonctionnaires du Royaume, par les magistrats, par certains archevêques même.

LES MINISTRES DU ROI ET LA MAÇONNERIE.

En dehors du cardinal de Fleury, quatre personnages principaux occupèrent sous Louis XV les Ministères les plus importants : les deux fils de d'Argenson, le lieutenant général de Police sous Louis XIV, et deux membres de la grande famille de Phélypeaux, le ministre du Grand Roi. Mais tandis que leurs pères avaient été de zélés chrétiens, tous quatre furent, à cause de leur impiété, des proies faciles pour les influences maçonniques, malgré leur puissance intellectuelle. Il faut lire leurs biographies écrites de nos jours par la maçonnique *Grande Encyclopédie* !...

Le cardinal de Fleury, dit-elle, suspectait d'Argenson l'aîné à cause de son amitié pour Voltaire, Condillac, d'Alembert - tous trois coryphées des idées maçonniques. Quel éloge posthume ont fait là, du cardinal de Fleury, les Francs-maçons modernes !

Quant au cadet d'Argenson, *la Grande Encyclopédie* rapporte avec attendrissement qu'il s'est acquis la reconnaissance des gens de lettres - c'est-à-dire des Francs-Maçons. En effet, ce serviteur du Roi protégeait de tout son pouvoir les hommes qui furent les instruments du Pouvoir Occulte dans son œuvre de destruction de la France ! *La Grande Encyclopédie* ajoute que ces gens de lettres vouèrent à d'Argenson une fidélité touchante quand ses épigrammes contre la Pompadour l'eurent rendu impossible dans le Ministère. Ces gens de lettres lui devaient bien cela.

Pour les deux Phélypeaux qui furent connus, l'un sous le nom de comte de Maurepas, l'autre sous le nom de comte de Saint-Florentin, même chose. Tous deux furent les amis des Philosophes c'est-à-dire des Francs-Maçons. Tous deux furent pleins d'esprit, mais frivoles et corrompus. Excellente matière à pétrir par la Maçonnerie de tous les temps !

Nous avons le triste plaisir d'apporter ici le fruit amer de nos recherches dans les dépêches officielles envoyées par Maurepas et Saint-Florentin à toutes les catégories des grands du Royaume de 1726 à 1775, soit pendant un demi-siècle.

En 1726, Maurepas adresse à de Launay, gouverneur de la Bastille, l'ordre d'emprisonner Voltaire. Maurepas montre bien là son amour pour les « Philosophes » ! Il recommande à de Launay d'user envers « Monsieur de Voltaire », *de tous les ménagements* qu'exige son *génie*, et de lui réserver *les douceurs de la liberté intérieure de la Bastille* - cette Bastille dont les menteurs de la Maçonnerie feront faussement un antre de tortures atroces infligées aux « victimes de Marie-Antoinette », sous *ses yeux,* diront-ils pour exaspérer contre la Reine la populace maçonnisée.

Quinze jours après, nouvelle lettre de Maurepas à de Launay, pour lui ordonner de mettre Voltaire en liberté. La pénitence avait été douce pour cet agent maçonnique embastillé à cause de ses premières attaques contre les traditions françaises. Que l'on compare avec les vils traitements imposés aux Gaucher, aux Mattis par les héritiers des Francs-maçons du XVIIIe siècle.

Dix ans plus tard, le F*** Voltaire, porté par le flot maçonnique, est devenu *persona grata*.

Le 12 juin 1736, Maurepas lui écrit, en réponse à une recommandation qu'il lui avait faite en faveur d'une veuve Duperey. Maurepas termine sa lettre ainsi : « Je vous suis, Monsieur, plus parfaitement dévoué que personne au monde ».

Passons à 1745. Fructueuse année pour les hypocrites assassins de la France ! En janvier Maurepas donne l'ordre d'inscrire le F*** d'Alembert, l'ignoble flagorneur du Roi de Prusse, pour une pension de 500 livres, tandis qu'en mai il fait enregistrer la nomination du F*** Voltaire aux fonctions d'historiographe du Roi, avec 2.000 livres d'appointements, et en juillet il ordonne que le même F*** Voltaire soit imprimé aux frais du Trésor royal.

En même temps que ces chefs du complot maçonnique étaient rentés par le Roi, une satisfaction dérisoire était donnée à la défense sociale :

En 1740, une caisse de livres contre la religion était confisquée à Paris, et des ballots d'ouvrages impies, mais subalternes, étaient saisis à Blaye. Il en est de même chaque année. En 1745, le commerce des livres défendus est entravé à Orléans ; puis, comme la marée des mauvais libelles grandit, on s'occupe timidement d'en arrêter le colportage.

C'est un peu la tactique enfantine de certains catholiques d'aujourd'hui qui s'attardent - après le traître franc-maçon Taxil - à dénombrer les caporaux et soldats de la Maçonnerie, au lieu de viser la Bête à la tête et de rechercher où sont les Maîtres occultes de la Secte.

Chez le comte de Saint-Florentin, cousin et beau-frère de Maurepas, même aveuglement, même tactique déplorable. On s'en prend aux instruments les plus infimes du complot maçonnique : aux colporteurs ! Mais on laisse impunis les chefs de file. En 1750, la Provence est inondée d'une brochure maçonnique d'une remarquable astuce, *L'Asiatique Tolérant,* d'un type qui sera généralisé durant cinquante ans. Sous le couvert de fictions païennes et mahométanes, on y bafouait copieusement la prétendue intolérance catholique et française. Cette brochure contenait, écrit Saint-Florentin, « les *principes les plus contraires à la sûreté de la personne des Rois et à leur autorité* ». Chose invraisemblable, si l'on saisit quelques exemples de ce factum - appel non déguisé à la Révolution et au Régicide - *personne* ne chercha sérieusement la source de ce torrent si dangereux.

En 1751, le même libelle est répandu en Languedoc. C'est *le seul* qui ait donné lieu à quelques semblants d'enquête. Mais des centaines d'autres circulaient librement.

En 1758, le flot de la littérature maçonnique était devenu si fort qu'on frappa un grand coup : Saint-Florentin adressa aux Intendants (les Préfets d'alors) une circulaire contre les colporteurs. Ce fut une circulaire de plus, voilà tout.

En 1759, Saint-Florentin écrit à l'Archevêque de Narbonne une longue lettre au sujet des mêmes colporteurs de mauvais livres. Et le flot montait toujours. Il est navrant de voir le Ministre du Roi étaler, dans ses dépêches aux Intendants, sa conviction qu'on ne peut *rien* contre une propagande qualifiée par lui-même de *pernicieuse pour l'État, pour la Religion et pour les mœurs.*

À Marseille, en la même année 1759, nouvelles brochures *pernicieuses,* dit le Ministre. On les saisit en mai, et un mois après... on les restitue aux libraires !

En 1764, nouveau livre maçonnique à grand tapage : *Le Traité sur la Tolérance,* frère cadet de *L'Asiatique, Tolérant.* On le saisit à Montpellier, mais d'enquête sur les auteurs, néant.

Si les colporteurs, simples soldats de l'armée maçonnique, étaient parfois inquiétés, en revanche les caporaux et sous-officiers au service des Loges - je veux dire les membres des Sociétés de Lecture - étaient laissés bien tranquilles. Au début même, on extorqua à Louis XV *son approbation* en faveur de ces hypocrites sentines de corruption et de révolution. C'est ainsi qu'en 1764 Saint-Florentin écrit au duc d'Aiguillon, gouverneur de Bretagne, que Sa Majesté approuve l'organisation d'une Société de Lecture à Nantes. Mais certains prêtres clairvoyants dénoncèrent les dangers de ces réunions. J'en ai trouvé la preuve aux Archives Nationales. Aussi Saint-Florentin se borna-t-il, par la suite, à refuser la haute approbation royale aux Sociétés de Lecture. Mais au nom de la fameuse « Tolérance », sans doute, on les laissa tranquillement pourrir les populations de Maçonnisme antichrétien et révolutionnaire.

Il, nous faut ici attirer l'attention sur un fait significatif : alors que les Sociétés de Lecture couvraient littéralement la France, il n'en est fait mention *qu'une demi-douzaine de fois* dans les innombrables dépêches ministérielles que nous avons compulsées aux Archives Nationales. Quel aveuglement chez les serviteurs du Roi !

En revanche Saint-Florentin, comme son cousin Maurepas, témoignait beaucoup d'égards aux grands pontifes apparents des « Philosophes », c'est-à-dire des Francs-Maçons. Le 30 novembre 1769, il écrivait au F*** Voltaire :

Je vous suis obligé, Monsieur, de m'avoir envoyé l'écrit par lequel vous prenez la défense de la mémoire de Louis XIV. Elle ne m'est pas moins chère qu'elle ne l'était à mon père et elle doit l'être à tout bon Français. Je ne doute pas que les faux préjugés qui l'ont obscurcie n'achèvent de se dissiper et que la Postérité ne place ce Prince au rang des plus grands Rois de la Monarchie...

La mémoire du Grand Roi défendue par l'un des hommes qui ont fait le plus de mal à l'ancienne France, quelle dérision !

Il y a plus fort : cette lettre de Saint-Florentin fut adressée à Voltaire un an après que ce dernier avait commis, dans l'église de Ferney, la plus révoltante parodie de religion. En effet, dans une autre série de dépêches officielles, M. Viard, des Archives Nationales, a découvert celle-ci :

À Monsieur de Voltaire, ancien gentilhomme ordinaire du Roi.

Du 18 juin 1768.

Le Roi a, Monsieur, été informé par les plaintes qui en ont été portées à Sa Majesté, que le jour de Pâques dernier vous avez fait dans votre paroisse de Ferney une exhortation publique au peuple et même pendant la célébration de la messe ; vous ne pourriez qu'être approuvé si, dans l'intérieur de votre maison, vous aviez rappelé aux habitants de votre paroisse les devoirs de la Religion et ce qu'elle exige d'eux ; mais il n'appartient à aucun laïc de faire ainsi une espèce de sermon dans l'église et surtout pendant le service divin. Sa Majesté a très fort blâmé cette entreprise de votre part et elle m'a très expressément chargé de vous marquer son mécontentement à cet égard, et que vous ayez à l'avenir à ne point vous laisser emporter à de semblables démarches, qui sont entièrement contraires aux règles établies dans tous les États. Je vous prie, au surplus, d'être persuadé des sentiments avec lesquels etc. (Cité par M. S. Viard, *Le Carnet historique et littéraire*, Paris, 15 novembre 1900, p. 378.)

Ajoutons que *cette lettre n'est pas signée.* Il est donc probable que le Ministre qui l'avait fait rédiger *n'a pas osé, au dernier moment, l'envoyer* au puissant porte-parole de la Maçonnerie !

On a vu par ailleurs que le sacrilège commis à Ferney par le F*** Voltaire ne l'empêchait pas d'être bien en cour.

Nous passons sur d'autres lettres qui témoignent de la faveur dont jouissaient les FF*** Voltaire et d'Alembert, tandis que les écrivains qui se tuaient à défendre le Trône et l'Autel étaient persécutés par le vertueux Malesherbes - qui expira sur l'échafaud son aveuglement. Arrivons à nos plus importantes trouvailles.

Chose inouïe, pendant que la Maçonnerie sapait toutes les traditions françaises, de 1726 à 1776, durant cinquante ans, elle n'a fait l'objet que de tout juste quatre dépêches (et quelles dépêches !) toutes écrites par Saint-Florentin. Maurepas, lui, ignora totalement les Francs-Maçons.

Le 2 mai 1745, Saint-Florentin écrivait à M. de Glené, intendant de Provence :

Je suis informé, Monsieur, qu'il y a en Provence et principalement à Toulon, des Frimaçons (sic) qui tiennent Loges et se multiplient en recevant toutes sortes de personnes. Sa Majesté n'approuvant pas ces sortes d'assemblées, je vous prie de vouloir bien donner des ordres pour les empêcher. *(Archives Nationales,* registre 01*441, p. 96.)

Le 23 juin 1750, Saint-Florentin écrivait au même Intendant :

Monsieur l'Évêque de Marseille, Monsieur, a fait informer le Roy que les Frimaçons (sic) s'assemblent publiquement dans cette ville et qu'ils font même un marché d'une maison où ils se proposent de tenir leur Loge. Sa Majesté me charge de vous écrire d'employer votre autorité pour faire cesser ces assemblées et pour ôter à ceux qui les tiennent les moyens de les continuer. *(Archives Nationales,* 01* 446, p. 152.)

Quand on songe aux enquêtes officielles faites sur les Loges par le cardinal de Fleury qui venait de mourir, on est effrayé de constater que c'est avec cette mollesse et cette concision que Saint-Florentin transmettait les *ordres du Roi,* tandis qu'il était si verbeux dans ses autres dépêches, pour des vétilles.

Mais nous avons trouvé plus fort.

Le 2 septembre 1748, Saint-Florentin écrivit à M. de la Châtaigneraie, intendant de Limoges :

On se plaint, Monsieur, qu'il se tient à Brive des assemblées de Francs-Maçons. Quoique ces sortes de sociétés n'aient aucun objet contraire à l'ordre public, cependant, comme il est irrégulier qu'il se fasse des assemblées de quelque nature qu'elles puissent être, vous voudrez bien, s'il vous plaît, faire avertir *sans éclat* les personnes qui tiennent les Loges de s'en abstenir. *(Archives Nationales,* 01* 444, p. 183.)

Le même jour, il écrivait à l'Évêque de Limoges ce billet laconique et hypocrite :

J'ai reçu, Monsieur, la lettre que vous avez pris la peine de m'écrire au sujet des assemblées de Francs-maçons qui se tiennent à Brive. J'écris à M. l'Intendant de prendre, sans éclat, les mesures nécessaires pour les faire cesser.

Si l'on observe que ces deux dernières dépêches furent écrites en 1748, entre les deux autres que nous avons citées précédemment et par lesquelles le Ministre transmettait *les ordres du Roi,* on constate que, cette fois, le nom du Roi est omis. Il est malheureusement certain que, pour *des raisons mystérieuses,* Saint-Florentin a osé, vis-à-vis M. de la Châtaigneraie, ce qu'il n'osa pas vis-à-vis M. de Glené. En opposition très coupable avec les vues de Louis XV, ce Ministre infidèle ose écrire à un Intendant que « *les Loges n'ont aucun objet contraire à l'ordre public* » *!*

Voici l'explication de cet acte si grave de Saint-Florentin : Quand il rédigea cette dépêche, il était Franc-maçon lui-même depuis 1735, depuis treize ans ! Le document qui le révèle a été publié par M. G. Bord dans son livre *La Franc-maçonnerie en France,* pp. 121 et 364 ; le 20 septembre 1735, un journal anglais, *Saint-James Evening Post,* relatait l'affiliation maçonnique, à la Loge parisienne de la rue de Buci, de plusieurs grands personnages dont « *l'honorable* *comte de Saint-Florentin, secrétaire d'État de Sa Majesté Très-Chrétienne ».*³

Il est à croire que le F*** de Saint-Florentin fut beaucoup plus une dupe qu'un complice des Pouvoirs Occultes qui travaillaient à détruire un état de choses dont il était, lui, l'un des plus hauts bénéficiaires. Mais il est une vérité qu'il faut dire et crier pour les sourds les plus sourds : c'est que si, par bonheur, la République juive et maçonnique venait à être jetée bas par un régime de restauration de nos traditions politiques et religieuses, *ce régime de salut n'en aurait pas pour longtemps* avec des Ministres comme les d'Argenson, les Maurepas, les Saint-Florentin.

Grâce à leur ignorance du danger maçonnique et à leurs demi complicités avec l'ennemi, ces derniers ont permis à la Maçonnerie du XVIIIe, siècle de détruire la Royauté chrétienne de France. De même, si les dirigeants du régime traditionaliste de demain ne sont pas des Anti-maçons énergiques, instruits de toutes les ruses de guerre maçonniques et de toutes les arcanes de la Secte, ils seront comme les d'Argenson, les Maurepas, les Saint-Florentin, les fossoyeurs du gouvernement qu'ils prétendront servir.

Après les Ministres, voyons ce que les Loges du XVIIIe siècle avaient fait de la Magistrature.

LES MAGISTRATS ET LA MAÇONNERIE.

En 1875, M. Gérin écrivait que les archives par lui consultées révélaient la profonde maçonnisation du Parlement de Paris dès le ministère du cardinal de Fleury.

---

³ À cette tenue assistait le F*** Désaguliers, l'un des Initiés Rose-Croix (c'est-à-dire l'un des Kabbalistes) qui, peu auparavant, avaient fondé la Franc-maçonnerie. (L. D.)

On n'est plus étonné, dit-il, que le cardinal de Fleury ait été si mal secondé par les tribunaux dans ses légitimes rigueurs contre la Maçonnerie naissante. Il était mort depuis un an et l'on signalait de tous côtés les progrès de cette association. (M. GÉRIN, *Revue des Questions historiques,* Paris, 1875, p. 549.)

Un Procureur du Roi au Présidial d'Orléans (c'est-à-dire au Tribunal de 1ère instance) adresse au chancelier d'Aguesseau, le 2 mai, avis que des Francs-maçons s'assemblent à Orléans. Ce magistrat clairvoyant écrit au Ministre de la Justice « De pareilles assemblées peuvent *devenir un jour criminelles* », et il demande des ordres. Au lieu d'ordres, le Procureur général près le Parlement de Paris, saisi par le Ministre, envoya au Magistrat d'Orléans une demande de renseignements. Ce dernier répondit que Les Francs-maçons ne se feraient aucun scrupule de s'associer l'hérétique, l'infidèle et même l'idolâtre. Je le sais, ajoutait-il, par un Franc-maçon étranger qui m'en est convenu et je craindrais fort que cette association ne fût un jour préjudiciable à la Religion, si elle ne l'est aussi à l'État. *(Id., ibid.,* p. 550.)

Le Procureur général de Paris prit la chose fort tranquillement et écrivit de nouveau à son subordonné d'Orléans, toujours pour avoir son avis. Sa lettre renferme un passage à retenir :

On dit, écrit-il, que cette Secte serait *née en Palestine, parmi les Juifs...* (Et il ajoute) : Le Pape l'a condamnée par un Bref qui n'a pas été à la vérité reçu en France. *(Id., ibid.,* p. 551.)

Et les anathèmes du Pape contre la Maçonnerie suffisent à la faire considérer d'un œil presque bienveillant par ce haut Magistrat chrétien !

Une tradition de mollesse, de connivence et d'impunité, poursuit M. Gérin, s'établit peu à peu. Les magistrats de province, plus fidèles aux enseignements de l'Église et aux vieilles mœurs, importunaient souvent de leurs révélations les chefs de l'ordre judiciaire et le gouvernement. Mais les réponses qu'ils recevaient de Paris étaient peu propres à entretenir leur zèle et on les blâmait même quelquefois des mesures les plus légitimes qu'ils prenaient (contre les Francs-maçons). Si l'un d'eux, voulant imiter l'exemple venu d'en haut, s'affiliait aux Loges, on le réprimandait, mais avec douceur... *(AL, ibid., p. 552.)*

Les dernières dépêches du Procureur général lues par M. Gérin prescrivent à des Tribunaux de province de ne s'occuper des Francs-maçons que s'ils troublent l'ordre matériel ! On conçoit avec quelle rapidité le mal maçonnique empira dans ces conditions. On en vint à voir les Francs-maçons de Châtellerault soutenus par l'Intendant contre le Lieutenant de Police, et le Procureur général de Paris blâmer ce magistrat de Châtellerault pour avoir inquiété la Loge de cette ville.

C'était monstrueux. Mais nous allons trouver plus monstrueux encore avec l'affaire inconcevable de Mgr Conan de Saint-Luc, évêque de Quimper, poursuivi en justice, en 1776, pour avoir *en chaire, dans sa cathédrale,* osé médire de la sacro-sainte Maçonnerie.

L'ÉGLISE DE FRANCE ET LA MAÇONNERIE

Un article publié dans *la Gazette de France* par M. de Cathelineau, le descendant de l'illustre général vendéen, nous avait appris cet épisode lamentable ; puis nous avons lu, aux Archives Nationales, la volumineuse correspondance échangée à ce sujet par l'Évêque de Quimper avec les Agents généraux du Clergé, investis à Paris de la charge de veiller aux intérêts de la Religion.

La famille des Conan de Saint-Luc est doublement célèbre dans les fastes de l'Église : d'abord par la haine que l'Évêque de ce nom s'attira de la part de la Maçonnerie et aussi par ce fait qu'une nièce de Mgr Conan de Saint-Luc - religieuse en Bretagne - fut guillotinée en haine du Christ, dix jours avant que le F*** Robespierre expiât ses crimes sur l'échafaud.

Le 12 juin 1776, l'Évêque de Quimper écrivit aux Agents généraux du Clergé :

MESSIEURS,

J'ai l'honneur de vous adresser un procès-verbal qui vous instruira de la persécution qu'on me fait éprouver dans ce pays. Vous êtes, Messieurs, chargés de la confiance du Clergé et vous en êtes dignes ; c'est à ce titre que je vous prie de vouloir bien faire les démarches les plus promptes et les plus efficaces pour arrêter le cours de la révoltante procédure qu'on ourdit ici contre moi. J'écris, ce jour, à S.E. Mgr le cardinal de la Roche-Aimon, à M. le Garde des Sceaux, et à M. Amelot, ministre ayant le département de cette province..., et je leur envoie copie du même procès-verbal...

Vous sentirez mieux que personne les suites fâcheuses que cette affaire peut entraîner... C'est la cause de tout l'Épiscopat, Messieurs, celle du saint Ministère... (*Archives Nationales*, carton G8 647.)

Voici le procès-verbal joint à la lettre de l'Évêque :

Nous soussigné, Évêque de Quimper, certifions... qu'afin de disposer les peuples confiés à nos soins à profiter de la grâce du Jubilé, nous avions arrêté de donner deux missions... ; qu'en conséquence nous avions rassemblé... quarante missionnaires... à la tête desquels nous avions ouvert ces missions le jour de la Pentecôte, 26 mai dernier. Que sollicité par ces missionnaires et le vœu de tous les honnêtes gens de prêcher contre une certaine association formée depuis plusieurs années en cette ville, au grand scandale de la Religion et des mœurs, ainsi qu'à la ruine des familles nous nous livrâmes à entrer dans leurs vues, ce que nous exécutâmes le samedi 8 juin, entre 5 et 6 heures du soir. Monté en chaire, en exhortant notre peuple à la persévérance, nous proposâmes la fuite des occasions comme une des plus efficaces. Nous ajoutâmes qu'une occasion fatale pour un grand nombre de nos diocésains était une certaine association, qui, contre l'intention sans doute de ceux qui s'y sont enrôlés, ne tend à rien moins qu'à conduire au déisme et au libertinage, association réprouvée par les lois du Royaume, par celles de l'Église, par la raison même et par une décision de la Sorbonne. Sans nommer cette association, nous en dîmes assez pour faire connaître celle des Francs-maçons qui fait beaucoup de mal dans le diocèse. Nous exhortâmes nos auditeurs à fuir ces conventicules et nous n'oubliâmes rien pour leur en inspirer de l'éloignement. Nous fîmes connaître que nous savions à n'en point douter que sous prétexte de cette association, sûrement à l'insu et contre le gré de ceux qui la composent, on faisait des levées d'argent sur les habitants des villes et de la campagne pour les recevoir Francs-maçons, en leur faisant espérer des sommes considérables et un bonheur chimérique, ce que nous qualifiâmes d'exaction et de concussion, et que la preuve en était acquise. Nous passâmes ensuite à d'autres objets.

Que le lendemain 9 juin, vers les 6 heures du soir, faisant la clôture de ces deux missions, sur des propos qui nous étaient revenus et qui méritaient d'être retenus, nous crûmes devoir dire encore quelques mots au sujet de la susdite association...

Que rendu à notre maison épiscopale, on nous annonça un huissier qui avait une signification à nous faire de la part de M. le Procureur du Roy du siège présidial de cette ville...

On nous donnait assignation à comparaître le lendemain 10 de ce mois, à 10 heures du matin, à la Chambre du Conseil dudit Présidial, devant M. le Lieutenant civil et criminel... pour déposer comme témoin contre les auteurs, fauteurs ou complices de certaines escroqueries commises sous prétexte d'association, etc.

Ignorant ce que contenait la plainte du Procureur du Roy et ne croyant pas devoir comparaître devant un Juge qui lui-même est un des chefs de ladite association des Francs-maçons dont il se fait gloire, nous fîmes signifier au Procureur, le lundi 10 juin, à 9 heures du matin, un dénoncé pour lui déclarer que nous n'avions d'autres connaissances sur les objets indiqués dans l'assignation que celles que nous tenions de M. le chevalier Geslin, gentilhomme respectable de cette ville, qu'ainsi... il était inutile que nous eussions comparu.

Mais que sans égard à notre affirmation, ledit Procureur du Roy nous envoya sur le champ un deuxième exploit pour nous obliger à comparaître à la même heure de 10 heures du matin, aux fins duquel, par pure déférence pour la Justice, nous nous rendîmes au Présidial et nous fîmes annoncer... au Sr Juge criminel, qui dans ce moment entendait M. le chevalier Geslin. Ledit Juge sortit pour nous le dire et nous pria de l'excuser de ce qu'il ne nous entendait pas à l'instant, parce qu'il ne pouvait interrompre l'audition d'un témoin, et nous pria de passer à la buvette ; qu'après avoir attendu pendant trois quarts d'heure, on nous introduisit dans la Chambre du Conseil où nous témoignâmes au dit Juge criminel notre étonnement de ce qu'il ne fût pas venu recevoir notre déposition comme nous pensions que cela devait être.

À quoi il nous répondit par la lecture de la note 2 de la page 142 du Commentaire sur l'Ordonnance criminelle de 1670 par un Conseiller du Présidial d'Orléans, portant qu'un Évêque de Carcassonne avait été débouté de pareille prétention par un arrêt du Parlement de Toulouse. Nous répondîmes que c'était le *summum jus*... Il nous fit prêter serment et nous fit donner lecture du réquisitoire du Procureur du Roy portant, autant que nous pouvons nous en souvenir, qu'ayant été appris, par un sermon prêché le 8 juin dans la cathédrale, qu'il s'était commis des escroqueries sous prétexte d'association, tant en ville qu'à la campagne et qu'on en avait la preuve, le Procureur du Roy requérait qu'il en fut informé, etc. Qu'après cette lecture nous avons dit que dès lors qu'il était question du résultat d'un discours par nous prononcé dans la chaire de notre église cathédrale, nous n'avions rien à déposer concernant cette affaire, déclarant au surplus que ce n'était que pour obéir à la Justice et donner à nos peuples l'exemple que nous leur devons que nous nous étions présenté sous toutes nos protestations et réservations.

Qu'après cette déclaration nous crûmes ne devoir plus être impliqués dans une action qui nous était absolument étrangère, mais que nous venons d'apprendre que les Francs-maçons, irrités de nos remontrances contre leur association, ont vu le Procureur du Roy et lui ont suggéré de faire entendre de nouveaux témoins... Nous sommes assurés, par la déclaration qui vient de nous être faite par un gentilhomme assigné et interrogé, que le Juge criminel ne se contentait plus de recevoir la déposition sur la plainte dont on nous avait donné lecture, mais qu'il interrogeait sur le discours que nous avions prêché le 8 juin.

Nous avons lieu de craindre et il est vraisemblable que l'objet de cette procédure ne tend qu'à nous faire passer pour dénonciateur et calomniateur.

Dénonciateur d'un particulier Franc-maçon qui a effectivement surpris la bonne foi des hommes simples en leur faisant payer des sommes considérables pour les agréger à la Franc-maçonnerie, quoique nous ne l'ayons désigné en aucune manière, et quoique le Procureur du Roy eût pleine connaissance des manœuvres de ce jeune homme, qu'il eût vu les billets qu'il avait donnés et qu'il eût cherché à le faire évader.

Cette procédure tendant encore à nous faire passer pour calomniateur en imputant à cette association des torts dont les Francs-maçons se disent innocents quoiqu'ils nous aient été affirmés, par des personnes de considération et par un grand nombre d'honnêtes gens qui sont affligés de voir les maux que cette association cause dans la ville, les dépenses extrêmes auxquelles les Francs-maçons se livrent, dépenses qui ruinent les pères de famille et désolent les mères vertueuses de ce pays. Nous sommes saisi d'une lettre d'agrégation à la Franc-maçonnerie contenant *la signature des Francs-maçons de cette ville, dont plusieurs sont les principaux membres du Présidial de Quimper.*

De tout quoi nous avons rapporté notre présent procès-verbal pour l'envoyer à MM. les Agents généraux du Clergé en les priant de donner leurs soins pour arrêter le cours de cette procédure injurieuse au caractère épiscopal, tendant à gêner la liberté légitime du saint Ministère de la parole dans la personne d'un Évêque, et à plus forte raison dans celle des Pasteurs du second ordre, et à mettre tous les Ministres de la Religion dans l'impuissance d'instruire les peuples, de les prémunir contre la séduction de l'impiété, le scandale des mœurs et l'esprit d'insubordination.

Fait à Quimper, le douzième juin mille sept cent soixante-seize.

T. F. J.,

Évêque de Quimper.

(*Archives Nationales,* carton G8 647.)

Tous nos lecteurs verront une ressemblance extraordinaire entre l'attaque de la Franc-maçonnerie du XVIIIe siècle contre l'Évêque de Quimper et l'attaque des Maçons et Sous-Maçons d'aujourd'hui contre les Archevêques et Évêques de France qui ont signé la *Lettre sur les droits et les devoirs des parents relativement à l'École* (octobre 1909).

Pour avoir, après le pape Clément XII et le cardinal de Fleury, dénoncé le péril maçonnique, l'Évêque de Quimper était traduit en justice. Aujourd'hui, les Amicales d'Instituteurs - ces Tiers-Ordres maçonniques - traduisent en justice nos Archevêques et Évêques pour avoir mis les pères chrétiens en garde contre les corrupteurs de l'enfance, les empoisonneurs d'âmes au service de la Franc-Maçonnerie. Mais si, pour le malheur de nombreuses générations, les Français du XVIIIe siècle ont été sourds aux cris d'alarme des Papes et des Évêques tels que Mgr de Saint-Luc, la Franc-maçonnerie a fait tant de ruines, sa main scélérate a été vue à l'œuvre dans tant de crimes, que la lutte antimaçonnique va devenir chaque jour plus ardente, plus efficace. Aussi bien, les Évêques anti-maçons, comme le fut Mgr de Saint-Luc, ne sont plus rares dans notre Épiscopat, Dieu merci ! ...

Mgr de Saint-Luc était bien renseigné : le Tribunal de Quimper était peuplé de Francs-maçons dont certains nous sont aujourd'hui connus, grâce à M. G. Bord[4] - En particulier le Lieutenant criminel du Présidial, F*** Bobet de Lanhuron, fut successivement secrétaire et vénérable de la Loge *La Parfaite Union*, à l'Orient de Quimper, précisément dans la période qui va de 1776 à 1785. C'est donc le F*** Bobet de Lanhuron qui avait fait comparaître devant lui l'Évêque de Quimper, le 10 juin 1776.

---

[4] M. G. Bord, *La Franc-Maçonnerie en France*, t. 1, p. 465.

Sans perdre un instant, les Agents généraux du Clergé firent le nécessaire. Dès le 19 juin ils répondaient à l'Évêque :

MONSEIGNEUR,

Nous avons reçu, avec la lettre que vous nous avez fait l'honneur de nous écrire, le procès-verbal qui y était joint... (Mgr le cardinal de la Roche-Aymon) a été aussi vivement frappé que nous de la persécution qu'on vous fait éprouver et il a bien voulu se joindre à nous pour étouffer le mal dans son origine. Il a dû voir lundi M. le Garde des Sceaux qui lui aura sans doute communiqué les mesures qu'il a déjà prises pour se faire rendre compte de la conduite des Officiers du Présidial de Quimper. Il a bien voulu ne nous les pas laisser ignorer. Nous avons vu avec plaisir qu'il avait prévenu les demandes que nous aurions pu lui faire à cet égard. Nous avons tout lieu d'espérer que vous aurez une entière satisfaction de la façon plus qu'indécente dont on s'est conduit vis à vis de vous.

Soyez bien persuadé, Monseigneur, que nous nous emploierons dans la suite avec autant d'ardeur que de zèle, etc... *(Archives Nationales,* registre G8 2614.)

Louis XVI, indigné de ce qui s'était passé, fit mander à Paris le Lieutenant criminel, F*** Bobet de Lanhuron et le Procureur de Quimper, F*** Le Dall de Kéréou[5]. Nous avons l'écho de cette mesure dans une lettre adressée aux Agents généraux du Clergé par Mgr de Saint-Luc, alors en tournée épiscopale :

---

[5] Aux Archives Nationales, dans le carton G8 647, nous avons trouvé le nom de ce Procureur chargé, avec plusieurs autres FF*** de la gestion temporelle du Collège de Quimper ; c'était le commencement de la maçonnisation de l'Instruction publique. (L. D.)

MESSIEURS,

Carhaix, 20 juillet 1776. (En cours de visites.)

Je reçois une lettre de M. le Garde des Sceaux qui me mande qu'il a rendu compte au Roy des lettres que j'ai eu l'honneur de lui écrire et qu'en conséquence, et sans doute d'après les sollicitations que je sais que vous avez bien voulu joindre aux miennes, Sa Majesté a fait ordonner aux juges de Quimper de se rendre à la suite du Conseil. J'écris, ce jour, à M. le Garde des Sceaux pour le remercier, ainsi qu'à S. É. Mgr le Cardinal et à M. Amelot, ministre de la Province, et j'ajoute à mes remerciements la prière d'épargner ou du moins d'abréger la punition de M. le Lieutenant Criminel, de M. le Procureur du Roy, dont un voyage et un séjour à Paris dérangeraient les affaires. Je vous prie, Messieurs, de vouloir bien joindre vos prières aux miennes, afin d'obtenir leur pardon. Si M. le Garde des Sceaux veut bien l'accorder à ma prière et ne pas leur laisser ignorer que je l'ai sollicité aussitôt que j'ai eu connaissance de cette mortification, je crois être sûr que cet acte de clémence, surtout s'ils savent que j'en ai été le solliciteur, sera plus efficace qu'une punition pour les ramener aux principes, les convaincre de la pureté de ceux qui m'animent et leur apprendre pour toujours le respect qu'ils doivent au caractère et au ministère des Évêques... (Mgr de Saint-Luc demande ensuite la suppression d'une consultation calomnieuse signée de douze avocats de Quimper qui prenaient la défense des deux FF*** du Présidial contre le Garde des Sceaux.) Le Clergé, continue Monseigneur, ne souffrira pas qu'un Évêque soit traité d'odieux Dénonciateur, de Calomnieux Déclamateur, de Destructeur des Libertés de l'Église gallicane...

Je vous prie, Messieurs, de demander à M. Vulpian *(avocat du clergé)* son avis au sujet d'une affaire par laquelle un de mes Recteurs *(Curés)*, poussé par l'association contre

laquelle j'ai parlé, vient de me faire assigner au Présidial...
(*Archives Nationales,* carton G8 647).

Le bon Évêque fait preuve, ici, d'une charité tout évangélique. Mais il ne savait pas que vouloir amadouer des Francs-Maçons fanatisés, c'est vouloir attendrir des tigres. Les attaques des douze avocats et du mauvais prêtre dont il est question dans sa lettre eussent dû pourtant l'éclairer.

La Maçonnerie poursuivit sans relâche les hostilités, et, le 26 juillet 1776, Mgr de Saint-Luc était encore obligé d'écrire aux Agents généraux. - En effet, le nouveau procès machiné contre lui, à l'instigation de la Loge, visait à le forcer à quiller son diocèse. Or le curé indigne qui servait d'instrument aux FF*** avait été quatorze ans secrétaire du prédécesseur de l'Évêque. Comme tel, il avait, durant quatorze ans, touché certains droits des mains des curés du diocèse. Et c'était cet homme qui réclamait à Mgr de Saint-Luc les mêmes droits indûment perçus par l'Évêque (disait-il) en 1774 et 1775 ! Nos Francs-Maçons d'aujourd'hui auraient peine à faire mieux.

Mais l'Évêque tint bon. Nommé par le Roi à un siège plus avantageux, il refusa noblement d'en prendre possession et répondit qu'il voulait « *mourir Évêque de Quimper* » :

On me menace de saisie de mon petit temporel ...... on répand contre moi des libelles, des chansons... Quelque chose qui arrive, je suis plus que jamais décidé à ne jamais quitter mon siège.

... J'apprends aussi que le Parlement de Rennes prend fait et cause pour les deux juges du Présidial mandés à la suite du Conseil, et a écrit au Roy une lettre en forme de remontrance, tant pour justifier la conduite de ces magistrats que pour blâmer la mienne et tout cela par une impression d'affection pour les Francs-Maçons, dont si l'on n'y prend garde, l'association deviendra aussi fatale à la tranquillité du

Gouvernement et à l'autorité du Roy qu'elle est déjà funeste à la fortune, aux mœurs des citoyens et destructive de la Religion et de la piété...

(Archives Nationales, carton G8 647.*)*

T. F. J., Évêque de Quimper.

La prédiction de Mgr de Saint-Luc s'est, hélas ! réalisée : peu d'années plus tard, la Maçonnerie fut véritablement l'âme du complot qui noya la Monarchie française dans le sang de Louis XVI, de Marie-Antoinette et de tant de victimes.

Comme la voix du pape Clément XII, comme celle du cardinal de Fleury, la voix de Mgr de Saint-Luc fut couverte par les railleries des inconscients que suggestionnait l'Ennemi franc-maçon, tels les Archevêques de Tours et de Toulouse. En 1778, deux ans après les tristes événements de Quimper, Mgr François de Conzié, archevêque de Tours, était chargé par son protecteur, l'Archevêque de Toulouse, de *surveiller* l'Ordre des Franciscains, en vue de le détruire - et cela naturellement en dehors du Pape. (Cet Archevêque de Toulouse, plus tard cardinal, était le malheureux Brienne qui, en, 1790, consommera le schisme et prêtera serment à la Constitution civile du Clergé, ce pourquoi le pape Pie VI l'obligera à renvoyer sa barrette cardinalice). Or, certaines lettres vont nous montrer la Maçonnerie au centre de ces intrigues :

L'Archevêque de Tours à l'Archevêque à Toulouse.

Chanteloup, ce 18 juin 1778.

Puisque vous le désirez ainsi, vos Franciscains seront bien surveillés, et vos instructions fidèlement remplies...

Le Même au Même. Chanteloup, ce 15 juillet 1779.

Le P. Etienne, gardien des Cordeliers *(Franciscains)* de Nantes, parait réunir la très grande pluralité des suffrages *(pour le poste de Provincial)* : j'ignore s'il les mérite. L'Évêque de Quimper m'en a écrit beaucoup de mal, ce qui ne m'empêcherait pas d'en penser beaucoup de bien, surtout s'il est vrai que l'Évêque de Nantes en rende un témoignage favorable. Il m'a paru plaisant que le grand reproche du Seigneur Saint-Luc contre ce Religieux est qu'il est Franc-maçon. Suivant lui, Franc-maçonnerie et impiété sont une même chose...

Le Même au Même. Tours, ce 31 juillet 1778.

J'ai l'honneur de vous envoyer, Monseigneur, le procès-verbal du Chapitre des Cordeliers dont j'ai fait la clôture hier. Le P. Étienne a été nommé Provincial d'une voix absolument unanime. Les impressions qu'on a voulu donner contre ce Religieux sont certainement mal fondées et les accusations calomnieuses. Peut-être n'est-il pas très fervent, peut-être même est-il Franc-maçon, ce qui déplaît tant à M. de Quimper ; mais ce dont je vous réponds, c'est qu'il a de l'esprit, un maintien extérieur bien religieux. . . (Lettres citées par M. Gérin, *Revue des Questions historiques,* Paris, 1875, pp. 112, 113.)

Suivant Mgr de Saint-Luc, Franc-maçonnerie et impiété sont une même chose, écrit ce prélat halluciné par les mensonges maçonniques ! Il oublie qu'après Clément XII, Benoît XIV vient de fulminer l'anathème contre la Franc-maçonnerie, et c'est un Franc-maçon dont il favorise l'élection au poste de Provincial des Franciscains ! ...

En face d'un pareil aveuglement chez l'Archevêque de Tours, on n'est pas surpris de constater la présence de religieux et de prêtres dans les Loges, aux quatre coins de la France :

À Béthune, plusieurs prêtres font partie de la Loge.[6] À Arras, un Oratorien, le Père Spitalier, en est un des dignitaires.[7] Au Mans, des chanoines de Saint-Pierre de la Cour comptent parmi les Maçons.[8] À Besançon, on note parmi les affiliés *(à la Maçonnerie)* des Bénédictins, des Bernardins, un Carme, cinq chanoines du Chapitre de Saint-Jean ; en la même ville, l'un des chanoines de la Collégiale de la Madeleine est secrétaire d'une des Loges.[9] (M. DE LA GORCE, *Histoire religieuse de la Révolution française,* Paris, Plon, 1909, L. 1, p. 66.)

Ajoutons que parmi les Francs-maçons persécuteurs de Mgr de Saint-Luc se trouvait, dès 1775, le chanoine et F*** de Reymond, conseiller au Présidial qui, en 1776, fut élu Vénérable de la Loge de Quimper.[10]

Il s'en fallait de beaucoup que tout le Clergé de France fût contaminé de Maçonnisme : les si nombreux prêtres et religieux qui périrent pour le Christ sur les échafauds, dans les massacres et les horreurs des bagnes révolutionnaires ont assez prouvé que l'Église de France était toujours riche en héroïques vertus. Mais les mauvais prêtres, les prêtres maçonnisés, les loups cachés dans la bergerie ont puissamment aidé les meneurs maçonniques dans leur œuvre de destruction, et ils sont nombreux parmi les Terroristes, les

---

[6] BÉGHIN, Béthune pendant la Révolution, p. 46.

[7] DERAMECOURT, Le Clergé du diocèse d'Arras pendant la Révolution, t. 1, p. 286.

[8] Dom PIOLIN, Histoire du diocèse du Mans pendant la Révolution, t. 1, p. 6.

[9] SAUZAY, Histoire de la persécution religieuse dans le département du Doubs, 1789 à 1801, t. I, p. 12 et passim.

[10] M. BORD, *La Franc-maçonnerie en France*, t. 1, pp. 464, 465.

hommes de sang qui, comme le F*** Lebon, étaient passés des lumières de l'apostolat catholique aux ténèbres des Loges !

Si bien peu, au XVIIIe siècle, eurent la clairvoyance des Conan de Saint-Luc, des Le Franc, des Barruel, et dénoncèrent, dans la Maçonnerie, l'instrument de la déchristianisation de la France, du moins, à bien des reprises les Évêques ont poussé des cris d'effroi devant l'œuvre de perdition qu'accomplissaient les Loges.

En 1762, dans l'Assemblée (générale) du Clergé, ils déplorent « l'affaiblissement de la foi et la licence des écrits » ... En 1780, en un mémoire au Roi, ils réclament ... « un nouveau règlement sur toute la manutention de la librairie, concernant la Religion et les mœurs » ... En 1782, par l'organe de Mgr du Lau, archevêque d'Arles, ils énumèrent derechef toutes leurs doléances. Le Prélat dénonce un nouveau dogme, celui de «l'indépendance de toute autorité».[11] Il signale la diffusion publique des « œuvres entières et complètes de Voltaire et de J.-J, Rousseau ». Il se plaint que les écrits licencieux non seulement circulent dans les campagnes, mais soient jetés la nuit par des mains inconnues « jusque dans les enclos des monastères de filles ». *(Procès-verbal de l'Assemblée du Clergé, 1782, passim, cité par M. DE LA GORCE, Histoire religieuse de la Révolution française, t. I., p. 67.)*

Ces libelles, où la haine de la Religion s'alliait à la pire pornographie, c'était la Maçonnerie qui les répandait : qu'on veuille bien, pour l'instant, se souvenir de la brochure *L'Asiatique Tolérant* qui reflète si clairement l'idée maçonnique. Et, au surplus, nous ne trouverons que trop souvent, au cours de cette étude l'antichristianisme maçonnique uni dans les ouvrages de propagande sectaire à la corruption - l'arme la plus sûre des Sociétés secrètes. Dès 1775 (année du sacre de Louis XVI), le même Mgr du Lau dont il est question ci-

---

[11] C'est l'équivalent du cri maçonnique moderne : *Ni Dieu ni Maître !* (L. D.)

dessus avait été, comme Agent Général du Clergé, l'un des deux rédacteurs d'un effrayant Rapport au Roi *Sur l'affaiblissement de la Religion et des Mœurs* ; si la Maçonnerie n'y est pas nommée, elle y est visée à chaque ligne :

Assemblés pour la première fois depuis votre avènement à la Couronne, le plus grand des intérêts nous amène aujourd'hui au pied du trône : l'intérêt sacré de la Religion et des mœurs.

Que ne nous est-il permis d'épargner à votre cœur le récit affligeant du danger qui les menace !...

Ce n'est plus à l'ombre du mystère et dans des écrits semés par intervalles que l'incrédulité répand aujourd'hui ses systèmes. Il n'est presque point de jour qui ne voye éclore quelques-unes de ces fatales productions... On les annonce dans les catalogues, on les expose dans les ventes publiques, on les étale dans les vestibules des maisons des Grands, et peut-être, Sire, dans l'enceinte même de cet auguste palais où Votre Majesté reçoit nos hommages...

Les livres ouvertement impies ne sont pas, Sire, les seules armes de l'incrédulité. Elle a su infecter de son venin les ouvrages les plus étrangers à la Religion... Histoire, Philosophie, Poésie, les Sciences, le Théâtre, les Arts mêmes, elle a tout associé à ses funestes complots, espèce d'attaque d'autant plus dangereuse qu'elle se reproduit sous toutes les formes et qu'il est plus difficile de s'en défendre ! (*Procès-Verbal de l'Assemblée générale du Clergé*, 1775, pp. 431 à 433.)

Suit une page vraiment poignante où l'on voit l'incrédulité, la haine de la Religion étendre son empire à travers toute la France, dans toutes les classes de la société. Puis viennent des allusions transparentes aux conquêtes faites par la Maçonnerie dans l'aristocratie et chez les femmes de toute condition :

L'incrédulité admise dans les Palais des Grands met à profit leur crédit, leur autorité, leur influence. Elle a initié dans ses Mystères le sexe même dont la piété faisait la consolation de l'Église...

La jeunesse, cette portion intéressante de vos sujets qui, dans quelques années, donnera des maîtres, des instituteurs, des pères, des magistrats... à la Société, contracte par la lecture, le goût, l'habitude et le langage de l'Irréligion...

Nous avons vu l'Impiété dans les commencements dissimuler ses prétentions, proposer des doutes sous prétexte de les résoudre et employer les fables musulmanes et païennes pour servir de voile à ses traits.[12] Bientôt elle a franchi toutes les barrières. Elle ose (nous ne le disons qu'en frémissant) insulter par ses blasphèmes les Apôtres, les Prophètes, la Personne adorable du Fils de Dieu !...

Ôtez la Religion au peuple et vous verrez la perversité, aidée par la misère, se porter à tous les excès. Ôtez la Religion aux grands et vous verrez les passions, soutenues par la puissance, se permettre les actions les plus viles et les plus atroces...

Les mœurs de nos pères n'étaient pas sans doute irréprochables, mais le désordre n'était ni aussi hardi ni aussi universel ; le vice connaissait la honte et le remords... On était alors vicieux par faiblesse ; il était réservé à la génération présente de l'être par système. Et quel frein peut retenir des hommes, qui joignant à la dépravation du cœur celle de la raison, osent ériger leurs délires en principes et leurs vices en vertus ? (*Procès-Verbal de l'Assemblée générale du Clergé*, 1775, pp. 434 à 437.)

---

[12] Allusion évidente aux brochures maçonniques du type *L'Asiatique Tolérant*, etc., (L. D.)

L'abbé du Lau comprenait bien que l'incrédulité - propagée par les Loges - était un ferment de Révolution :

Il est encore, Sire, un attentat de l'incrédulité c'est l'esprit d'indépendance qu'elle inspire. À Dieu ne plaise que nous voulions vous rendre suspect l'attachement de la Nation pour ses Rois ! Ce sera la dernière vertu qui mourra dans le cœur des Français ! Mais d'où vient cette fermentation générale qui tend à dissoudre les liens de la société ?... D'où viennent ces principes destructeurs de toute autorité, semés dans une multitude, d'écrits ?... *(Procès-Verbal de l'Assemblée générale du Clergé, 1775, p. 437.)*

Dans son admirable *Histoire religieuse de la Révolution*, M. de la Gorce répond à la question à laquelle le futur Archevêque d'Arles n'avait osé répondre : il constate que la navrante impuissance du Clergé dont l'aveu ressort de ce terrible procès-verbal naît encore moins de sa faiblesse que de la force extraordinaire de l'ennemi : L'ennemi, ce sont les Philosophes. Or, les Philosophes, ils sont partout, ils s'insinuent partout ; par soixante ans de prédications et d'efforts, ils ont façonné la société à leur image. (M. DE LA GORCE, *Histoire religieuse de la Révolution française*, t. 1, p. 68.)

Et ces Philosophes qui, depuis soixante ans, façonnent la société française à leur image, ce sont *les Francs-maçons, les* FF*** Voltaire, Diderot, d'Alembert, etc...

Il est nécessaire de citer la péroraison de cette adresse à Louis XVI. Elle sonne le glas de la Monarchie chrétienne et ses accents, peut-être inspirés, sont d'autant plus impressionnants que l'abbé du Lau, qui l'écrivit, portait sur son front l'auréole du martyre : il sera, en effet, massacré en haine du Christ dix-sept ans plus tard, le 2 septembre 1792, aux côtés de l'abbé Le Franc, dont nous avons cité les sombres révélations sur le franc-maçonnisme de la Révolution française :

Nous vous en conjurons donc par l'onction sainte que vous venez de recevoir, par le serment solennel que vous venez de prononcer. Nous vous en conjurons pour la gloire du Ciel et pour l'honneur de votre Couronne, pour... le maintien de votre autorité et de la félicité publique ; nous vous en conjurons au nom de vos illustres prédécesseurs qui, avec cet empire, vous ont laissé la Foi comme leur plus précieux héritage ; au nom de toutes les Églises de France dont nous ne pouvons vous peindre le deuil et la consternation ; (au nom des prêtres), cette portion respectable de vos sujets qui tremble et frémit des maux qui nous menacent. Nous vous en conjurons ! Ne souffrez pas que la Religion et la Vertu continuent de dépérir dans votre Royaume ; déployez contre l'incrédulité, la corruption, les ressources de votre puissance ; réprimez la licence par une juste sévérité... (*Procès-verbal de l'Assemblée générale du Clergé*, 1775, p. 443. *Archives Nationales*, G8* 699.)

Il était trop tard. De 1775, date où fut adressée à Louis XVI cette harangue désolante, jusqu'à 1793, la Monarchie et l'Église ne feront plus que s'acheminer vers les massacres - exécutés par des tueurs francs-maçons comme le hideux F*** Maillard - et vers les guillotines dressées par la Maçonnerie. Dès lors, la raison principale des malheurs de la France bouleversée par la Révolution, c'est que la France aveuglée, empoisonnée, n'a pas su ni même voulu savoir ce que le pape Clément XII avait proclamé sur le danger maçonnique.

La conclusion s'impose : nous avons le devoir, nous, Ligueurs anti-maçons, de crier ceci à tous, Royalistes, Impérialistes, Républicains catholiques : tout régime qui ne considérera pas comme la première des nécessités de démasquer la Maçonnerie d'abord, et de la détruire ensuite, aura pour sort fatal d'être dominé par elle et de l'aider - sous peine de mort - à conduire la France au tombeau.

II

LEURS ARMES : MENSONGE ET CALOMNIE

Que la Révolution de 1789 ait été préparée et exécutée par la Maçonnerie, c'est un fait qui apparaît avec évidence à quiconque étudie l'Histoire vraie, l'Histoire expurgée des mensonges maçonniques.

D'ailleurs, après avoir longtemps menti, en s'efforçant de faire croire qu'elle n'était pour rien dans les crimes qui ont empli de cadavres le charnier révolutionnaire, la Maçonnerie avoue. Elle se vante même d'avoir enfanté la Révolution.

Pouvoir Occulte et Grand Orient

Sans parler du F*** Louis Blanc, qui a consacré un long chapitre de son *Histoire de la Révolution* à montrer la grande importance du rôle joué par la Maçonnerie à la fin du XVIIIe siècle, bornons-nous à citer ces simples lignes d'un rapport lu à la tenue plénière des Loges *Paix et Union* et *La Libre Conscience*, à l'Orient de Nantes, le 23 avril 1888 :

Ce fut de 1772 à 1789 que la Maçonnerie élabora la grande Révolution qui devait changer la face du monde... C'est alors que les Francs-maçons vulgarisèrent les idées qu'ils avaient puisées dans leurs Loges... (*Rapport...* p. 8.)

C'est en 1772, en effet, le 24 décembre, qu'avait été proclamée l'érection du Grand Orient de France. En ce jour s'était opérée la concentration de toutes les armées maçonniques pour l'assaut à donner à la France.

Avant d'aboutir à ce grand résultat, il avait fallu toute une année de mystérieuses intrigues élaborées dans les sphères maçonniques, supérieures.

Voici à ce sujet un aveu discret du F*** Ragon, « l'Auteur sacré » de la Franc-maçonnerie française :

1772, 24 décembre. - Les huit commissaires qui, sans le savoir, étaient les agents de Maçons plus éclairés, agissent sans convoquer (*et pour cause*) ceux dont ils tiennent leurs pouvoirs pour leur soumettre le résultat de leur travail. Cet octovirat, réuni aux frères nombreux des divers partis qui assistaient aux conciliabules..., déclare solennellement que l'ancienne Grande Loge de France a cessé d'exister, qu'elle est remplacée par une nouvelle Grande Loge Nationale, laquelle fera partie intégrante d'un nouveau corps qui administrera l'Ordre, sous le titre de Grand Orient de France. (*Orthodoxie maçonnique*, F. Ragon, 1853, pp. 63, 64.)

De par une mystérieuse volonté - celle de ce que nous appelons le Pouvoir Occulte - voici, debout et armée, la machine de guerre qui renversera l'édifice de l'ancienne France.

Deux ans après la fondation du Grand Orient, Louis XVI monte sur le trône. « Voilà la Victime ! » s'écriera Mirabeau quand le Roi prendra place aux États Généraux. Victime désignée, Louis XVI l'était déjà en 1774, au jour de son avènement, et la Reine, elle aussi, était une victime voulue par le Pouvoir Occulte dont la Maçonnerie est l'instrument. Il n'est rien de plus atroce que la guerre de sauvages menée par les agents maçonniques, pendant près de vingt ans, contre

Marie-Antoinette - jusqu'après sa mort même ! Car on verra ces cannibales s'acharner, dans un hideux pamphlet, sur le cadavre de la Reine guillotinée, comme leurs tueurs sur la princesse de Lamballe coupée en morceaux.

ÉDIFIANT PARALLÈLE

Avant la mort sanglante par le couperet dont le triangle symbolise la Révolution ainsi qu'il symbolise la Maçonnerie, Marie-Antoinette souffrit, durant près de vingt ans, le supplice de la mort lente, par les blessures sans cesse renouvelées que lui infligèrent d'innombrables pamphlets plus ignobles les uns que les autres tous dirigés dans le même sens, tendant au même but, s'appuyant tous sur les mêmes calomnies pour les implanter dans l'esprit du peuple comme des vérités hors de doute. Le but de ce concert infernal - dont la savante cacophonie dénonce un chef d'orchestre invisible mais obéi - c'était de noyer à la fois la Reine et la Monarchie sous un flot d'ignominies mensongères.

Le Mercure de France, qui est loin de professer des thèses traditionalistes et de voir derrière la trame des événements la main d'un Pouvoir Occulte, a constaté avec étonnement la longue et persévérante campagne de calomnies odieuses menée contre Marie-Antoinette. C'est, dit-il, un spectacle sans précédent dans l'Histoire :

D'où venait donc ce flot de boue qui se leva en France, presque dès l'arrivée de Marie-Antoinette à la Cour, et qui, toujours enflé, finit par emporter la malheureuse Reine - jusqu'à la place de la Révolution ? Jamais tant de libelles, tant d'ordures ne furent jetées sur une souveraine.

…Retenons ce spectacle sans précédent dans l'Histoire, la luxure anonyme de toute une époque cherchant son objet et sa victime sur un trône. Les pires heures de la Révolution, celle où se consomma le meurtre sadique de la princesse de Lamballe, celle où se produisirent les monstrueuses accusations d'Hébert, sont ici en puissance. (Edm. BARTHÉLEMY, *Le Mercure de France*, 16 mai 1908, p. 310.)

Anticipant sur nos récits ultérieurs, disons tout de suite que l'ignoble Hébert, qui porta contre Marie-Antoinette les accusations infâmes que l'on sait, était - naturellement - Franc-maçon, et posons-nous cette question : quelqu'un n'avait-il pas, en haine de la France et de la Reine de France, aidé puissamment à « un tel pullulement de pamphlétaires fangeux » ? Qui était le chef d'orchestre invisible de l'infâme concert ? - La Maçonnerie. Il en est une preuve d'une saisissante actualité dans les événements *(machinés par la Maçonnerie !)* qui, en 1908, ensanglantèrent Lisbonne un mois après qu'un pamphlet, calqué sur les pamphlets dirigés contre Marie-Antoinette, venait de jeter d'odieuses calomnies contre la Reine Amélie de Portugal. Ces événements sont relatés avec de précieux commentaires dans *la Revue* du 1er mars 1909. Là, sous ce titre : *La Journée portugaise*, M. Finckelhausen, dit Jean Finot, né en Pologne dans la religion juive, rapporte que la Reine Amélie est « vouée corps et âme à l'Église » :

Ce bruit, dit-il, souffle en tempête à travers le Portugal et enlève beaucoup de sympathies à la veuve de Dom Carlos (!) (*La Revue,* 1er mars 1909, p. 14.)

Remontant à quelques semaines avant la tuerie maçonnique où le Roi Carlos et son fils aîné trouvèrent la mort - tuerie à laquelle la Reine et le jeune Roi Manuel n'ont échappé que par miracle, - le Directeur de *la Revue* écrit ces lignes, où nous soulignons quelques passages caractéristiques :

On ne parlait à Lisbonne que d'un livre singulier. C'était un roman ou plutôt un pamphlet : *Marquez da Bacalhôa*. Il est rédigé dans la forme des romans qui paraissaient, vers 1780, sur la vie intime du roi Louis XVI et de Marie-Antoinette.

L'auteur y racontait les incidents scandaleux de la vie de Dom Carlos. Il noyait dans la boue le Roi et n'épargnait point la Reine Amélie. On prêtait, au Roi des mœurs inavouables, et on racontait, sous des voiles transparents, certaines aventures attribuées à la Reine Amélie. Il est superflu d'ajouter que s'il y avait beaucoup d'exagération en ce qui concerne la vie sentimentale de Dom Carlos, les pages consacrées à la Reine n'étaient qu'un tissu de mensonges infâmes. Le livre fit son chemin.

On s'aperçut trop tard de l'impression néfaste que ces calomnies provoquaient dans le peuple. Franco décida de saisir le volume et de poursuivre ses auteurs ou éditeurs... Le roman commença alors à faire prime. On se l'arrachait, et son prix monta jusqu'à quatre milreis (22 francs). Mais le mal était fait. On chuchotait à Lisbonne certaines aventures empruntées au livre, et la province, au moins cette partie de la province qui sait lire, paraissait se passionner pour les scandales mis au jour.

Certains républicains jubilaient. Ils faisaient des rapprochements avec une littérature spéciale qui fleurissait en France avant la Révolution et en tiraient des présages optimistes. (*La Revue*, pp. 14, 15.)

Un autre passage de *la Revue* va nous éclairer tout à fait sur ce qui - secrètement - caractérise ces « républicains » portugais :

Au chaos monarchique (dit M. Finckelhausen), il n'y aura peut-être (en Portugal) qu'une issue : la République.

Un remède comme un autre.

J'ai reçu chez moi, il y a quelques jours, la visite d'un des chefs des Républicains dont le talent oratoire et l'honnêteté de toute une vie ont forcé jusqu'à l'admiration de ses adversaires. J'ai nommé Magalhaes Lima.

« La République est imminente », m'annonça-t-il. Et son visage s'éclaira d'un espoir joyeux.

« ... La Monarchie a fait ses preuves (dit Magalhaes Lima). Songez aux 75 % de nos illettrés, aux ruines qui s'accumulent de tous côtés. C'est nous qui transformerons le régime, et avec le changement des conditions politiques, nous ferons une nouvelle âme à notre peuple. »

. . . .

(La Revue, p. 22.)

Ce que M. Finckelhausen se garde bien d'ajouter dans l'énumération des qualités qui lui font tant révérer Malgalhaes Lima, « l'un des chefs des Républicains » portugais, c'est que ce dernier est le Grand Maître du Grand Orient de Portugal.

Voici encore qui édifie sur le Maçonnisme des « Républicains » portugais, admirateurs des Francs-maçons assassins de 1789-1793 : dans son numéro du 10 avril 1909, le journal juif et maçonnique *l'Action* commençait à publier en feuilleton l'ordure que M. Finckelhausen qualifie d'odieusement mensongère. Et l'annonce de ce libelle - renouvelé des pamphlets contre Marie-Antoinette dont nous allons étudier l'infâme série - voisine en première page de *l'Action* avec la prose du F*** Lafferre, président du Grand Orient de France.

C'est bien clair ; par la joie cynique des « Républicains » portugais devant le succès rapide des ignobles calomnies lancées contre la Reine Amélie, par la joie cynique qu'inspire au « Chef des Républicains » l'assassinat du Roi Carlos et du Prince héritier, tous ces « Républicains » se sont démasqués : c'est à la Maçonnerie qu'ils obéissent. En Portugal comme en France, la Révolution, c'est la Maçonnerie avec ses crimes de sang et ses pamphlets de boue qui conduisent aux crimes de sang.

En février 1908, le pamphlet immonde. Un mois après, le régicide.

Il y a un siècle, la Maçonnerie française a été moins vite en besogne que la Maçonnerie portugaise. Mais combien elle a réussi dans son œuvre de honte et de mort !

BASILE

L'amour, l'adoration dont le peuple de France était enivré pour Marie-Antoinette, il fallait que la Maçonnerie les tuât tout d'abord pour pouvoir ensuite assassiner à son aise le Roi, la Reine, la Monarchie tout ensemble. Pour tuer cet amour, les pamphlets calomnieux, dont le *Marquis de Bacalhoa* est le type actuel, furent, nous le répétons, l'arme vile qu'employa la vile Maçonnerie.

Marie-Antoinette et les Français de la Révolution étaient faits pour s'entendre mais entre la Reine et le pays s'était glissé Basile il est l'homme du jour. (M. FUNCK-BRENTANO, *L'Affaire du Collier*, p. 52.)

Basile, c'est le successeur des FF*** de la Tierce, Voltaire et d'Alembert ; c'est le Franc-maçon des Arrières-Loges, l'agent du Pouvoir Occulte dont le but est l'extermination de la France catholique et royaliste... en attendant qu'ON s'attaque aux autres nations chrétiennes qu'elle domine de sa grandeur séculaire.

Il y a unité absolue, continuité parfaite, dans la vie de la Franc-maçonnerie depuis son apparition en France au milieu du XVIIIe siècle. Cette vie se manifeste toujours par le mensonge et la calomnie durant les périodes où les Loges préparent leur domination, et quand elles sont au pouvoir, par le vol et l'assassinat, en plus du mensonge et de la calomnie qui leur sont constamment nécessaires.

Les FF*** de la Tierce et consorts mentaient quand ils proclamaient que la Franc-maçonnerie était respectueuse des traditions religieuses et politiques.

Les FF*** de *L'Encyclopédie* mentaient comme on respire ; mentir était si bien leur fonction naturelle que leur coryphée, le F*** Voltaire, écrit à Thiriot, le 21 octobre 1736 :

Le mensonge n'est un vice que quand il fait du mal ; c'est une très grande vertu quand il fait du bien. Soyez donc plus vertueux que jamais. Il faut mentir comme un diable, non pas timidement, non pas pour un temps, mais hardiment et toujours. (*Œuvres complètes de Voltaire,* Edition du Siècle, 1869, t. VII, p. 467)

C'est par le mensonge et la calomnie que la Francmaçonnerie a su duper les masses, au point de leur faire considérer comme des ennemis à exécrer et à flétrir ces prêtres et ces sœurs de charité qui se dévouent pour leur faire du bien.

Quant à ces innommables publications qui, maintenant plus que jamais, déversent d'abominables ordures sur les religieux et religieuses, après que des lois de vol les ont dépouillés et chassés de leurs demeures, c'est la Francmaçonnerie toujours qui les rédige et qui les sème. Souiller de bave et de boue ses victimes - aussi bien après qu'on les a assassinées que lorsqu'on aiguisait le couteau qui les devait immoler - c'est la marque de fabrique du crime franc-maçonnique, qu'il s'agisse, aujourd'hui, des congrégations religieuses ou qu'il s'agisse, au XVIIIe siècle, de Marie-Antoinette.

Si la lettre anonyme est l'arme des lâches, le pamphlet anonyme a été, au XVIIIe siècle, l'une des armes favorites de la menteuse et lâche Maçonnerie. Ainsi que Barruel l'a démontré à l'aide d'une abondante documentation, « il n'est point de précepte » que le F*** Voltaire inculquât plus souvent que « *celui de frapper et de cacher sa main* »[13]

Il faut qu'il y ait cent mains invisibles qui percent le Monstre (la Religion) et qu'il tombe sous mille coups redoublés. (*Lettre de Voltaire à d'Alembert*, 1er mai 1768)

Confondez l'Infâme le plus que vous pourrez ; frappez et cachez votre main. (*Lettre à d'Alembert,* mai 1761)

Le Nil, disait-on, cachait sa tête et répandait ses eaux bienfaisantes ; faites-en autant, vous jouirez en secret de votre triomphe. (*Lettre à Helvétius,* 11 mai 1761)

On embrasse notre digne Chevalier et on l'exhorte à cacher sa main aux ennemis. (*Lettre à M. de Villevieille,* 26 avril 1767)

Vous vous contentez de mépriser un Monstre qu'il faut abhorrer et détruire. Que vous en coûterait-il de l'écraser en quatre pages, en ayant, la modestie de lui laisser ignorer qu'il meurt de votre main ?... Lancez la flèche sans montrer votre main. (*Lettre à d'Alembert, 28* septembre 1763)

(Cité par BARUEL, *Mémoires...* t. 1, pp. 32 à 35)

---

[13] BARUEL, *Mémoires... Jacobinisme,* Hambourg, 1803, t. 1, p. 83.

La propagande par la brochure anonyme concise, réduisant tout à sa plus simple expression, était également très haut prisée par le F*** d'Alembert, aussi habile que le F*** Voltaire, son complice, « à cacher sa main dans le moment même où l'on dirige celle de l'assassin ». (BARUEL, t. I, P. 109)

Après les valets de la Haute-Maçonnerie, en voici l'un des prétendus maîtres, le Roi de Prusse Frédéric II. Nos lecteurs trouveront sans doute de l'intérêt à certain dialogue épistolaire entre ce Maçon couronné - longtemps considéré par les FF*** du Rite dit Écossais comme le fondateur de leur grade suprême - et son digne F*** Voltaire.

Le 5 avril 1767, Voltaire écrivait au Roi de Prusse :

Si j'étais moins vieux et si j'avais de la santé, je quitterais volontiers sans regret le château que j'ai bâti... pour venir achever ma vie dans le pays de Clèves avec deux ou trois Philosophes, et pour consacrer mes derniers jours, sous votre protection, à l'impression de quelques livres utiles. Mais, Sire, ne pouvez-vous pas, sans vous compromettre, faire encourager quelques libraires de Berlin à les imprimer et à les faire débiter dans l'Europe à un bas prix qui en rende la vente facile ?

- Vous pouvez, répondit Frédéric, vous servir de nos imprimeurs selon vos désirs ; ils jouissent d'une liberté entière ; et comme ils sont liés avec ceux de Hollande, de France et d'Allemagne, je ne doute pas qu'ils n'aient des voies pour faire passer des livres où ils jugent à propos. (*Lettre* du *5 mai 1767*, citée par BARUEL, t. 1, pp. 116 à 118)

Cette correspondance échangée, en 1767, entre les FF*** Frédéric II et Voltaire est éclairée d'un jour singulier par celle du même Roi franc-maçon avec Goltz, son ambassadeur à Paris. Dans sa lettre du 20 mars 1770, citée par

Bancroft dans son *Histoire de l'Indépendance de l'Amérique,* le F*** Roi de Prusse presse son ambassadeur de « faire insinuer à Louis XVI des soupçons sur la fidélité de Marie-Antoinette ».[14]

Par quels moyens Frédéric comptait-il que son représentant en France remplirait cette infâme mission ? - Mystère. Toujours est-il que la tactique des pamphlets fut appliquée avec intensité par les FF*** Voltaire et d'Alembert dans leurs batailles contre l'Église et qu'elle fut ensuite employée avec une véhémence croissante quand le Pouvoir Occulte eut résolu de battre en brèche la Monarchie en même temps que le Christianisme.

L'année même de l'avènement de Louis XVI, en 1774, fut publié contre la Reine un libelle abominable dont il n'existe plus qu'un exemplaire dans les Archives impériales d'Autriche.

En 1774, Beaumarchais avait été envoyé à Londres par Louis XVI et Sartines pour y acheter l'édition entière d'un affreux pamphlet contre Marie-Antoinette. C'était *l'Avis important à la branche espagnole sur ses droits à la Couronne de France, à défaut d'héritiers, et qui peut être très utile à toute la famille de Bourbon, surtout au roi Louis XVI.* Signé G. A. (Guillaume Angelucci) à Paris, 1774. Cet Angelucci était juif. Beaumarchais se met en rapport avec lui, achète l'édition. Il fait détruire les exemplaires et procède de même pour une nouvelle édition à Amsterdam. Il allait revenir triomphant quand il apprend qu'Angelucci s'est sauvé avec un exemplaire soustrait à la destruction... (M. FUNCK-BRENTANO, *L'Affaire du Collier,* 6e édit., p. 53)

Dans l'Affaire Dreyfus, nous avons vu la Franc-maçonnerie internationale combiner partout ses efforts avec

---

[14] Abbé V. BÉNARD, *Frédéric II et Voltaire,* Paris, 1878 p. 531.

ceux de la Juiverie universelle. De même, en 1774 et 1775, le juif Guillaume Angelucci et le Roi franc-maçon Frédéric II sont attelés à la même besogne d'ignoble et meurtrière calomnie.

En 1779, un autre pamphlet d'une profonde et redoutable hypocrisie distilla des venins subtils destinés à tuer la réputation de la Reine, avant qu'on arrive à la tuer elle-même, et - comme le F*** Voltaire l'avait soigneusement recommandé - la Franc-maçonnerie sut « cacher la main qui frappait ». Jamais personne n'a pu découvrir l'auteur de ce libelle dont l'Impératrice Marie-Thérèse fut douloureusement affectée et qui lui fit pressentir que des catastrophes planaient sur la tête de sa fille.

Ce pamphlet, daté du 18 juin 1779, a pour titre *Portefeuille d'un Talon rouge*.

Sous couleur de disculper la Reine des imputations dont elle était l'objet, l'auteur énumère toutes les calomnies et médisances mises en œuvre contre elle (M. TOURNEUX, *Marie-Antoinette devant l'Histoire,* Paris, 1901, P. 39)

En même temps que ce libelle venimeux – mais où l'on affectait du moins d'innocenter la Reine - une inconcevable ordure fut mise au jour :

Peu après, écrit M. Funck-Brentano, il fallut racheter un autre pamphlet, *Les Amours de Charlot et de Toinette*, S. L., 1779. Charlot représentait le Comte d'Artois. Il était orné d'estampes immondes. La destruction en coûta 17.400 livres à la cassette particulière de Louis XVI, comme en témoigne la quittance du libraire Boissière... (*L'Affaire du Collier*, 6e éd., p. 53)

À Londres, Boissière a bien promis,

« ... en foi d'homme et d'honneur dit-il, sous peine de tous dommages et intérêts, que jamais il ne paraîtra de ma part ni de celle du propriétaire, aucun exemplaire dans le monde... » (Quittance publiée par P. MANUEL, *La Police de Paris dévoilée*, l'An Second de la Liberté, t. I, p. 238.)

Mais que valaient la parole d'honneur et la signature de ces aigrefins au service des Arrière-Loges !... Des exemplaires soigneusement sauvés du pilon serviront de modèles, à partir de 1789, pour de nombreuses réimpressions.

Dès l'année suivante, en 1780, on vit éclore un nouveau pamphlet contre Marie-Antoinette, la guerre infâme ne cessera plus qu'après la mort de la Reine.

Du 4 novembre (1780). - ... Il circule en France une douzaine d'exemplaires d'un libelle atroce contre les personnes les plus respectables de la Cour. Il est intitulé *Le Pou*.[15] L'animal immonde se fourre dans un vieux carton où se trouve un manuscrit dont il rend compte et qui contient les détails les plus infâmes et les plus extravagants sur toute la Cour. La calomnie dont ce vil insecte est l'organe a principalement la Reine en vue. Les anecdotes que cette infâme brochure renferme sont toutes fausses et controuvées. Elle est l'objet des plus sévères perquisitions de la police et l'on envoie un émissaire en Hollande pour s'emparer de l'auteur et de l'édition. (*Correspondance inédite sur Louis XVI, Marie-Antoinette... de 1777 à 1792, publiée d'après les manuscrits de la Bibliothèque Impériale de Saint-Pétersbourg... par M. de Lescure*, Paris, Plon, 1866, p. 333.)

« QUE N'AI-JE CRU, IL Y A ONZE ANS !... »

---

[15] Le titre complet est le suivant : Histoire d'un Pou français ou l'Espion d'une nouvelle espèce. (L. D.)

L'année 1781 est particulièrement poignante dans l'histoire de Marie-Antoinette, car des serviteurs clairvoyants de la France ont fait, cette année-là, de pressants efforts pour éclairer sur le complot maçonnique ceux qu'il menaçait le plus directement : le Roi et la Reine.

Mais, hélas ! Ces nobles tentatives sont demeurées vaines.

La preuve de ce que nous avançons ressort avec évidence d'un cri de regret désolé poussé par Louis XVI en 1792 - onze ans après - et d'une lettre de la Reine.

Louis XVI lui-même, averti des dangers de son trône, restait dans une sécurité dont il ne reconnut l'illusion qu'au retour de Varenne. « Que n'ai-je cru, dit-il alors à une personne de confiance, que n'ai-je cru, il y a onze ans, tout ce que je vois aujourd'hui ! On me l'avait dès lors tout annoncé. » *(Mémoires de Barruel,* édit. de 1803, t. II, p. 315)

En 1781, on riait des avertissements des gens avisés sur les agissements de la Franc-Maçonnerie.

« L'art du gouvernement (écrit Marie-Antoinette, le 26 février, à sa sœur Marie-Christine) est de laisser la Franc-maçonnerie s'étendre, car ce n'est qu'une société de bienfaisance et de plaisir... Ce n'est nullement une société d'athées déclarés, puisque, m'a-t-on dit, Dieu y est dans toutes les bouches ; on y élève les enfants charitablement... Ces jours derniers, la princesse de Lamballe a été nommée grande-maîtresse dans une Loge. »

Quelques années plus tard, les Francs-maçons reconnaissants coupaient le cou à Marie-Antoinette et promenaient la tête de la princesse de Lamballe au bout d'une pique... et livraient le faible enfant royal à la brute Simon, de la Loge, *La Fraternité !* (Ernest GEGOUT, *Le Télégramme de Toulouse*, 14 janvier 1904.)

 Cet aveuglement de Louis XVI et de Marie-Antoinette, après les cris d'alarme des Papes et des évêques comme Mgr Conan de Saint-Luc, est désolant. Mais combien de très bons Français et d'excellents Catholiques poussent, aujourd'hui encore, la naïve ignorance jusqu'à considérer ce que disent les Anti-maçons comme des exagérations ridicules, dues au parti pris de voir la Maçonnerie partout ?

 Au XVIIIe siècle, alors que précisément la Maçonnerie était partout et minait toutes les fondations de l'édifice religieux et politique de la France, les gouvernants ne la voyaient nulle part.

 Après qu'un demi-siècle durant, les Tartufes comme le F*** de la Tierce avaient patiemment tendu les filets révolutionnaires, tout en jurant qu'on calomniait la Maçonnerie quand on l'accusait de fomenter une Révolution ; après que le F*** Frédéric II et le F*** Voltaire, dans les odieuses lettres qu'ils échangeaient, s'étaient mutuellement exhortés à « écraser l'Infâme » - l'infâme Catholicisme, - la malheureuse Marie-Antoinette écrivait à sa sœur que la Maçonnerie ne pouvait qu'être remplie de piété, d'innocence et de bonté !... N'était-ce pas évident, « puisque (lui avait-on dit) Dieu y est dans toutes les bouches » et puisque la douce et vertueuse princesse de Lamballe « venait d'être nommée grande-maitresse dans une Loge » ?

 En 1781, le 22 octobre, Marie-Antoinette à l'une des dernières joies de sa vie : un fils lui naît. La joie de la mère, écrivent les frères de Goncourt, est la joie de la Nation. À Paris, la bonne, nouvelle court de bouche en bouche : Un Dauphin ! Un Dauphin ! L'enthousiasme éclate dans la rue, au théâtre, au feu d'artifice, aux Te Deum. À Versailles, la foule, pressée dans les cours, n'a qu'un cri : « Vive le Roi, la

Reine et Monseigneur le Dauphin ! » C'est une procession et une ambassade continuelle des six corps des arts-et-métiers, des juges-consuls, des compagnies d'arquebuse et des halles. Tout est rire, amour d'un peuple, chansons, violons !

... (La Reine) ne pensait plus qu'à répandre sa joie autour d'elle, sur le peuple, en bienfaits et en charités. Son bonheur voulait faire des heureux ; et elle écrivait à Mme de Lamballe cette lettre où elle apparaît tout entière et où se montre tout son cœur d'amie, de reine, de mère heureuse :

Ce 27 novembre 1781. Je vois que vous m'aimez toujours, ma chère Lamballe, et votre chère écriture m'a fait un plaisir que je ne saurais vous rendre ; vous vous portez bien, j'en suis heureuse, mais on ne peut se flatter de rien si vous continuez à veiller comme vous le faites auprès de M. de Penthièvre ; son indisposition afflige beaucoup le Roi, qui lui envoie son premier médecin avec ordre de rester avec vous s'il y a du danger ; je serai bien triste tant que je n'aurai pas de nouvelles de la crise. Dès que vous serez de retour et que vous aurez repris votre charge, nous terminerons tout ce qui se rattache aux actes de bienfaisance qui doivent suivre mes couches.

Puis la Reine continue en des termes qui impressionnent douloureusement et qui prouvent avec quelle hypocrisie diabolique la Maçonnerie cachait ses véritables desseins aux dupes de haute lignée qu'elle affublait dans ses Loges, d'honneurs dérisoires, tout en aiguisant les armes qui serviront à les égorger :

J'ai lu avec intérêt ce qui s'est fait dans les Loges maçonniques que vous avez présidées au commencement de l'année et dont vous m'avez tant amusée ; je vois qu'on n'y fait pas que de jolies chansons et qu'on y fait aussi du bien. Vos Loges ont été sur nos brisées en délivrant des prisonniers et mariant des filles ; cela ne nous empêchera pas de doter les nôtres et de placer les enfants qui sont sur notre liste, les protégées du bon M. de Penthièvre seront les premières pourvues... (*Lettre autographe inédit*, signée de Marie-Antoinette. Elle fut, communiquée par M. A. Firmin-Didot à MM. de Goncourt, qui l'ont publiée, pour la première fois, dans leur *Histoire de Marie-Antoinette*. Voir 3e édit., Paris, 1843, pp. 131, 132.)

Malheureuse Reine ! Elle ne savait pas qu'auprès de ces Loges peuplées de dupes s'ouvraient les Arrière-Loges peuplées de criminels qui voulaient sa perte et la destruction de sa foi comme de son trône.

Cependant, malgré les pires calomnies lancées contre elle depuis six ans, le peuple de France ne continue-t-il pas à la chérir, à l'idolâtrer ? ...Pour bien peu de temps encore.

À la nouvelle qu'un héritier de la Couronne de France allait peut-être venir au monde, la haine de la Franc-maçonnerie contre la Reine s'était décuplée. Aussi bien, en des temps mains troublés, cette naissance eut été pour longtemps le gage de l'union des deux grandes nations catholiques, la France et l'Autriche. Mais pour la Franc-maçonnerie - anticatholique dès le commencement - cette alliance était l'un des premiers obstacles à briser. Par suite Marie-Antoinette, dont l'ascendant sur Louis XVI allait grandissant, devenait chaque jour plus haïssable aux Arrière-Loges.

C'est pourquoi, plus cynique et plus venimeux encore que les précédents, un nouveau pamphlet venait d'être écrit, en 1781, sous ce titre : *Essai historique sur la vie de Marie-Antoinette*. On y fait allusion à la naissance imminente d'un Enfant de France - en quels termes outrageants pour la Reine, je le laisse à penser. Après de longues recherches, la police parvint à saisir 534 exemplaires de ce libelle. Ils figurent sur l'état des livres mis au pilon à la Bastille, le 19 mai 1783. (Voir *La Police de Paris dévoilée*, par Pierre MANUEL, l'An Second de la Liberté, t. I, pp. 37, 38.) Mais combien d'exemplaires avaient échappé à la destruction ?

Ce pamphlet, d'une infamie révoltante de la première à la dernière ligne, est celui qui fut réimprimé avec le plus d'acharnement, dans une multitude d'éditions différentes, à partir de 1789, quand le torrent de boue maçonnique se mit à couler à pleins bords.

Nous nous bornons à emprunter à cet *Essai historique* un passage où se mesure la profondeur de la scélératesse maçonnique. La première page porte en sous-titre cet impudent mensonge : « Rédigé sur plusieurs manuscrits de sa main », et c'est Marie-Antoinette elle-même qu'on fait ainsi parler :

« Reine barbare, épouse adultère, femme sans mœurs, souillée de crimes et de débauches, voilà les titres qui me décorent...

« Sans pitié pour les malheureux, jamais la misère publique ne fit naître en moi la compassion... »

Quand on compare ces impostures qui ont servi à tuer une Reine et à empoisonner une Nation (pour des siècles peut-être !) avec la lettre à Mme de Lamballe, cette lettre si touchante où se peint l'exquise bonté de Marie-Antoinette, on est saisi de vertige devant les abîmes que recèlent les gouffres pestilentiels de la Maçonnerie.

En décembre 1781, nouvelles alertes causées par le colportage d'infamies nouvelles que les Arrière-Loges répandaient contre Marie-Antoinette, avec d'autant plus de frénésie qu'elle venait de donner le jour à un héritier de la Couronne.

On lit dans les *Mémoires secrets* de Bachaumont, à la date du 15 décembre 1781 :

Depuis quelque temps on parle de couplets abominables sur la Cour, en forme de Noëls, où l'on n'épargne pas, dit-on, les personnages les plus respectables et les plus augustes. On est à la recherche du Poète effréné qui s'est permis les horribles calomnies dont ces couplets sont remplis. *(Mémoires secrets... ou Journal d'un Observateur...* À Londres, chez John Adamson, 1782, t. XVIII, pp. 211, 212)

20 décembre (1781). - Les abominables Noëls annoncés sont devenus à la fois l'entretien et l'exécration de tout Paris ; indépendamment des calomnies sacrilèges qu'ils contiennent, on ajoute que le faire même en est détestable, et qu'ils sont à la fois maussades, orduriers, dégoûtants. (*Ibid.*, pp. 222, 223.)

Quatorze mois plus tard, en février 1783, de nouvelles éditions de ces ordures furent encore semées à travers la France par les tristes sires qui touchaient à la fois de la Maçonnerie pour les écrire et les colporter et de la Cour de France pour les empêcher de paraître.

Voici en effet ce qu'a dit P. Manuel au sujet des mêmes Noëls et de l'odieux *Essai sur la vie de Marie-Antoinette* :

... Un inspecteur honoraire de la Police de Paris... reçut, le 6 février 1783, une instruction de M. Lenoir pour traiter en Angleterre, à prix d'argent et au meilleur compte possible, du libelle abominable contre la Reine, des gravures et Noëls annoncés par le baron de Thurn, ainsi que des *Petits soupers et nuits de l'hôtel de Bouillon... (La Police de Paris dévoilée,* par Pierre MANUEL, l'un des administrateurs de 1789, Paris, l'An Second de la Liberté, t. 11, p. 241.)

On a vu plus haut que, dès 1781, certains observateurs démêlaient le jeu criminel des Loges et cherchaient à en instruire la Cour. Nous en avons donné pour preuve l'exclamation de Louis XVI au retour de Varennes, rapprochée de la lettre écrite le 26 février par Marie-Antoinette à sa sœur. Mais ne serait-ce pas un sacrilège de laisser croire, même un instant, que nous reprochons au Roi et à la Reine de n'avoir pas écouté les avertissements des Antimaçons d'alors ?... Un fait précis - fait qui montre une fois de plus l'hypocrisie maçonnique - est là pour expliquer un aveuglement qui n'a coûté que trop cher au couple royal et à la France.

Eh bien ! la veille même du jour où la Reine, enivrée d'amour maternel en même temps qu'impatiente de rendre grâces à Dieu par d'abondantes charités, écrivait à la princesse de Lamballe la lettre que nous venons de reproduire, et félicitait son amie du bien fait « dans ses Loges maçonniques », la Maçonnerie de parade se livrait à cette démonstration de loyalisme :

26 novembre 1781. - La Mère-Loge (du Rite Écossais philosophique), à l'occasion de la naissance de Monseigneur le Dauphin, fait chanter dans l'église Saint-Eustache une messe en musique de la composition de Floquet qui dirige lui-même l'orchestre. Mme la princesse de Lamballe, ainsi qu'un grand nombre de dames et de seigneurs de la Cour assistent à cette solennité. La Mère-Loge se réunit dans son local immédiatement après et arrête qu'elle se chargera de l'éducation de tous les pauvres enfants mâles, nés le même jour que Monseigneur le Dauphin sur la paroisse de Saint-Eustache. (F.-. THORY, *Acta Latomorum*, Paris, 1815, p. 149.)

Comment Louis XVI et Marie-Antoinette pouvaient-ils croire à des complots maçonniques, alors que Maçons et Maçonnes priaient avec ferveur pour le Dauphin nouveau-né ?

Ils ne savaient pas que ces Loges si charitables et si pieuses n'étaient remplies que de dupes - futures victimes vouées elles-mêmes aux massacres révolutionnaires - et ne servaient qu'à masquer les Loges des vrais Initiés. C'est dans celles-ci que des monstres d'une effrayante hypocrisie distillaient les poisons qui ont changé en haine frénétique l'amour passionné que la Nation témoignait encore à Marie-Antoinette quand naquit le Dauphin.[16]

---

[16] *Les Mémoires secrets* de BACHAUMONT donnent les détails les plus intéressants sur « le délire patriotique » qui saisit alors la population (t. XVIII, pp. 130 à 160).

III

L'AFFAIRE DU COLLIER

Nous avons vu la Maçonnerie, de 1774 à 1783 sans relâche, couvrir Marie-Antoinette avec la boue de ses pamphlets. L'heure approche où la Secte va frapper le grand coup dont mourra la Reine. Ce grand coup, c'est l'Affaire du Collier qui a blessé à mort la Monarchie française en même temps que Marie-Antoinette.

Méditant, à Sainte-Hélène, sur les événements de la Révolution, Napoléon remontait à l'Affaire du Collier. « Peut-être, disait-il, la mort de la Reine date-t-elle de là. » Goethe pensait de même. Avant eux, Mirabeau avait dit : « Le procès du Collier a été le prélude de la Révolution ». (M. FUNCK-BRENTANO, *La Mort de la Reine*, Paris, 1902, p. 9.)

Retenons cette affirmation du F*** Mirabeau qui fut longtemps un instrument du Pouvoir Occulte. Mais si le F*** Mirabeau n'a pas dit (et pour cause !) le secret de l'Affaire du Collier, M. G. tord le révèle d'un mot :

L'Affaire du Collier, organisée par la Stricte Observance et les Amis Réunis de Paris, fut élaborée à l'Hôtel Boulainvilliers, à Passy. (M. G. BORD, *La Conspiration Maçonnique de 1789 : Le Correspondant*, mai 1906, p. 526.)

Nous verrons quel fut le rôle des Boulainvilliers dans cette machination maçonnique ; mais QUI en fut la cheville ouvrière ?

Cagliostro fut le méprisable agent de cette intrigue où sombra la popularité de la Reine, où s'abîma le prestige de l'infortuné et bon Louis XVI. (Ex-F*** DOINEL, 33e ex membre du Conseil de l'Ordre du G∴ O. de F∴ ex-chef martiniste : *La Loque Noire,* Paris, 1896, p. 83.)

LE F*** JUIF CAGLIOSTRO

Amis et adversaires s'accordent sur l'origine juive du Haut-Maçon Cagliostro. En 1781, Labarthe, son fanatique admirateur, écrit à l'archéologue Séguier :

« Cet homme, qu'on soupçonne marié à une sylphide, est de race juive et arabe d'origine. » (Cité par M. FUNCK-BRENTANO, *L'Affaire du Collier,* 6e édition, Paris, 1906, p. 88.)

En 1791, le traducteur français de la *Vie de Joseph Balsamo, connu sous le nom de comte Cagliostro, extraite de la procédure instruite contre lui à Rome en 1790, traduite d'après l'original italien imprimé à la Chambre apostolique,* donne cette note d'un vif intérêt :

J'ai connu à Pétersbourg des Italiens de toutes les parties de l'Italie, qui ont eu la curiosité de converser avec Cagliostro, pour tâcher de découvrir, par son accent et ses expressions, quelle pouvait être sa patrie. Tous ont trouvé que son langage ne ressemblait à aucun idiome italien, mais qu'il tenait beaucoup du jargon des Juifs d'Italie, et ils assurèrent qu'il était juif (P. 95).

L'auteur italien du même ouvrage, se basant sur les interrogatoires subis à Bonze par Cagliostro, rapporte qu'il aimait les Juifs comme lui-même et avait coutume de dire que c'est la meilleure nation de l'univers... (*Vie de Joseph Balsamo,* p. 108.)

D'un livre dont M. Funck-Brentano dit que c'est la meilleure Vie de Cagliostro qui ait été écrite, nous extrayons ces lignes :

Cagliostro ne fit qu'embellir à sa façon, et pour le but qu'il se proposait, un fonds vrai qu'il entoura d'une auréole fantastique.

Ce qui permit à Joseph Balsamo de se donner pour un descendant de Charles Martel (!), c'est que son arrière-grand-père du côté maternel s'appelait Mathieu Martello. D'ailleurs, il avait ses raisons pour insister sur sa généalogie maternelle beaucoup plus que sur sa généalogie paternelle, attendu qu'il y eût rencontré beaucoup de Juifs... (*Personnages énigmatiques...*, par Fréd. BULAU, traduit de l'allemand par W. Duckett, Paris, 1861, t. 1, pp. 307, 308.)

Au moment même de l'Affaire du Collier, en 1785, on fera de nouvelles allusions à l'origine juive de Cagliostro dans les *Mémoires authentiques pour servir à l'histoire du comte de Cagliostro* (pp.1 et 73).

Quant aux avatars maçonniques de l'escroc, du charlatan et du mari d'une moralité singulière que fut Cagliostro, le F*** Thory les a narrés tout au long :

Cagliostro s'était fait initier en Allemagne dans les Loges de la Haute, de la Stricte et de l'Exacte Observance. On sait que dans les premières, on enseignait tout ce qui a trait à la Maçonnerie hermétique, la magie, la divination, les apparitions... (F*** THORY, *Histoire de la fondation du G∴ O∴ de F∴* . Paris, 1812, p. 390)

Si l'on se reporte à ce que dit M. Bord du rôle joué dans l'Affaire du Collier par la Maçonnerie de Stricte Observance, et si l'on envisage cette chose capitale que l'Hermétisme n'est qu'un masque de la Kabbale juive, on a sous les yeux toute la genèse de l'Affaire du Collier, machinée de haut par le Pouvoir Occulte juif qui domine toutes les Maçonneries et triturée en bas par le F*** Cagliostro.

Le vrai Juif errant qu'était Cagliostro promena sa Maçonnerie kabbalistique dans toute l'Europe. Bulau, qui croit qu'il fut initié en Angleterre, fait cette curieuse remarque :

Revenu à Londres, il s'y fit recevoir dans une Loge de Francs-Maçons. De ce moment-là datent la puissance qu'il exerça pendant assez longtemps et le bruit qu'il fit en Europe. Dès lors, en effet, on ne le voit plus se mouvoir que dans les sphères les plus élevées, menant le train d'un prince...

Il n'y a pas jusqu'à ces bons Hollandais eux-mêmes qui n'aient, comme tout le monde, cédé au torrent. À la Haye, toutes les Loges maçonniques rivalisèrent entre elles à qui ferait le plus brillant accueil à Cagliostro et l'accablerait de fêtes. Il lui fallut à toute force consentir à fonder dans cette ville une Loge à l'usage des dames. (BULAU, *Personnages énigmatiques...* t. 1, pp. 314, 315.)

Il fallait qu'il y eût, dans l'ombre des Arrière-Loges, de puissantes influences agissant avec un merveilleux ensemble, pour arriver - dans un but caché - à transformer en demi-dieu le charlatan juif et franc-maçon qui inventa l'incroyable Maçonnerie Égyptienne d'Adoption !

Le F*** Thory reproduit, dans son ouvrage déjà cité, les rituels de cette Maçonnerie dite Égyptienne. Bulau, de son côté, résume en ces termes le « *Secret de la Régénération physique* », dévoilé par Cagliostro dans le *Catéchisme de Maîtresse de la Loge Égyptienne d'Adoption*. (THORY, *Histoire de la fondation du Grand Orient de France*, pp. 421 à 428.) C'est à ne pas en croire ses yeux !

On commençait par se retirer au fond de quelque campagne avec un ami sûr. On s'y soumettait, pendant 17 jours, à la diète la plus rigoureuse. Le 17e, et le 32e jour, on se faisait pratiquer une petite saignée. En outre, au 39e jour, on avalait six gouttes d'une mixture blanche, dose qu'il fallait ensuite augmenter de deux gouttes chaque jour. Au 32e jour, on se mettait au lit et on avalait le premier grain de la *materia prima*, qui amenait des suites douloureuses, notamment une syncope de trois heures accompagnée de convulsions. Au 33e jour, on prenait le second grain qui était suivi de la fièvre, du délire, de la perte des cheveux, des dents et de la peau. Au 36e jour, on avalait le troisième grain, et on tombait alors dans un long sommeil pendant la durée duquel repoussait tout ce qu'on avait perdu. Au 39e jour, on prenait un bain et on versait dans un verre de vin dix gouttes de baume du Grand-Kophte. Après quoi, le 40e jour advenu, on se trouvait en parfaite santé, rajeuni de 50 ans... On pouvait recommencer l'expérience tous les 50 ans, mais seulement jusqu'à ce qu'on eût atteint l'âge de 5.557 ans. (BULAU, *Personnages énigmatiques*, t. 1, pp. 317, 318.)

Voilà les folies enseignées par les Catéchismes maçonniques du « divin Cagliostro ! » Voilà l'homme qui enthousiasma les Francs-maçons français - futurs adorateurs de la Déesse Raison - ainsi, du reste, que leurs congénères allemands, anglais, russes et hollandais !

Les délégués des Loges françaises qui entendirent Cagliostro déclarèrent, dans leur rapport, « avoir entrevu en lui une annonce de vérité qu'aucun des Grands-maîtres n'a aussi complètement développée, et cependant parfaitement analogue à la Maçonnerie bleue dont elle parait une interprétation sensible et sublime ». (M. FUNCK-BRENTANO, *L'affaire du Collier*, p. 92.)

Les Francs-maçons *(parisiens)* furent émerveillés de sa personne et voulurent traiter avec lui. Mais, avec eux aussi, il le prit de très haut, exigeant qu'avant toute conversation ils brûlassent leurs archives qui n'étaient, disait-il, qu'un ramas de niaiseries. (Id., ibid., pp. 100, 101.)

C'est en 1785 (en même temps qu'il dirigeait secrètement l'Affaire du Collier) que Cagliostro repoussa de la sorte, à Paris, les avances des Francs-Maçons. Mais avant de venir en France, il avait été rencontré à Francfort-sur-le-Main, dans l'un de ses continuels voyages, par des Illuminés de Weishaupt. Ils l'initièrent à leurs mystères de haine, ainsi que le rapporte le F*** Louis Blanc dans son *Histoire de la Révolution française* (Bruxelles, 1848, t. II, p.81). Lui-même l'a révélé dans son interrogatoire devant le Saint-Office, à Rome, en 1790.

Pourvu, par les Illuminés de Francfort, d'une grosse somme pour les frais de propagande et muni de leurs instructions, dit le F*** Louis Blanc, Cagliostro se rend à Strasbourg, en 1781.

Nous verrons dans un instant quel était le travail commandé à Cagliostro par le Pouvoir Occulte dont l'Illuminisme était l'une des plus hautes émanations.

Mais auparavant, au milieu des ténèbres jetées à dessein sur ces choses par les Sociétés secrètes, Frédéric Bulau va faire briller un éclair - et cet éclair nous montrera le Juif derrière la Maçonnerie :

Cagliostro ouvrit aussi les Loges à toutes les religions, notamment aux Juifs qu'il déclarait être le peuple le plus honnête de la terre. (F. BULAU, *Personnages énigmatiques*, 1861, t. I, p. 320.)

Or, on a maintes fois donné les preuves documentaires de ce double fait historique : 1e à l'origine, la Maçonnerie primitive, en Angleterre, était ouverte à toutes les religions, y compris la religion juive ; 2e ce fut plus tard, pour surmonter divers obstacles, qu'en Hollande, en Allemagne et en France notamment, les chefs secrets de la Maçonnerie ont réservé aux seuls Chrétiens l'entrée des Loges.

Donc, en ouvrant aux Juifs ces Loges qu'on leur avait fermées par une tactique transitoire, le Juif Cagliostro rentrait dans la tradition maçonnique primitive. Il va de soi qu'une telle mesure (à coup sûr imposée d'en haut) dénonce les tendances juives des Arrière Loges dont le F*** L. Blanc a clairement laissé entendre que Cagliostro était un émissaire...

Il paraît, ajoute Bulau, que pendant, le séjour que Cagliostro fit à Londres après sa sortie de la Bastille, il se lia avec un fanatique d'une autre espèce, avec Lord Georges Gordon... Il est assez remarquable, quand on se rappelle la propension de Cagliostro pour le Judaïsme, que Lord Gordon, dans les dernières années de sa vie, ait, dit-on, embrassé le Judaïsme. (*Personnages énigmatiques,* t. 1, pp. 324, 325.)

C'est d'autant plus remarquable que Lord Gordon (mort en prison à Newgate, le 10 novembre 1793) avait été, un an avant, l'âme d'une violente insurrection. Le 2 juin 1792, plus de vingt mille individus par lui recrutés assiégèrent le Parlement anglais, tentèrent de s'emparer de la Banque d'Angleterre et mirent le feu dans Londres sur trente-six points à la fois. (Voir *Personnages énigmatiques,* t. 1, p. 325, en note.)

Ainsi, en même temps que la Révolution française - déchaînée par le Juif de Loge Cagliostro, agent du Pouvoir Occulte - couvrait la France de ruines et de sang, une tentative de semblable bouleversement était faite en Angleterre, et par qui ? Par un néophyte du Judaïsme, par un ami du F*** juif Cagliostro...

« Qui potest capere capiat. »

ON TISSE LA TRAME...

En 1781, avons-nous dit, Cagliostro se rendit à Strasbourg. La mission dont l'avait chargé le Pouvoir Occulte, c'était de s'emparer de l'esprit de l'Évêque de Strasbourg, cardinal et prince de Rohan. Cagliostro n'eut pas de peine à devenir « l'oracle, le guide, la boussole »[17] du malheureux Évêque qui, dans sa main, va devenir l'un des rouages principaux de l'Affaire du Collier.

Ah ! le Pouvoir Occulte sait choisir ses pions sur l'échiquier ! ... Le cardinal de Rohan, grand aumônier de la Cour, était rempli d'ambition et de chagrin tout à la fois. Il brûlait du désir de devenir premier ministre, et il était désolé que Marie-Antoinette le tint à l'écart, en raisons d'incidents qui remontaient à l'époque où elle était Dauphine.

En même temps que Cagliostro (agent à la fois des Illuminés et de la Maçonnerie de Stricte Observance), le Pouvoir Occulte place sur le chemin du Cardinal un autre agent de la Stricte Observance, la comtesse de Boulainvilliers. C'était la femme du Prévôt et Maître des cérémonies de l'Ordre de Saint-Louis, dont l'ancêtre avait été le fameux juif Samuel Bernard, banquier à Paris du temps de Louis XIV (Maçonnerie et Juiverie toujours !) N'oublions pas que c'est dans l'hôtel des Boulainvilliers, à Passy, que se nouera l'intrigue du Collier (M. G. BORD, voir plus haut, p. 70).

En septembre 1781, la comtesse de Boulainvilliers présente à Strasbourg, au Cardinal, la jeune comtesse Jeanne de la Motte qu'elle a tirée de la misère et élevée dans un

---

[17] Ce sont les propres paroles de l'abbé Georgel, grand-vicaire de l'Évêché de Strasbourg, secrétaire et confident du Cardinal.

pensionnat de jeunes filles nobles. Mme de la Motte, née de Valois Saint-Rémy, descend du roi Henri II ; elle a vu son père, ruiné et marié à une paysanne de mauvaise vie, mourir à l'hôpital, et elle mendiait dans les rues de Paris quand Mme de Boulainvilliers l'a recueillie. Douée du « dangereux don de persuader », la comtesse de Valois La Motte est accueillie avec bonté par le Cardinal qui accorde au jeune ménage sa protection et l'aide de petites sommes d'argent.

Arrivés de Strasbourg à Paris avec de faibles ressources, M. et Mme de la Motte sont bientôt criblés de dettes et réduits à vivre d'emprunts, quand ils n'ont pas recours aux pires expédients. Leur détresse était grande.

Jeanne réussit à extorquer quelque argent à divers personnages obscurs en excipant d'un illusoire crédit à la Cour. Puis elle entame une grosse partie, celle pour laquelle le Pouvoir Occulte l'a choisie.

Touché de la triste situation de la petite-fille des Valois, le Cardinal-Évêque de Strasbourg lui avait conseillé de s'adresser directement à la Reine. Il lui avait en même temps confié que sa disgrâce l'empêchait de lui procurer une entrevue avec Sa Majesté et qu'avoir encouru la haine de sa Souveraine était pour lui une continuelle amertume.

Mme de la Motte entreprit de persuader au Cardinal qu'elle était parvenue à s'immiscer dans l'intime familiarité de la Reine ; que, pénétrée des rares qualités qu'elle avait découvertes dans l'âme du Grand Aumônier, elle en avait parlé à cette princesse si souvent et avec tant d'effusion qu'elle avait... fait renaître en elle le désir de rendre ses bonnes grâces au Cardinal... ; que Marie-Antoinette permettait au Prince de lui adresser sa justification, et ensuite qu'elle désirait avoir avec lui une correspondance par écrit qui serait secrète jusqu'au moment favorable pour manifester hautement son retour et sa bienveillance ; que la comtesse de la Motte serait l'intermédiaire de cette correspondance dont les suites et les effets devaient nécessairement placer le Cardinal au sommet de la faveur et du crédit... La comtesse de la Motte vit dans l'extrême crédulité de son bienfaiteur un trésor où elle pourrait puiser de quoi se mettre à l'abri du besoin... (*Mémoires pour servir à l'histoire des événements de la fin du XVIIIe siècle,* par un contemporain impartial, feu M. l'abbé GEORGEL, grand-vicaire de l'Évêché de Strasbourg, publiés par M. Georgel, neveu et héritier de l'auteur, t. II, Paris, 1820, pp. 36 à 38.)

Ce que l'abbé Georgel ne dit pas ici (mais il le laissera entendre dans une terrible page que nous citerons), c'est qu'un « mystère d'iniquité » était lié aux besoins d'argent de Mme de la Motte, simple pion sur l'échiquier des Arrière-Loges.

Mme de la Motte se fit donner par le Cardinal son apologie écrite par lui-même, dans le but, soi-disant, de la remettre à la Reine.

Elle rapporta quelques jours après une réponse sur petit format de papier doré sur tranche, où Marie-Antoinette, dont un habile faussaire avait tâché d'imiter l'écriture, disait : « J'ai lu votre lettre ; je suis charmée de ne plus vous trouver coupable. Je ne puis encore vous accorder l'audience que vous désirez. Quand les circonstances le permettront, je vous en ferai prévenir. Soyez discret... » Mme de la Motte fut dès lors, pour le Cardinal, un ange tutélaire. Afin de lier une correspondance qui nourrit l'amour-propre et les espérances du Prince qu'elle aveuglait, elle l'engagea à écrire pour exprimer sa joie et sa reconnaissance. Ce fut ainsi que les lettres et les réponses se succédèrent. (GEORGEL, t. II, pp. 41, 42.)

Dès ce moment, ajoute l'abbé Georgel, Mme de la Motte eût pu obtenir du Cardinal tout ce qu'elle aurait désiré.

De ce jour, les filets étaient tendus, et cela d'autant mieux que Cagliostro, l'agent des Arrière-Loges, était devenu « l'oracle », du cardinal de Rohan.

Le rusé empirique gradua si bien sa conduite et ses propos qu'il parvint lui-même, sans avoir l'air de le chercher, à la plus intime confiance du Cardinal et au plus grand ascendant sur sa volonté. « Votre âme, dit-il un jour à ce Prince, est digne de la mienne, et vous méritez d'être le confident de tous mes secrets. » Cet aveu captiva toutes les facultés intellectuelles et morales d'un homme qui, de tout temps, avait couru après les secrets de la haute chimie... Dès ce moment leur liaison devint intime et publique : le comte de Cagliostro venait s'établir à Saverne, lorsque le Cardinal y faisait sa résidence ; leurs solitaires entretiens étaient longs et fréquents.

... Quand le Prince revint à Paris, il laissa en Alsace un de ses gentilshommes (baron de Planta), le confident de ses pensées, pour prodiguer à Cagliostro tout ce qu'il désirerait... Cet homme... fut l'un de ses plus accrédités agents auprès de Cagliostro et de Mme de la Motte...

Cagliostro était devenu son oracle, son guide et sa boussole. Ce fut à lui et au baron de Planta que le Cardinal révéla tout ce qu'il présageait d'heureux de ses liaisons avec Mme de la Motte et de la correspondance dont elle était l'intermédiaire. Le jeune Ramon de Carbonnières, secrétaire du prince, devint un troisième agent de cette intime confidence. C'est dans ce petit comité où figurait Mme de la Motte que se lisait la correspondance[18] et qu'on traçait d'avance le plan de conduite à tenir... Cagliostro, toujours consulté, guida les pas du Cardinal dans cette malheureuse affaire : ce nouveau Calchas avait sans doute mal vu les entrailles de la victime, car au sortir de ses prétendues

---

[18] Les prétendues réponses de la Reine aux lettres du Cardinal. (L. D.)

communications avec l'ange de lumières et l'esprit des ténèbres, il prophétisa au Cardinal que son heureuse correspondance allait le placer au plus haut point de la faveur, que son influence dans le gouvernement allait devenir prépondérante...

Ce poids ajouté de plus dans la balance qui entraînait déjà la bonne foi du Cardinal vers le gouffre que lui préparait la comtesse de la Motte, devint dès lors d'une force irrésistible : nous ne compterons plus dorénavant les pas de ce Prince que par des chutes. Il n'eut plus d'autre volonté que celle de Cagliostro ; et ce fut au point que ce prétendu Égyptien ayant été obligé de quitter Strasbourg pour se retirer en Suisse, le Cardinal, qui en fut instruit, envoya en poste près de lui son Secrétaire, tant pour pourvoir à son entretien que pour en obtenir ses oracles, transmis en chiffres au Cardinal, sur les points où l'on était dans le cas de le consulter. (Abbé GEORGEL, *Mémoires*.... t. II, pp. 48 à 52.)

De ces pages de l'abbé Georgel (qui concordent avec ce qu'ont fait connaître les procès de Cagliostro, tant à Paris qu'à Rome), il ressort une double constatation : si, d'une part, Mme de la Motte avait pour but d'escroquer au Cardinal d'importants subsides, d'autre part Cagliostro était *« l'oracle, le guide et la boussole »* de l'infortuné Prince qui *« n'avait plus d'autre volonté »* que celle du Haut-Maçon. Et, de près comme de loin, le Cardinal consultait ses « oracles » de mensonge chaque fois que la Comtesse faussaire lui faisait parvenir une de ces lettres qu'il croyait de la Reine !

On conçoit quel puissant intérêt sectaire poussait l'émissaire des Illuminés à favoriser les machinations cupides de Jeanne de Valois et à fortifier le Cardinal dans son erreur, dès lors qu'une montagne de mensonges abominables pouvait s'élever sur une prétendue correspondance entre un Prince de l'Église et une Reine de France.

Salir sa victime avant de la tuer, c'est, on l'a dit souvent, la signature des assassins francs-maçons.

Aveuglés par Cagliostro qui en fit d'ardents adeptes de sa Maçonnerie Kabbaliste, Ramon et Planta, les deux gentilshommes du Prince Évêque, devinrent de précieux aides pour le Pouvoir Occulte.

« Les trop dangereuses liaisons (de Ramon) avec Cagliostro, écrit Georgel, et ma persuasion intime qu'il entretenait l'enthousiasme du Prince pour ce jongleur m'avaient totalement éloigné de lui et du baron de Planta... » (GEORGEL, *Mémoires...*, t. II, p. 167.)

« Ramon de Carbonnières... possédait toute la confiance du Prince et il l'aurait méritée, si, à l'exemple de Son Éminence, il n'avait donné tête baissée dans les dangereuses rêveries de Cagliostro. Il fallait que cet enthousiaste eut un philtre moral bien efficace pour produire dans l'imagination et la volonté de tous ses Initiés ce dévouement aveugle qu'il était difficile d'allier avec les rares qualités de leur esprit. Ce Secrétaire était doué de grands talents ; ses connaissances étaient étendues ; ses conceptions vives et rapides ; il écrivait avec force et beaucoup de grâces.[19] M. le Cardinal, avant que Cagliostro ne vînt s'établir à Paris, l'avait, placé près de cet empirique, pour être l'agent et l'intermédiaire d'une correspondance très active et très suivie. » (GEORGEL, t. II, p. 465.)

Le sujet de cette « correspondance très active », c'étaient les lettres supposées de la Reine au Cardinal ; c'était pour se guider dans les réponses à leur faire, que le Cardinal envoyait des estafettes, d'abord à Strasbourg auprès de Planta,

---

[19] Ceci est capital : combien d'hommes de la plus belle intelligence (tels que les Cazotte et les de Virieu) tombèrent dans les filets des Martinès de Pascalis et des Cagliostro, ces Hauts-Maçons juifs de la Kabbale juive ! (L. D.)

puis en Suisse auprès de Ramon, afin d'obtenir de Cagliostro « ses oracles » que les deux Initiés lui transmettaient « en chiffres » !

LE BOSQUET DE VÉNUS

Nous sommes en juillet 1784. Les fausses lettres de la Reine se sont multipliées pendant les mois de mai, juin et juillet, ainsi que l'avouera, dans ses interrogatoires au procès du Collier, Rétaux de Villette qui les écrivait sous la dictée de Mme de la Motte. Ces lettres ont porté à son comble le délire ambitieux du Cardinal. Aussi s'inquiète-t-il beaucoup de n'avoir pas encore eu avec la Reine l'entrevue qu'on lui avait promise dès le début de cette machination. Mais il n'attendra plus longtemps...

Le 11 août 1784, Mme de la Motte pare Nicole d'Oliva, une jeune aventurière, avec la même coiffure et la même robe de mousseline blanche qu'on avait vues à la Reine, au Salon de 1783, dans l'un de ses portraits par Mme Vigée-Lebrun. Mlle d'Oliva, d'ailleurs, avait avec Marie-Antoinette une ressemblance surprenante et, au dire de plusieurs auteurs, c'était Cagliostro qui l'avait indiquée. Ici, la main de meneurs cachés se devine, désignant à Cagliostro, absent de Paris, la femme qu'il y faut choisir pour cette comédie.

Vers minuit, M. et Mme de la Motte emmènent la fausse Reine dans le parc de Versailles, là, dans le bosquet de Vénus noyé dans l'ombre de la nuit, près du mur énorme qui soutient l'escalier des Cent Marches, paraissent le Cardinal enveloppé d'un long manteau, un grand chapeau rabattu sur les yeux, et le baron de Planta, l'adepte de Cagliostro. Le comte et la comtesse de la Motte s'éloignent, tandis que Rétaux de Villette, leur complice, veille aux alentours. Mlle d'Oliva est seule.

Elle tremble autant que les feuilles des arbres... L'homme au grand manteau s'incline jusqu'à terre, baise le bas de sa jupe. Nicole murmure elle ne sait pas, elle n'a jamais su quoi. Le Cardinal, qui n'est pas moins ému, croit entendre : « Vous pouvez espérer que le passé sera oublié ». Il s'incline de nouveau avec des paroles de reconnaissance et de respect... Brusquement, un individu survient en coup de vent : « Vite, vite, venez, voici Madame et Mme la comtesse d'Artois ! » C'est encore Rétaux de Villette. La demoiselle d'Oliva est emmenée par le comte de *la* Motte et le Cardinal se retire... (M. FUNCK-BRENTANO, *L'Affaire du Collier,* 6e édit., pp. 153, 154.)

Telle fut la scène du bosquet. Depuis lors, le Cardinal - persuadé qu'il avait vu la Reine et qu'elle allait bientôt lui donner à la Cour l'influence qu'il voulait avec fièvre - le Cardinal fut de plus en plus un jouet dans les mains de Mme de la Motte en qui ses yeux reconnaissants voyaient l'instrument de sa prochaine élévation au pouvoir.

Quelques jours après la scène du bosquet, le prince de Rohan reçut encore une prétendue lettre de la Reine.

Marie-Antoinette voulant faire une bonne œuvre secrète à une famille respectable et indigente, et se trouvant alors sans fonds, chargeait dans cette lettre supposée le Grand Aumônier d'emprunter pour elle 60.000 livres et de les lui faire passer par Mme de la Motte. Pour accélérer cet emprunt, le Cardinal ne craignit pas de mettre le juif Cerf-Berr[20] dans sa confidence, lui faisant envisager, dans ce service rendu promptement, la certitude d'une protection de la plus grande importance pour lui et pour sa nation. Cerf-Berr n'hésita pas à prêter cette somme ; le Cardinal lui en fit son billet. L'argent fut remis à Mme de la Motte... Dès cet instant on remarqua plus d'aisance dans la maison de cette femme. Le Cardinal

---

[20] De Strasbourg, où le Cardinal avait son siège épiscopal. (L. D.)

pouvant être frappé du contraste, on lui confia que les bienfaits journaliers de la Reine opéraient cette heureuse métamorphose. (GEORGEL, *Mémoires...*, t. II, pp. 42, 43.)

La « famille respectable et indigente », c'était le couple de la Motte !

Quatre mois après (novembre 1784), nouvel emprunt de 60.000 livres pour les mêmes motifs que le premier, nouvelle somme prêtée à la Reine par le Cardinal ! Il avait vu la Reine dans le bosquet de Vénus ! Il l'avait vue, de ses veux vue ! Depuis, elle lui faisait l'honneur de recourir à lui pour ses bonnes œuvres : quoi d'étonnant pour cet hypnotisé ? Sans compter que les « oracles » de Cagliostro, apportés à bride abattue par les courriers du Cardinal, venaient à point nommé lui verser ce « philtre moral » dont parle Georgel, ce poison de mensonge qui le grisait et l'aveuglait.

Nous verrons plus tard que, dans l'Affaire du Collier, les juges parisiens, dupes ou complices de la Maçonnerie, ont mis hors de cause l'escroc franc-maçon Cagliostro. Mais, à Rome, cet agent secret du Pouvoir Occulte a trouvé des enquêteurs moins aveugles ou moins complaisants. Nous avons dit un mot de la procédure que les juges romains instruisirent contre Cagliostro en 1790. C'est d'après les pièces de cette procédure - et à coup sûr par ordre du Saint-Siège - que l'Imprimerie de la Chambre apostolique a publié la *Vie de Joseph Balsamo, connu sous le nom de comte de Cagliostro*.

Nous ne pouvons assurer, écrit le prudent auteur de cet ouvrage, que l'un et l'autre (Cagliostro et Mme de la Motte) fussent d'accord dans cette affaire et agissent d'intelligence ; nous pouvons seulement affirmer avec sûreté que Cagliostro connut bien le but de cette femme, si bien faite pour séduire, et qui tenait ses regards fixés sur le précieux collier. Certainement, il aperçut, sans aucun doute, et il l'a dit expressément dans son interrogatoire, toutes les manœuvres qu'elle joua pour effectuer son projet criminel. (*Vie de Joseph Balsamo*, traduction française, Paris, 1791, pp. 55,56.)

Quelle force irrésistible, cet aveu de Cagliostro donne aux révélations de l'abbé Georgel sur les courriers qui portaient au Cardinal les « oracles » de Cagliostro ! Il devient plus évident que jamais que Cagliostro jouait un rôle occulte mais capital dans le complot maçonnique contre la Reine.

En plein hiver de 1784, Mme de la Motte fit quitter Paris au Cardinal. Elle l'envoya à Strasbourg.

Ce voyage extraordinaire en Alsace avait été conseillé à l'Évêque par les prétendues lettres de Marie-Antoinette ; on y annonçait son rappel d'Alsace comme l'époque de la publicité du retour des bonnes grâces...

« Cette femme (Mme de la M.) avait ses vues en faisant séjourner le Cardinal en Alsace ; elle voulait elle-même s'absenter de Paris, se montrer comme descendante de la Maison de Valois à Bar-sur-Aube où elle était née ; elle y parut, en effet, dans un brillant équipage, une maison bien montée en vaisselle d'argent, des valets en grande livrée... » (GEORGEL, *Mémoires* ..., t. II, pp. 53, 56.)

À Bar-sur-Aube comme à Paris, elle attribua ce changement de sa misère en opulence aux largesses de la Reine.

Et Marie-Antoinette continuait naturellement à ignorer ces intrigues, dont Cagliostro, en revanche, suivait de loin tous les détails.

Nous voici au nœud de la machination.

Le Collier de Diamants

En décembre 1784, Mme de la Motte, revenue à Paris, fait la connaissance de Boehmer, joaillier de la Cour, qu'embarrassait fort un collier de diamants de 1.800.000 livres. Vainement il avait tenté de le faire acheter par Louis XV pour la Du Barry, par Louis XVI pour la Reine, par la Cour d'Espagne, enfin Boehmer assurait qu'il donnerait 1.000 louis à qui le lui ferait vendre.

Mme de la Motte, éblouie par ce collier, eut vite fait de combiner son plan pour se l'approprier.

« Voici ce qu'elle parvint à persuader à M. le Cardinal : que la Reine désirait ardemment ce collier ; que voulant l'acheter à l'insu du Roi et le payer successivement avec ses économies, elle désirait donner au Grand Aumônier une marque particulière de sa bienveillance, en le chargeant de faire cette emplette en son nom ; qu'à cet effet, il recevrait pour cette acquisition une autorisation écrite et signée de sa main... ; qu'il s'arrangerait avec le joaillier pour en acquitter le montant en plusieurs termes de trois mois en trois mois, à dater du premier payement, qui ne devait avoir lieu que le 30 juillet 1785 ... Le retour du Cardinal à Paris devenait indispensable pour l'achat du collier ; elle fit dépêcher un courrier par le baron de Planta, avec une petite lettre à tranche dorée, où la Reine était censée dire au Cardinal : « Le moment que je désire n'est pas encore venu, mais je hâte votre retour pour une négociation secrète qui m'intéresse personnellement et que je ne veux confier qu'à vous : la comtesse de la Motte vous dira de ma part le mot de l'énigme... » D'après cette lettre, le Cardinal aurait voulu avoir des ailes. Il arriva (à Paris) très inopinément, par un beau froid de janvier (1785) ... M. le Cardinal n'eut pas plus tôt appris le prétendu mot de l'énigme que charmé de la mission dont la Souveraine voulait bien l'honorer, il demanda avec instance l'autorisation nécessaire pour consommer l'acquisition du collier. Cet écrit ne se fit pas attendre, il était daté du Petit Trianon, et signé *Marie-Antoinette de France*... Cette signature seule aurait dû faire apercevoir le piège (au Cardinal) : la Reine ne signait jamais que *Marie-Antoinette* : le mot *de France* ajouté était le fruit de l'ignorance la plus grossière. Rien ne fut aperçu ; cet écrit... devint entre les mains du Cardinal un nouveau talisman qui donna un cours plus rapide à sa crédulité et à sa bonne foi. » (GEORGEL, t. II, P. 56.)

Là-dessus, l'abbé Georgel révèle que le Cardinal consulta sur la conduite à tenir Cagliostro en personne qui venait d'arriver à Paris ; c'est que pour cette affaire colossale : un prêt de 1.800.000 livres à sa Souveraine, il lui fallait désormais son oracle vivant à ses côtés ! Et le Haut Maçon Cagliostro s'installe à Paris juste à temps pour dissiper « tous les doutes qui auraient pu s'élever » dans l'esprit du Cardinal !

« Cagliostro, nouvellement arrivé à Paris, fut consulté : ce Python monta sur son trépied ; les invocations égyptiennes furent faites pendant une nuit éclairée par une grande quantité de bougies, dans le salon même du Cardinal ; l'oracle, inspiré par son démon familier, prononça « que la négociation était digne du Prince ; qu'elle aurait un plein succès ; qu'elle mettrait le sceau aux bontés de la Reine et ferait éclore le jour heureux qui découvrirait, pour le bonheur de la France et de l'humanité, les rares talents de M. le Cardinal ». J'écris des vérités et on croira que je raconte des fables ; je le croirais moi-même, si je n'avais la certitude des faits que j'avance. Quoi qu'il en soit, les conseils de Cagliostro dissipèrent tous les doutes qui auraient pu s'élever. Il fut décidé que le Cardinal s'acquitterait le plus promptement possible d'une commission regardée comme très flatteuse et très honorable. » (GEORGEL, *Mémoires*. ..., t. II, p. 59.)

Telle fut l'impulsion décisive imprimée au Cardinal par l'homme des Arrière Loges, dans la nuit du 30 au 31 janvier

1785. Dès lors, quand les membres du Parlement de Paris gratifieront d'un non-lieu « le Grand-Cophte » Cagliostro, Grand Maître de la Maçonnerie Égyptienne, agiront-ils en juges dignes de ce nom, ou bien en pantins mus par le Pouvoir Occulte ?

Tout à fait rassuré, Rohan, le 1ier février au matin, écrit aux bijoutiers pour les presser de livrer la parure. Ceux-ci d'accourir. Ils remettent l'écrin et apprennent alors que le collier est pour la Reine, le Cardinal ne croyant pas enfreindre les volontés de la Souveraine en leur montrant pour leur tranquillité la pièce signée *Marie-Antoinette de France...*

Le même jour, Mme de la Motte revient impatiente.

« Le collier ?

Le voici.

Sa Majesté l'attend aujourd'hui même.

Je le porterai aujourd'hui même. »

(M. FUNCK-BRENTANO, *L'Affaire du Collier*, 6e édit., p. 178)

Et le soir du 1er février, place Dauphine, à Versailles, dans le Pied-à-terre que Mme de la Motte avait loué, disait-elle, « aux frais de la Reine, qui voulait l'avoir à sa portée »,[21] une comédie nouvelle est donnée au Cardinal.

Le faussaire des lettres à vignette bleue, Rétaux de Villette, se fait annoncer « de la part de la Reine ! » Il est muni d'un de ses faux habituels où Marie-Antoinette ordonne qu'on

---

[21] GEORGEL, Mémoires..., t. II, P. 63.

remette le collier au porteur. Le Cardinal reconnut en lui le soi-disant homme de confiance de la Reine, celui qui, en août 1784, dans la scène du bosquet, était venu avertir de l'approche de Mme Élisabeth. Il livra donc en toute tranquillité d'esprit l'écrin que Rétaux de Villette rapporta la nuit même à Paris. Jeanne de Valois tenait enfin *le Collier de la Reine !*

« Le mercredi des Cendres, 9 février, Jeanne charge Rétaux de Villette de vendre des fragments du collier. Dès le 15 février, il est arrêté les poches pleines de diamants. Les historiens n'ont pas suffisamment mis en lumière ce fait qui, à lui seul, dénonce cependant les voleurs, sans doute possible. Le 12 février, un juif, bijoutier au Petit-Carreau, nommé Adan, était venu trouver l'inspecteur de police du quartier Montmartre, J. Fr. de Brugnières, pour lui dire qu'un nommé Rétaux de Villette colportait des brillants chez les marchands et les juifs, les offrant à si bas prix qu'on ne voulait pas les acheter. » (M. FUNCK-BRENTANO, *L'Affaire du Collier*, p. 182.)

Comme la police n'avait pas reçu de plainte en vol de bijoux, la perquisition faite chez Rétaux n'eut pas de suite. Jeanne en fut quitte pour la peur et désormais elle fit vendre les plus beaux diamants du collier par son mari, en Angleterre, tandis qu'elle écoulait à Paris les pierres de moindre valeur.

On ne s'étonnera pas que M. de la Motte ait jugé qu'une nouvelle absence du cardinal de Rohan fut nécessaire à ce moment. On vit donc arriver une nouvelle petite lettre bordée d'un liseré bleu. « Ces lettres, dit Georgel, étaient entre les mains de Mme de la Motte la baguette enchantée de Circé. » « Votre absence (y faisait-on dire à la Reine) devient nécessaire aux mesures que je crois devoir prendre pour vous placer où vous devez être. » Jeanne préparait, d'autre part, l'opinion à son brusque changement de fortune, en annonçant à tous que son mari revenait d'Angleterre après avoir fait aux courses des gains importants.

Le mari revient de Londres dans la nuit du 2 au 3 juin, et, comme sortant de terre, ce sont des chevaux, des livrées, des carrosses, des meubles, des bronzes, des marbres, des cristaux, un luxe éblouissant... Un mobilier immense, estimé à plus de 80.000 livres, est envoyé à Bar-sur-Aube : quarante-deux voitures de rouliers y arrivent à la file. (M. FUNCK-BRENTANO, *L'Affaire du Collier*, pp. 186, 187.)

LE CONVENT DE PARIS

Tandis que la basse pègre des La Motte et des Rétaux de Villette se vautrait dans l'opulence, grâce aux diamants volés, la haute pègre des Sociétés secrètes préparait la razzia révolutionnaire – les gigantesques pillages de 1789 et 1793 - dans le Convent général de Paris, digne précurseur de la Convention dite Nationale.

C'est, en effet, pour le 15 février 1785 que le Comité secret de la Loge des Amis Réunis convoqua un Convent général des Maçons de France et de l'étranger, au nom des *Philalèthes, supérieurs réguliers des Très Vénérables Loges des Amis Réunis*. C'est là que l'Illuminisme de Weishaupt vint coordonner « tout le travail d'impiété et de révolte sanglante qui faisait le fond de tous les mystères maçonniques ».

« Nous ne croyons pas (disait la convocation) que les articles spécifiés dans ce projet soient l'objet unique et exclusif du futur Congrès. Il y en a d'autres plus importants, que la prudence nous défend de confier au papier et moins encore à l'impression ; nous doutons même qu'il soit possible de les traiter avantageusement en plein Convent. Peut-être serait-il plus facile et plus avantageux au bien général de les développer en secret dans des Comités spéciaux... N'oublions pas que le but essentiel de ce Convent étant d'une part la destruction des erreurs, et de l'autre la découverte de vérités maçonniques.... Notre premier devoir à tous doit être de nous munir de tout ce qui paraît devoir contribuer à l'un ou à l'autre de ces buts. »

Certes (ajoute le P. Deschamps) il était impossible aux adeptes instruits de ne pas voir, à travers des voiles si transparents, qu'il s'agissait de la destruction de la Religion et de la Monarchie. Les noms des principaux personnages députés à ce Convent de Paris par la Maçonnerie de chaque pays suffiraient pour dissiper tous les doutes, s'il pouvait en exister encore. (N. DESCHAMPS, *Les Sociétés secrètes*, t. II, pp. 120, 121)

Cagliostro, comme de juste, fut convoqué à ce Convent qui devait, avec le procès du Collier, servir de prélude à la Révolution.

L'INITIÉ SAINTE-JAMES

Pendant que le Grand Orient de France, les Martinistes et les Illuminés de Weishaupt coalisés mettaient la dernière main aux complots qui vont éclater en 1789, le Grand Cophte poursuivait triomphalement sa besogne d'envoûteur : la vogue de sa Maçonnerie Égyptienne, avec ses évocations des morts et son haut spiritisme, bat son plein au moment où va se dénouer l'imbroglio du Collier. D'ailleurs, l'intimité de Cagliostro avec Mme de la Motte apparaît chaque jour plus étroite :

« Pendant ce temps, *écrit Georgel*, les insinuations de Cagliostro lui attiraient des prosélytes ; on ne les voulait pas nombreux mais bien choisis, pour inspirer un plus grand attrait à ceux qui aspiraient à être du nombre des élus ; on voulait des personnages d'un grand nom et de riches financiers, deux grands pivots de la Loge Égyptienne...

Le trésorier Sainte-James fut un des initiés ; son immense fortune était tout son mérite. Les femmes n'étaient point admises dans cette Loge ; mais Mme de la Motte, qui se préparait de loin des ressources, persuada à M. le Cardinal d'y attirer Sainte-James ; que ce millionnaire, flatté de se trouver en si bonne compagnie, pourrait devenir utile aux fantaisies de la Reine ; que, sous ce point de vue, il pouvait être un homme précieux pour le Prince : - que le meilleur moyen d'avoir de l'empire sur sa volonté était de le mettre sous la direction du comte de Cagliostro. Ce conseil fut suivi. Mme de la Motte, intimement liée avec ce charlatan venait tous les soirs tenir compagnie à la prétendue comtesse de Cagliostro ; cette société du soir n'était pas nombreuse ; M. le Cardinal avait placé près de cette femme la sœur de son Secrétaire (Ramon de Carbonnières) ; c'était là que tous les jours il allait souper et passer ses soirées avec le baron de Planta, son jeune secrétaire et Mme de la Motte ; c'était le Cardinal qui défrayait la maison... » (GEORGEL, *Mémoires...*, t. II, pp. 73, 74.)

Le prince de Rohan, qu'une fausse lettre de la Reine avait envoyé à Strasbourg, au commencement de mai, fut rappelé à Paris en juin par un autre de ces faux dont Mme de la Motte était prodigue. C'est qu'elle avait besoin de la présence du Cardinal pour les cent mille écus du premier paiement à faire le 30 juillet aux joailliers. Mais où les trouver ? Chez l'initié Sainte-James.

« En attendant, les assemblées du soir chez Cagliostro étaient charmantes... Sainte-James, prosélyte de Cagliostro, fut admis dans ces soirées... *(Mme de la Motte)* avait ses vues ; elle dit un jour à M. le Cardinal : Je vois la Reine dans l'embarras pour les cent mille écus du 30 juillet : elle ne vous écrit pas pour ne pas vous inquiéter ; mais j'ai imaginé un moyen de lui faire votre cour en la tranquillisant : adressez-vous à Sainte-James ; pour lui, cent mille écus ne sont rien quand il saura que c'est pour rendre service à la Reine. Profitez de l'ivresse où le plongent les attentions que vous lui prodiguez, ainsi que le comte de Cagliostro... » (GEORGEL, *Mémoires...*, t. II, pp. 77, 78.)

Et Marie-Antoinette, contre qui ces intrigues se nouaient dans les ténèbres, commençait à gravir son calvaire.

LA REINE PLEURE

Lorsque naquit, au début de 1785, le duc de Normandie (plus tard l'infortuné Louis XVII), Marie-Antoinette ne fut pas saluée par les acclamations populaires qui avaient tant réjoui son cœur de mère et de reine après la naissance de sa fille et du premier Dauphin. Le venin maçonnique avait déjà fait une partie de son œuvre. Il avait tué l'amour des masses pour la Souveraine. Maintenant, il soulèvera contre elle d'effroyables haines qui seront déchaînées par le Procès du Collier dont l'heure approche.

On lit dans les *Mémoires secrets* de Bachaumont :

« 26 mai 1785. - La Reine est venue avant-hier en grand cortège... jusques à Notre-Dame et Sainte-Geneviève... pour remercier Dieu de la naissance du duc de Normandie... (p. 54).

... Il n'y a point eu de *Vive le Roi ! Vive la Reine !* durant tout le cours de la marche de Sa Majesté, ce qui l'a sensiblement affligée... (p. 56).

3 juin 1785. - La Reine, sensible comme elle doit l'être à l'indifférence du peuple, en a parlé au Roi à son retour et a versé dans le sein de Sa Majesté sa douleur... (p. 69).

(Mémoires secrets... ou Journal d'un Observateur, À Londres, 1786.) Que leur ai-je donc fait ? s'écria-t-elle en rentrant à Versailles ce jour-là.

Tandis que la vraie Reine pleurait sa popularité morte, la Reine de mensonge - celle dont les lettres étaient dictées par une voleuse à un gendarme faussaire - continuait sa besogne souterraine.

Le 7 juin, le Cardinal revint d'Alsace à Paris, rappelé par une lettre soi-disant partie de Trianon. Mme de la Motte, nous dit Georgel, espérait que le Cardinal obtiendrait de Sainte-James qu'il avançât (soi-disant à Marie-Antoinette) les cent mille écus dus le 30 juillet aux joailliers. Rohan promit - *au nom de la Reine* et en récompense du service demandé - le cordon rouge à ce prosélyte de Cagliostro ! Georgel nous apprend que, pour cette négociation, Sainte-James eut, *chez Cagliostro*,[22] deux entrevues avec le Cardinal qui, chaque soir, venait souper à la table de cet agent du Pouvoir Occulte. Mais la combinaison échoua parce que le financier adepte refusa de verser l'argent si le prince ne lui remettait une lettre où la Reine spécifierait son désir, que lui, Sainte-James, fît cette avance.

Des lettres de cette espèce, Mme de la Motte en avait dicté tant et plus pour le Cardinal qui était hypnotisé au degré voulu, mais le catéchumène de la Loge Égyptienne n'était pas au point ! Et la formidable échéance du 30 juillet ne fut pas payée.

Grâce à une accumulation inouïe de circonstances malheureuses, les bijoutiers, depuis six mois, n'avaient pu parler utilement à la Reine. Le 5 août enfin, ils acquièrent, auprès de Mme Campan, lectrice de Marie-Antoinette, la conviction qu'ils ont été dupés, ainsi que le Cardinal, et que le

---

[22] GEORGEL, Mémoires…, t. II, pp. 85 et 89.

collier n'a pas été livré à la Souveraine. Le 8, angoissée par les mystérieux périls dont elle sent confusément la menace, Marie-Antoinette mande d'urgence le bijoutier Boehmer. Celui-ci lui remet, le 12, un mémoire où sont racontées les négociations entre le Cardinal, Mme de la Motte et lui. La Reine pleure, s'indigne ; elle s'irrite de l'abus qu'on a fait de son nom. Que serait-ce si elle savait combien de lettres (et quelles lettres !) prétendument signées d'elle ont été remises au Cardinal !

LE MYSTÈRE D'INIQUITÉ

Le 15 août, jour de l'Assomption, éclate le coup de tonnerre. Le Cardinal, venu pour officier pontificalement à la chapelle de Versailles, est arrêté au palais même, après avoir rédigé séance tenante et remis à Louis XVI une déclaration disant :

qu'une femme nommée de Valois lui avait persuadé que c'était pour la Reine qu'il fallait faire l'acquisition du collier et que cette femme l'avait trompé. (*Rapport officiel au Lieutenant de police de Crosne.*)

Le 18 août 1785, Mme de la Motte est arrêtée à Bar-sur-Aube ; le 23, Cagliostro, sa femme et son adepte, le baron de Planta, rejoignent à la Bastille la fille des Valois.

Le moment est venu de citer l'effrayante page de Georgel à laquelle nous avons fait une brève allusion (supra, p. 79). Elle jette sur l'Affaire du Collier un demi-jour sinistre.

À la Bastille, dans sa déposition préliminaire, Mme de la Motte, mise au courant des faits relatés par le Cardinal, les nia tous en bloc :

Elle insinua... que le comte de Cagliostro devait être, plus que personne, instruit des motifs qui avaient décidé l'acquisition du collier et, de l'usage qu'en voulait faire M. le Cardinal. C'est ainsi que cette femme... croyait pouvoir reporter avec succès le blâme de sa criminelle conduite sur *un homme qu'elle savait s'être totalement emparé de l'esprit et de la confiance de M. le Grand-Aumônier. Je crois que, sans s'en douter, Mme de la Motte disait une grande vérité, en insinuant que Cagliostro avait, plus que personne, le secret des motifs et de la cause de l'acquisition du collier*, mais comme ce secret n'a été révélé, ni par le Cardinal, ni par Cagliostro, ni par le baron de Planta, ni par le secrétaire Ramon de Carbonnières, ni par les initiés à qui on en avait fait la confidence ; que d'ailleurs ce secret tenant à des vues particulières, qui n'ont eu aucune suite, et ne détruisant en rien la chaîne des faits qui ont préparé, amené, accompagné et suivi cette catastrophe, je ne dois pas chercher à le tirer de l'oubli où il parait être enseveli, et je le dois par considération pour les personnes qui ont cru qu'il était pour elles de la plus grande importance de couvrir ce mystère du voile du silence. Ce qui doit paraître étonnant, c'est que les confidents et les initiés s'étant depuis divisés d'opinions, s'étant même voués, lors de la Révolution, la haine la plus active, ne se soient pas permis un mot qui ait pu faire deviner ce mystère d'iniquité. La Loge Égyptienne de Cagliostro avait sans doute, comme la Franc-maçonnerie, son sanctuaire impénétrable, et le serment le plus solennel ensevelissait ses secrets. (GEORGEL, Mémoires.... L.11, pp. 118 à 120.)

Quel était ce mystère d'iniquité couvé par la Maçonnerie kabbalistique du juif Cagliostro ?...

IL FALLAIT SUPPRIMER LA REINE...

Je crois, écrit Georgel, que, sans s'en douter, Mme de la Motte disait une grande vérité, en insinuant que Cagliostro avait, plus que personne, le secret des motifs et de la cause de l'acquisition du collier. (GEORGEL, Mémoires..., t. II, P. 119.)

Le Vicaire général du Cardinal semble ici considérer Mme de la Motte comme un instrument inconscient dans les mains de Cagliostro. Mais reportons-nous à la procédure instruite à Rome en 1790 contre Cagliostro : il fut contraint d'y avouer le rôle occulte joué par lui dans l'Affaire du Collier :

Certainement il aperçut, sans aucun doute, et il l'a dit expressément dans son interrogatoire (s. entendu à Rome), toutes les manœuvres que joua Mme de la Motte pour effectuer son projet criminel.

N'ôtons pas à Cagliostro la gloire d'avoir employé le plus grand art à enlacer sa victime (Rohan)... Tantôt il inspire l'ambition et l'amour, en dogmatisant sur ces passions ; tantôt il prend un air d'autorité, une sécurité imposante, assurant que, par le pouvoir qui lui a été communiqué par le Très-Haut, il opérera de manière à assurer le succès de l'affaire ; tantôt il use des prestiges de la Maçonnerie et en dispose les opérations de manière à seconder l'événement qu'on désire. En attendant, il est bien nourri, grandement traité et reçoit de riches présents.

... On était persuadé que sans lui, cette intrigue ne se serait pas nouée, et il fut renfermé, avec les autres, à la Bastille. Il ne perdit cependant pas courage. Il parvint à corrompre les gardes en répandant l'argent, à établir une correspondance avec ses co-accusés, et à s'entretenir avec eux. C'est ainsi qu'ils purent combiner ensemble les réponses qu'ils devaient faire dans leurs interrogatoires. Cagliostro, qui a lui-même raconté nettement toutes ces circonstances, a encore ajouté qu'il avait intrépidement tout nié à ses juges, et qu'il avait mis tant de constance dans ses mensonges, que Mme de la Motte, confrontée avec lui, et ne pouvant l'ébranler, était entrée dans un tel accès de fureur, qu'elle lui aurait jeté un chandelier à la tête en présence de ses juges.

Par ces moyens il parvint à se faire déclarer innocent. (Vie de Joseph Balsamo, traduite d'après l'original italien imprimé à la Chambre apostolique, 1791, pp. 55 à 57.)

Georgel, de son côté, voit dans « la Loge Égyptienne de Cagliostro » la source du « Mystère d'iniquité » caché dans les dessous de l'Affaire du Collier. Il est évident que le Vicaire général de l'Évêché de Strasbourg connait bien ce secret, mais il ne doit pas, dit-il, « chercher à le tirer de l'oubli où il parait être enseveli ». (Mémoires..., t. II, p. 119.)

Ce Mystère d'iniquité « tenant à des vues particulières qui n'ont eu aucune suite » n'était pas autre chose que la conspiration des ennemis de Marie-Antoinette - menés par la Maçonnerie - afin de faire répudier la Reine pour « en débarrasser la Révolution », comme ont dit les Goncourt. Mais l'équipe des Initiés qui travaillaient à cette besogne a été remplacée, selon l'habituelle méthode maçonnique, par les Adeptes assassins qui ont tué Marie-Antoinette après l'avoir odieusement torturée.

D'après ce qui s'est dit et fait en 1789 et 1790, nous allons voir le but que poursuivaient, en 1785, Cagliostro et sa Loge Égyptienne.

La Révolution, écrivent les Goncourt (et la Révolution, ajoutons-nous, c'est la Maçonnerie), la Révolution a compris, dès les premiers jours, qu'il n'est qu'un danger pour elle. Ce danger est la Reine. L'intelligence de la Reine, sa fermeté, sa tête et son cœur, voilà, l'ennemi et le péril. (E. et J. de GONCOURT, Histoire de Marie-Antoinette, 3e édit., Paris, Didot, 1863, p. 250.)

Il était urgent que la Reine disparût pour que le chemin fût libre. « La grande dame devait s'en aller, si elle ne préférait pis ». Tel était le langage des membres de la Constituante dans les salons de Paris ; tel était avertissement officieux que lui faisaient donner les constitutionnels. (Id., ibid., p. 252.)

Ce que les constitutionnels avaient fait dire à la Reine, les reptiles de la Maçonnerie l'imprimaient en 1789 dans leurs pamphlets orduriers. C'est ainsi qu'on lit dans la préface des Essais historiques sur la vie de Marie-Antoinette d'Autriche, Reine de France :

Les essais que nous donnons aujourd'hui doivent porter le repentir et le remords dans l'âme d'une femme coupable. Elle doit chercher sous la cendre et le cilice l'oubli des humains. Elle doit une grande victime à la Nation et cette victime volontaire sera elle-même qui se précipitera dans les ténébreuses horreurs d'un cloître. (Essais historiques..., à Londres, 1789, préf. p. VIII.)

... Nous ne voulons pas de sang, mais la cessation des maux et une retraite devenue nécessaire... (Id., ibid., p. IX.)

La retraite de Marie-Antoinette, c'est encore ce que voulait le Garde des Sceaux Duport-Dutertre, entré au Ministère pour trahir Louis XVI ; d'ailleurs, presque tous les Ministres, dans les dernières années de la monarchie, « appartenaient aux haines des Jacobins »,[23] c'est-à-dire des Francs-Maçons.

Séparant, les intérêts du Roi du salut de la Reine, ces Ministres servaient dans l'ombre le parti qui voulait à tout prix débarrasser la Révolution de Marie-Antoinette...

---

[23] E. et J. de GONCOURT, Histoire de Marie-Antoinette, 3e édit., p. 291.

M. de Montmorin, le seul ministre royaliste laissé à Louis XVI, défendant un jour la Reine dans le Conseil, et se plaignant timidement d'abord à Duport des menaces dirigées contre elle, du plan hautement avoué par tout un parti de l'assassiner, puis s'animant et finissant par demander à son collègue s'il laisserait se consommer un tel forfait, Duport répondait froidement à M. de Montmorin qu'il ne se prêterait pas à un assassinat, mais qu'il n'en serait pas de même s'il s'agissait de faire le procès à la Reine. « Quoi ! s'écrie M. de Montmorin, vous, Ministre du Roi, vous consentiriez à une pareille infamie ? - Mais, dit le Garde des Sceaux, s'il n'y a pas d'autre moyen. » (E. et J. de GONCOURT, Histoire de Marie-Antoinette, 3e édit., pp. 291 à 293.)

Il est impossible après cela de ne pas voir dans le Mystère d'iniquité que l'abbé Georgel n'a pas voulu dévoiler, la conspiration des Loges contre la Reine.

LES FAUSSES LETTRES DE LA REINE

Aussitôt qu'il fut arrêté, la première pensée du Cardinal - pensée d'angoisse qui le fit se ressaisir sous le coup qui le frappait - fut pour les prétendues lettres de Marie-Antoinette. Il les conservait à Paris dans un petit portefeuille rouge soigneusement caché.

Malgré l'escorte qui l'environnait et à la faveur de la foule qui suivait, (le Cardinal) s'arrêta et, se baissant, le visage tourné vers le mur comme pour remettre sa boucle..., il saisit rapidement son crayon et traça à la hâte quelques mots sur un chiffon de papier placé sous sa main dans son bonnet carré rouge ; il se relève et continue son chemin. En rentrant chez lui (à Versailles), ses gens formaient une haie ; il y glisse, sans qu'on s'en aperçoive ce chiffon dans la main d'un valet de chambre de confiance qui l'attendait, sur la porte de son appartement...

Sur ces entrefaites, le valet de chambre courait à bride abattue pour se rendre à Paris ; il arriva au palais Cardinal entre midi et 1 heure ; son cheval tomba mort à l'écurie. J'étais dans mon appartement ; le valet de chambre, l'air effaré, la pâleur de la mort sur le visage, entre chez moi en me disant : « Tout est perdu, le Prince est arrêté ». Aussitôt, il tombe évanoui et laisse tomber le papier dont il était porteur. Revenu à lui, il me raconte ce qui venait d'arriver. Je vis qu'il était instant d'exécuter l'ordre contenu dans le billet crayonné ; on n'y distinguait qu'imparfaitement les traits sacramentaux. Le valet de chambre, initié dans les secrets de son maître, me donna le mot de l'énigme. Bientôt le petit portefeuille rouge fut à l'abri des recherches. Il renfermait toutes les petites lettres de la correspondance. Ce fut alors que ce valet de chambre me donna en gémissant les détails que j'ignorais sur le collier, sur les liaisons trop intimes du Prince avec Mme de la Motte et Cagliostro.

M. le Cardinal revint vers les 3 heures de Versailles à Paris, dans sa voiture, où se trouvait le comte d'Agout, sous-aide-major, des gardes du corps, chargé d'en répondre jusqu'à nouvel ordre : il avait défense de le laisser parler à personne. Le comte d'Agout, qui exerçait à regret le ministère d'une surveillance aussi sévère,[24] s'arrêta en descendant de voiture..., laissant au Prince la liberté d'arriver seul dans son appartement. Le valet de chambre venait de le tranquilliser sur le petit portefeuille rouge ; c'était sa plus grande inquiétude. (GEOROFL, Mémoires..., t. II, pp. 103 à 105.)

Le Cardinal avait dit au Roi, le matin, qu'un écrit (le traité portant les mots : Approuvé, Marie-Antoinette de France) lui avait été remis de la part de la Reine, pour

---

[24] Et que sa grave désobéissance aux ordres reçus dénonce comme un affidé des Loges. (L. D.)

l'acquisition du collier. À 4 heures, le ministre de Breteuil vint, de la part du Roi, réclamer cet écrit au Cardinal.

Il le lui remit contre un récépissé d'une pièce qu'il regardait comme essentielle à sa justification ; pièce néanmoins qui aurait consommé sa ruine si la Providence n'avait permis qu'on découvrît le faussaire et le fil de cette infernale intrigue...

Avant de partir pour la Bastille, le Cardinal eut la certitude que les petites lettres du portefeuille rouge étaient brûlées, à deux ou trois près, qui me furent confiées en cas de besoin. (GEORGEL, Mémoires..., t. II, pp. 106 à 108.)

Deux jours après, le 17 août, Mme de la Motte assistait avec le jeune avocat Beugnot aux solennités en l'honneur de saint Bernard, à l'abbaye de Clairvaux. Le soir, comme le dîner commençait dans le grand réfectoire du couvent, l'abbé Maury, venu pour prêcher le panégyrique du Saint, apporta la nouvelle de l'arrestation du Cardinal. Médusée, Mme de la Motte sortit de table, fit atteler et partit à toute bride pour Bar-sur-Aube, accompagnée de Beugnot. En chemin, Jeanne lui dit qu'elle ne comprenait rien à cette arrestation et qu'elle avait peut-être eu tort de quitter si brusquement Clairvaux.

Si vous êtes tranquille sur votre compte, lui répondit Beugnot, vous ne devez pas l'être sur celui d'un ami malheureux.

Ah bah ! reprit-elle, vous ne le connaissez pas puisque le voilà dans l'embarras, il est capable de dire cent sottises pour s'en tirer.

Madame de la Motte, vous dites là bien plus que je n'aurais voulu en entendre. (Mémoires du comte Beugnot, 3e, édit., 1889, p. 63.)

Et Beugnot lui offre ses services pour l'aider à fuir immédiatement vers l'Angleterre. Elle lui répond :

Monsieur, vous m'ennuyez à la fin ! Faut-il vous répéter dix fois de suite que je ne suis pour rien dans cette affaire ?... (Id., ibid., p. 64.)

Voici enfin la maison de Mme de la Motte, rue Saint-Michel, à Bar-sur-Aube. Il est près de minuit. Le comte, parti à la chasse, n'est pas encore rentré. Mme de la Motte brûle un amoncellement de papiers renfermés dans un grand coffre en bois de santal, après qu'il a été procédé à leur examen, - « fort lentement de son côté et précipitamment du mien », raconte Beugnot.

Puis l'indigne fille des Valois amorce le plus odieux projet :

Jeanne tient à ce que le jeune avocat lise certains documents. C'était la prétendue correspondance amoureuse de Rohan avec Jeanne de Valois. Il était nécessaire que Beugnot en prît connaissance afin d'en pouvoir témoigner à l'occasion, mais nécessaire aussi que les lettres fussent, anéanties après cette lecture, afin que l'authenticité n'en pût être contrôlée.

L'aube blanchissait quand Beugnot prit congé. Tous les papiers étaient détruits. (M. FUNCK-BRENTANO, *L'Affaire du Collier*, 6e édit., pp. 234, 235.)

Quand on vint arrêter Jeanne pour la conduire à la Bastille, il n'y avait plus trace ni des fausses lettres du Cardinal à Mme de la Motte, ni des lettres trop authentiques et trop nombreuses que le même Cardinal lui avait confiées pour être remises à Marie-Antoinette, en réponse aux prétendus billets de la Reine.

Avec ces correspondances évanouies en fumée, le Mensonge maçonnique aura beau jeu !...

Il nous faut ici anticiper sur les événements pour montrer d'ores et déjà l'enchaînement diabolique de cette intrigue : au procès de Mme de la Motte, un assistant notera que :

« La femme La Motte s'attachait plus aux probabilités qu'aux faits et surtout à l'impossibilité qui est au procès de montrer des lettres, des écrits et toutes les preuves matérielles qu'on désirait y voir,...» Subitement, ajoute M. Funck-Brentano, Jeanne changea de manière : à une question relative à une prétendue lettre de la Reine au Cardinal..., elle dit que la lettre en question commençait par ces mots : « Je t'envoie », ajoutant que le Cardinal lui en avait montré plus de deux cents à lui écrites par la Reine, où elle le tutoyait... (M. Funck-Brentano, *L'Affaire du Collier*, 6e édit., pp. 327, 328.)

Salir la Reine, tel était le but du F*** Frédéric II, onze ans auparavant, et tel est encore le but de Mme de la Motte, cet instrument des Loges que le F*** de Boulainvilliers a mise sur le chemin du Cardinal !

Relisons en outre un passage capital de la *Vie de Joseph Balsamo* d'après la procédure romaine :

Certainement Cagliostro aperçut, sans aucun doute, et il l'a dit expressément dans son interrogatoire, toutes les manœuvres que joua Mme de la Motte pour effectuer son projet criminel.

N'ôtons pas à Cagliostro la gloire d'avoir employé le plus grand art à enlacer sa victime (Rohan) ... Tantôt, il inspire l'ambition et l'amour, en dogmatisant sur ces passions... (Vie de Joseph Balsamo, 1791, p. 55.)

Il n'y a pas de doute : dès le premier jour Cagliostro savait quelles ambitions outrageantes pour la Reine étaient nourries par le prince de Rohan : il les connaissait bien, ces ambitions, lui dont le Prince réclamait constamment les oracles au sujet de la réalisation des espérances criminelles que lui apportaient les fausses lettres à liséré bleu !...

CAGLIOSTRO A PEUR...

Si l'on réfléchit que le rôle maçonnique de Cagliostro, dans l'Affaire du Collier, avait été d'exalter, durant de longs mois, l'idée fixe du Cardinal : conquérir les bonnes grâces de la Reine ; si l'on réfléchit que « sans lui, cette intrigue ne se serait pas nouée »[25] (la police parisienne, qui connaissait à fond le personnage, en était certaine !) on conçoit les terreurs qui hantèrent l'agent secret du Pouvoir Occulte dans les premières nuits qu'il passa à la Bastille. De fait, le grand Cophte fut bouleversé par son arrestation : ce fut à tel point que le gouverneur, M. de Launay, craignit que Cagliostro - embastillé le 23 août - ne se suicidât, et il en écrivit au Lieutenant de police. Ce dernier lui répond, le 29 août 1785 :

D'après ce que vous m'avez marqué, Monsieur, de l'état de M. de Cagliostro, et puisque vous croyez convenable de placer un garde auprès de lui, pour prévenir les effets de l'ennui et du désespoir auxquels il pourrait se livrer, je vous prie de choisir, parmi vos bas officiers, un sujet dont la douceur, l'exactitude et la fermeté vous soient connues et de le faire coucher dès ce soir dans sa chambre. (Manuscrits de la Bastille. Cité par M. Funck-Brentano, L'Affaire du Collier, 6e édit., p. 288.)

---

[25] Vie de Joseph Balsamo, 1791, p. 56.

Qu'elle est suggestive, l'angoisse qui saisit Cagliostro à son entrée à la Bastille !

Que, dans le procès qui allait s'engager en compromettant à la fois un Prince de l'Église et une Reine de France, on vint à soulever si peu que ce fût le voile qui couvrait le complot maçonnique dont il était un des instruments, - il était perdu : agent brûlé, il serait abandonné par les scélérats occultes qui l'employaient. Mais les Arrière-Loges étaient suprêmement intéressées à empêcher que le désespoir lui fît faire des révélations qui pouvaient être désastreuses pour elles. Il fallut qu'il reçût d'elles, dans sa prison, de bien positives assurances de salut, pour s'être enhardi comme il l'a fait à mentir à ses juges avec l'incroyable cynisme qu'on lui verra. Il trouva moyen (il l'a avoué à Rome) de se concerter du fond de sa prison avec Rohan et Planta sur ce qu'il convenait de dire, de taire et de nier, si bien que ses interrogatoires de Paris présentent les divergences les plus instructives avec ceux qu'il a subis à Rome, cinq ans après.

Puisque Cagliostro a plus tard avoué qu'il avait menti à bouche que veux-tu aux juges parisiens, plutôt que de scruter ses interrogatoires à la Bastille il est plus intéressant de commencer par examiner les aveux qu'il fit à Rome. Quand on l'aura entendu, dans son procès de Rome, faire dix fois pour une de précises révélations sur le grand complot ourdi par la Maçonnerie contre le Catholicisme et les Monarchies, on n'aura plus le moindre doute sur le rôle considérable qu'il joua dans l'Affaire du Collier, qui déchaîna la Révolution préparée par les Loges.

RÉVÉLATIONS DE CAGLIOSTRO SUR LA MAÇONNERIE

L'auteur romain de la *Vie de Joseph Balsamo*, connu sous le nom de comte Cagliostro, d'après la procédure suivie contre l'inculpé à Rome en 1790, a consacré quelques pages magistrales à la Maçonnerie en général :

Il résulte, dit-il, de beaucoup de dénonciations spontanées, de dépositions de témoins et d'autres notices que l'on conserve dans nos Archives, que parmi ces assemblées (les Loges) formées sous l'apparence de s'occuper des devoirs de la société ou d'études sublimes, les unes professent une irréligion effrontée ou un libertinage abominable, les autres cherchent à secouer le joug de la subordination et à détruire les Monarchies. Peut-être en dernière analyse est-ce là l'objet de toutes... Mais ce grand secret ne se communique pas en même temps à tous ni à toutes les Loges... On ne doit donc pas être étonné si, pendant que le parti démocratique est dans sa force, il y a des Maçons qui restent attachés à la Monarchie. Ils n'ont pas encore été mis dans le secret, peut-être parce que leur intérêt privé les aurait rendus trop contraires à l'objet de l'institution.

On ne saurait trop louer la vigilance et le zèle des Papes qui ont condamné et proscrit cette Société. Clément XII, de glorieuse mémoire, publia, le 26 avril 1738, sa Constitution In eminenti : il y foudroie cette Secte et tous les individus qui la composent et lance contre eux l'excommunication de fait... L'immortel Benoît XIV fut animé du même zèle... L'an 1750, il fut à portée de sentir combien le mal et les désordres qu'avaient fait les francs-maçons étaient graves et combien ils étaient déjà répandus. Il en fut pleinement convaincu par la confession sincère de plusieurs étrangers. Ils étaient venus à Rome pour gagner les indulgences et ils eurent recours au Pape pour se faire relever de l'excommunication que son prédécesseur avait lancée dans sa bulle.

Benoît XIV confirma cette bulle... et lui donna plus d'extension dans sa Constitution datée du 18 mai 1751.

S'il y avait encore quelqu'un qui restât dans l'incertitude (sur les dangers maçonniques), il n'a qu'à écouter ce qu'en a dit Cagliostro au tribunal de l'Inquisition. Son témoignage est d'un grand poids. On ne peut pas lui refuser les connaissances les plus grandes sur cette matière. (Vie de Joseph Balsamo, 1791, pp 82 à 89.)

Plus haut, l'auteur romain avait écrit :

« Tout ce que nous dirons sera fondé sur la confession même du coupable et sur des monuments authentiques qui font partie de la procédure. » (*Vie de Joseph Balsamo*, p. 43.)

Il poursuit en ces termes :

« La Maçonnerie, dit Cagliostro, est divisée en plusieurs sectes, mais il y en a deux qui sont les principales et les plus suivies. La première, à laquelle les Illuminés appartiennent, s'appelle celle de la Stricte Observance ; la seconde, celle de la Haute Observance. Celle-là professe l'irréligion la plus décidée, emploie la magie dans ses opérations ; sous le prétexte spécieux de venger la mort du Grand Maître des Templiers, elle a principalement en vue la destruction, totale de la Religion catholique et de la Monarchie. » (*Vie de Joseph Balsamo*, p. 90.)

L'auteur nous montre Cagliostro dans son apostolat maçonnique en Hollande et en Allemagne, et il ajoute :

« Dans toutes ces occasions, il eut toujours de nouvelles raisons d'être certain que les Maçons tramaient contre les Souverains et machinaient leur destruction... » (Id. ibid., p. 120.)

Suivons Cagliostro en Russie à une époque où les Loges n'y sont pas encore interdites :

Parmi les remarques qu'il fit (à Pétersbourg) sur la Maçonnerie, se trouve celle-ci que les sectaires dirigent principalement leurs coups contre la France et contre Rome, et qu'ils étaient conduits dans ce dessein par un Espagnol, qui se faisait appeler Thomas Ximenès. Il parcourait continuellement l'Europe, et pour parvenir au but de ses projets, il répandait beaucoup d'argent qui lui était fourni par les contributions des Loges. Cagliostro dit l'avoir rencontré dans différentes villes, mais toujours sous des noms et des habits différents... (Id., ibid., pp. 125, 126.)

... S'étant transporté de Varsovie à Strasbourg, avant d'y arriver il s'arrêta à Francfort-sur-le-Main. Il raconte ici un fait qui lui arriva... et nous ne pouvons nous dispenser de le rapporter dans ses propres termes : « Je m'en allais à Francfort-sur-le-Main où je trouvai MM. NN. et NN. qui sont chefs et archivistes de la Maçonnerie de la Stricte Observance appelée des Illuminés... » (*Vie de Joseph Balsamo*, pp. 129,130.)

Le F*** Louis Blanc résume en ces termes le récit de Cagliostro :

« Son initiation eut lieu à peu de distance de Francfort, dans un souterrain. Une caisse de fer remplie de papiers fut ouverte. Les introducteurs en tirèrent un livre manuscrit sur la première page duquel on lisait : Nous, Grands-Maitres des Templiers. Suivait une formule de serment tracée avec du sang... Le livre... portait que l'Illuminisme était une conspiration ourdie contre les trônes ; que les premiers coups devaient atteindre la France ; qu'après la chute de la Monarchie française, il y aurait à attaquer Rome. Cagliostro apprit de la bouche des Initiateurs que la société secrète, dont il faisait désormais partie, possédait une masse d'argent dispersée dans les banques d'Amsterdam, de Rotterdam, de Londres, de Gênes et de Venise... Quant à lui, il toucha une grosse somme destinée aux frais de propagande, reçut les instructions de la Secte et se rendit à Strasbourg. » (F*** Louis

Blanc, *Histoire de la Révolution*, édit. de Bruxelles, 1848, t. II, p. 81.)

On sait que c'est à Strasbourg qu'il fit connaissance du cardinal de Rohan et de Mme de la Motte, sous les auspices de la femme du F*** de Boulainvilliers...

LES FF*** DU PARLEMENT CONTRE LA COURONNE

Les idées maçonniques qui ont fait la Révolution étaient déjà toutes-puissantes en 1785. Leur ambiance enveloppait tellement Louis XVI qu'il n'osa pas se servir du droit que lui donnaient à la fois la coutume et la loi françaises, de juger en personne le cas du prince de Rohan. Et pourtant ! dans une cause pareille où l'honneur de la Reine était gravement engagé, combien s'imposait l'exercice de la juridiction royale !

La scène du Bosquet, à elle seule, où la dignité et la vertu de la Reine étaient outragées, autorisait Louis XVI à faire lui-même sa fonction de juge. (M. Funck-Brentano, *L'Affaire du Collier*, 6e éd., p. 282.)

Le Roi offrit au prince de Rohan de s'en rapporter, soit à la décision de son Souverain, soit au jugement du Parlement. Le Cardinal choisit le Parlement. Il fut renvoyé devant lui, par lettres patentes données par le Roi le 5 septembre 1785. Dès lors, c'était une assemblée frondeuse dont la majorité était déjà profondément maçonnisée, qui était saisie de l'Affaire du Collier ! C'était à des mains maçonniques qu'était confié le soin de défendre la Reine, alors que la Maçonnerie voulait la tuer !

Succédant aux Encyclopédistes, les membres du Parlement - acharnés à renverser de leurs propres mains la Monarchie qui les écrasera sous ses ruines - vont former la première équipe de la Révolution maçonnique. Plus tard, par une action remarquable de ce que le F*** Gambetta nommait la justice immanente des choses, ce seront eux encore, ces Parlementaires, qui monteront dans les premières charrettes en route vers la guillotine. « Et ce sera justice ! »

En attendant, Marie-Antoinette va suivre sa voie douloureuse :

Pendant des mois la réputation, la vertu, jusqu'à la probité de la Reine, seront en discussion, non seulement en France, mais dans toute l'Europe. Le Roi ne soumettait au Parlement que la seule escroquerie du collier et la falsification de la signature de la Reine. Le Cardinal en est innocent, et, fatalement, cette innocence deviendra un coup mortel à la réputation de Marie-Antoinette. (M. Funck-Brentano, *L'Affaire du Collier*, p. 283.)

Beugnot, qui avait failli tomber dans les filets de Mme de la Motte (cette Circé, comme disait l'abbé Georgel) a très bien mis en lumière que le fond du procès du Collier, c'était le scandale du Bosquet de Vénus. Il montre fort clairement aussi quel fut le jeu du Parlement - qui servit dès lors d'instrument au Pouvoir Occulte - pour abaisser et salir la Couronne :

La négociation, l'achat, l'escroquerie du collier (dit-il) étaient des moyens plus ou moins coupables, mais au bout du compte n'étaient que des moyens. Le grand fait qui dominait cette triste affaire était celui-ci : que M. et Mme de la Motte avaient eu l'audace de feindre que la nuit, dans l'un des bosquets de Versailles, la Reine de France, la femme du Roi, avait donné un rendez-vous au Cardinal de Rohan, lui avait parlé, lui avait remis une rose, et avait souffert que le Cardinal se jetât à ses pieds ; et que, de son côté, un Cardinal, grand-officier de la Couronne, avait osé croire que ce rendez-vous lui avait été donné par la Reine de France, par la femme du Roi, qu'il s'y était rendu, en avait reçu une rose et s'était jeté à ses pieds. C'est là qu'était, le crime dont le respect de la Religion, celui de la majesté royale et des mœurs au dernier point outragées, provoquaient à l'envi la punition. (Mémoires du comte Beugnot, 1783-1815, 3e édit., Paris, Dentu, 1889, p. 73.)

Loin de chercher à punir ce grand crime, le Parlement maçonnisé va « l'ensevelir sous l'indécence et le ridicule ».

Les Mémoires des Avocats

À la place de Beugnot, que Mme de la Motte désirait pour avocat et qui refusa, M. de Crosne lui donna pour conseil Me Doitot, le propre conseil de sa famille.

Ce vieillard n'approcha pas impunément de Mme de la Motte : elle lui tourna la tête. Il crut sur parole tous les contes qu'elle lui fit, se passionna pour elle et pour son innocence, et débuta dans l'affaire par un mémoire imprimé, le plus extravagant qui soit sorti de la plume d'un avocat, depuis que les avocats font des mémoires. Il n'eut pas moins un succès fou... Cagliostro était violemment attaqué par le mémoire de Mme de la Motte. Me Thilorier se lança dans la carrière pour défendre l'homme des miracles. Pour la première fois, on parla au Palais des souterrains de Memphis d'où était sorti le héros, et du dédale des Pyramides où il avait été élevé ; l'obscurité religieuse qui couvrait son origine, son éducation, sa vie tout entière, furent données comme les présages des merveilles qui devaient se dévoiler un jour et étonner l'univers. En attendant, pour préluder à des destinées surhumaines, Cagliostro avait, guéri les malades, secouru les pauvres, consolé les affligés, laissé percer par-ci par-là quelques lueurs de la lumière infinie ; mais il ne concevait pas pourquoi il se trouvait à la Bastille, impliqué dans une affaire à laquelle il était complètement étranger. Cette folie dont l'avocat, Thilorier, homme de beaucoup d'esprit, riait le premier, fut tenue pour convenable et bien à l'ordre du jour.

La femme de Cagliostro avait été mise à la Bastille en même temps que son mari. Vite un avocat, Me Polverit, s'empare de sa cause et nous donne dans un mémoire spirituel et bien écrit la défense de Serafina Feliciani.

- « On ne sait pas mieux d'où elle vient que son mari. C'est un ange sous des formes humaines qui a été envoyé sur la terre pour partager et adoucir les jours de l'homme des merveilles. Belle d'une beauté qui n'appartint jamais à une autre femme, elle n'est pas un modèle de tendresse, de douceur et de résignation ; non, car elle ne soupçonne même pas les défauts contraires ; sa nature nous offre, à nous autres pauvres humains, l'idéal d'une perfection que nous pouvons adorer, mais que nous ne saurions comprendre. Cependant cet ange, à qui il n'est pas donné de pécher, est sous les verrous ; c'est un contre-sens cruel qu'on ne peut pas faire cesser trop tôt. Qu'y a-t-il de commun entre un être de cette nature et un procès criminel ? » - Cette nouvelle folie a aussi son succès.

L'avocat Blondel se présente pour Mlle d'Oliva. Son mémoire court, habile et bien écrit, est un petit modèle ; il glisse sur la condition de Mlle d'Oliva, qui ne partage pas tout à fait l'innocence de Serafina Feliciani ; mais l'avocat la présente comme une jeune personne qui a été trop facile à tromper, et à qui on a fait jouer, dans le bosquet de Versailles, un rôle dont elle ne pouvait pas se douter. Tel fut l'art de l'avocat, et telle est en général la puissance d'un écrit bien fait et dans une juste mesure, que le public se prévint favorablement pour Mlle d'Oliva et que cette prévention passa du public dans le Parlement ...

... Tels sont les jeux puérils dont on entourait l'une des affaires les plus graves qui aient été présentées au jugement du

Parlement. Comment lui-même souffrait-il que ces saturnales de l'esprit remplaçassent sous ses yeux les formes graves de la défense ? Était-ce un parti-pris que d'ensevelir sous l'indécence et le ridicule le crime qu'on ne voulait ni poursuivre ni punir ? Il est permis de le croire. (Mémoires du comte Beugnot, pp. 73 à 78.)

Ce qu'a discerné là un témoin aussi perspicace que l'était Beugnot, c'était la vérité même. La Franc-maçonnerie avait un intérêt majeur à créer une atmosphère de mensonge, d'interlopie où, dans les vapeurs d'un malsain cauchemar - peuplé de ménages de ruffians comme les ménages de la Motte et de Cagliostro, de filles comme la d'Oliva, - serait caché le but du Pouvoir Occulte : l'enlisement du Trône dans la boue, avant sa chute dans le sang de Louis XVI et de Marie-Antoinette.

IV

POUVOIR OCCULTE JUIF ET RÉVOLUTION

L'arrestation de Cagliostro n'eut point pour unique résultat de jeter dans un trouble voisin du désespoir celui qui en était l'objet. Elle a produit un ébranlement considérable dans les profondeurs de l'océan des Sociétés secrètes. Deux preuves en sont venues au jour, comme si les vagues de fond mises en mouvement par l'embastillement de l'émissaire des Illuminés avaient émergé à la surface de ce mystérieux océan. Ces deux preuves se trouvent, l'une dans une étrange lettre du F*** Roettiers de Montaleau et l'autre dans la lettre non moins étrange adressée de Berlin aux Français par le F*** Mirabeau, de la Loge *Les Amis Réunis*, de Paris.

Le Comité Intime

Ce qui ressort du premier de ces documents, c'est la création, alors que le procès du Collier bat son plein, de l'une de ces Arrière-Loges dont l'existence a été carrément avouée par le F*** Louis Blanc. Cette Arrière-Loge n'est pas de mince importance, car elle constitue un comité intime et secret chargé de transmettre au Grand-Orient de France, à la veille de la Révolution, les impulsions d'on ne sait qui, parties on ne sait d'où, bref les suggestions du Pouvoir Occulte.

Cette organisation du Comité intime et secret (écrit M. Bord) avait été provoquée par l'alerte qui avait effrayé les Loges militantes da Paris, de Lyon et d'Allemagne, lorsqu'on apprit l'arrestation de Cagliostro, lors de l'Affaire du Collier. (Le Correspondant mai 1906 : La conspiration maçonnique de 1789, p. 526.)

C'est à M. Bord qu'on doit la découverte de la lettre que nous allons reproduire. Son auteur, le F*** Roettiers de Montaleau, a joué dans les Loges, avant et après la Révolution, un rôle considérable - si considérable qu'après la Terreur il fut le metteur en scène de l'infâme comédie où la Maçonnerie désavoua son passé révolutionnaire pour lécher les bottes impériales, puis royales, avec ses lèvres rouges encore du sang des guillotinés.

Voici la lettre du F*** Roettiers de Montaleau, en date du 29 avril 1786 :

Mon Frère***,

Je vous fais le renvoi du projet d'union du G (rand) Chap(itre) avec, le G(rand) O(rient)... J'y vois du nouveau dans la création d'un conseil intime...

Ce conseil intime est beaucoup trop nombreux ; neuf FF*** seraient plus que suffisants, en y ajoutant un secrétaire-adjoint et un ou plusieurs traducteurs.

... Le Conseil intime ne doit s'occuper que des connaissances maçonniques ou systèmes quelconques, qu'il est important de connaitre, et sans doute dangereux de communiquer.

Ce Conseil ne doit point avoir des officiers particuliers payant cotisation, mais des membres choisis dans toutes les Chambres du G.O... Par la suite, on pourrait avoir une classe d'adjoints à ce Conseil et on choisirait ces adeptes parmi les Maçons en observant de ne point se faire connaitre. Je sens l'importance de cette commission, surtout si le Conseil intime est composé de FF*** instruits et de bonne foi.

J'ai la faveur d'être votre affectionné, F*** DE MONTALEAU. (Correspondant, mai 1906, p. 526.)

Qu'on veuille bien confronter ces « traducteurs », ces « systèmes maçonniques qu'il est dangereux de communiquer », ces « adjoints au Conseil qu'on choisirait en observant de ne point se faire connaitre », avec ces passages du P. Deschamps :

Sous la direction du Grand-Orient, à Paris, la Loge appelée des *Amis Réunis* était plus spécialement chargée de la correspondance étrangère...

... Tandis que les Frères du haut parage, avec les femmes, devenues elles aussi des adeptes, dansaient ou chantaient dans la salle commune les douceurs de leur égalité et de leur liberté, ils ignoraient qu'au-dessus d'eux était un comité secret où tout se préparait pour étendre bientôt cette égalité au-delà de la Loge sur les rangs et les fortunes, sur les châteaux et les chaumières, sur les marquis et les bourgeois.

C'était réellement au-dessus de la Loge commune qu'était une autre Loge appelée le *Comité secret des Amis Réunis*, disent Barruel et Eckert. Parmi les principaux membres de ce Comité étaient Willermoz, Chappe de la Heuzière, députés du Martinisme au Convent de Willemsbad, Mirabeau, Court de Gébelin, Bonneville, et aussi longtemps que la fête durait à l'étage inférieur, deux frères Terribles, munis de leurs épées, l'un au bas de l'escalier, l'autre auprès de la porte, défendaient l'entrée de ce nouveau sanctuaire. Là étaient les archives de la correspondance secrète ; là, celui même à qui tous les paquets des Frères d'Allemagne ou d'Italie étaient adressés n'avait point permission de franchir le seuil de la porte. Il ignorait le chiffre de la correspondance. Il était simplement chargé de remettre les lettres... On comprendra aisément la nature de cette correspondance et des conseils dont elle était l'objet, ajoute Barruel, quand on saura que pour être admis à ces conseils... il fallait... être Maître de tous les grades, c'est-à-dire avoir juré avec les Chevaliers du Soleil haine à tout christianisme et avec les Chevaliers Kadosch, haine aux couronnes et à la Papauté. (P. DESCHAMPS, Les Sociétés secrètes... Avignon, 1880, t. II, pp. 115 à 117.)

La chose est claire : l'arrestation de Cagliostro avait effrayé le Pouvoir Occulte ; il avait senti la nécessité de couvrir de voiles plus épais ses conspirations contre les traditions françaises. De là cette transformation du *Comité secret des Amis Réunis* en un groupement plus restreint, plus fermé, partant plus sûr. La lettre du F*** de Montaleau montre le perfectionnement apporté à l'un des principaux outils maçonniques, en vue des troubles révolutionnaires dont l'échéance est proche.

Il fallait aussi que le Pouvoir Occulte fît face à un danger sérieux, celui des révélations que le F*** Cagliostro était capable de faire à ses juges, touchant ses rapports avec la Haute Maçonnerie. On va voir quelle parade fut imaginée contre ce coup droit éventuel.

LE F*** CAGLIOSTRO, AGENT DES... JÉSUITES !

Un mois avant que le F*** de Montaleau écrivît sa lettre, on imprimait à Berlin la *Lettre du Comte de Mirabeau sur MM. de Cagliostro et Lavater*. Avant, en effet, que le F*** Mirabeau - partisan passionné d'une monarchie constitutionnelle que dominerait une oligarchie maçonnique - devînt dans ses derniers jours le défenseur du Trône dont il a tant contribué à préparer la chute, il fut (à un degré bien supérieur au sorcier Cagliostro) l'instrument de la Maçonnerie et de la Synagogue. Son rôle de haut agent du Pouvoir Occulte commence à l'heure où Cagliostro, compromis dans l'Affaire du Collier, est enfermé à la Bastille. C'est sûrement sous l'inspiration d'émissaires des chefs secrets de la Maçonnerie que le F*** Mirabeau écrivit contre le Grand Cophte cette Lettre sur MM. de Cagliostro et Lavater. En voici la raison d'être et l'analyse :

Le Pouvoir Occulte sait quelle part Cagliostro a prise aux machinations destinées à déconsidérer Marie-Antoinette ; il sait quels dangers court son agent ; il a peur que celui-ci, pour sauver sa tête, ne mange le morceau (comme disent les escarpes) et ne dévoile ses relations avec les Arrières-Loges. C'est à cela que va parer le F*** Mirabeau : en quelques lianes négligemment jetées à la fin de son opuscule, il insinue que Cagliostro est un instrument... des Jésuites ! Et cette imposture, embouchée par les plus tonitruantes trompettes maçonniques, fait le tour du monde ! Et cette imposture a pour résultat l'expulsion, hors des Loges, de la plupart des honnêtes chrétiens qui s'y étaient fourvoyés. Dès lors la canaille sectaire y est toute à son aise pour préparer les vols et les massacres révolutionnaires.

Avant cette mascarade du kabbaliste Cagliostro déguisé par Mirabeau en Jésuite de robe courte, le nouvel émissaire en pied de la Haute-Maçonnerie administre à son prédécesseur en voie de déchéance une volée de bois vert. Enfin, le morceau se termine (in cauda venenum !) par l'éloge du livre philosémite du Prussien Dohm sur lequel s'appuieront plus tard les Maçons de l'Assemblée Nationale pour faire entrer les Juifs dans la société française.

LA MAIN JUIVE

Il est évident qu'en montrant dans Cagliostro un agent non point des Francs-Maçons illuminés, mais des Jésuites, et en vantant le plaidoyer de Dohm pour les Juifs, le F*** Mirabeau servait le Juif, père de la Maçonnerie. Il eut soin de fortifier ses attaques contre Cagliostro en les abritant derrière la critique sévère de M. Meiners, professeur de Göttingen, aussi respecté en Allemagne par ses qualités morales que par ses vastes connaissances (Lettre du comte de Mirabeau... Berlin, 1786, p. 14.)

La plus grande singularité de la dépense de cet homme (Cagliostro), écrit Meiners cité par Mirabeau, c'est que personne n'en sait la source et ne connait les mains par lesquelles il reçoit continuellement tant d'argent...

« Ce mystère dont Cagliostro couvre à dessein l'origine de ses revenus et de sa dépense, a plus donné lieu aux préjugés merveilleux que l'on s'est formé sur lui, que son désintéressement et ses guérisons. On croit que c'est un homme divin... qui a approfondi les mystères les plus secrets de la nature et lui a dérobé celui de faire de l'or. Cependant, à mon avis, on ne pouvait conclure autre chose de sa mystérieuse façon d'agir, sinon qu'il est vraisemblablement en relation avec une société de personnes qui, par son moyen, veulent parvenir à un but très intéressant pour elles. Il doit leur être très facile, non seulement de soutenir la dépense de leur émissaire, mais encore de lui faire passer des sommes considérables sans que personne s'en aperçoive... » (Meiners, cité par MIRABEAU, Berlin, 1786, pp. 20, 21.)

Il nous suffira de mettre en regard de la profonde observation de Meiners l'aveu de Cagliostro, enregistré dans son procès à Rome, en 1790 - quatre ans plus tard - aveu sur lequel nous ne saurions trop appeler l'attention :

Certainement Cagliostro aperçut, sans aucun doute, et il l'a dit expressément dans son interrogatoire, toutes les manœuvres que joua Mme de la Motte pour effectuer son projet criminel. (Vie de J. Balsamo, 1791, p. 56.)

Si l'on confronte ces passages de l'Allemand Meiners et de l'auteur romain avec l'autre aveu capital de Cagliostro sur son affiliation à la Maçonnerie illuminée, près de Francfort-sur-le-Main, peu de temps avant son arrivée à Strasbourg, on embrasse toute la trame que le Pouvoir Occulte a lentement tissée autour de Louis XVI et de Marie-Antoinette. On s'explique aussi l'attitude de l'agent secret des Illuminés auprès du Cardinal, son bienfaiteur, en présence des fausses lettres attribuées à la Reine : si Cagliostro, en effet, n'avait pas reçu des Sociétés secrètes la mission de veiller à ce que rien au monde ne dérangeât une intrigue machinée pour jeter dans la boue la Crosse et la Couronne, n'eût-il pas cent fois pour une ouvert les yeux au Cardinal sur ces faux au sujet desquels lui, l'Oracle, était chaque jour consulté ? Serf du Pouvoir Occulte, le F*** Cagliostro savait qu'il marchait vers la Bastille, vers la mort peut-être, mais il y marchait parce qu'il avait des ordres, parce qu'il lui fallait pousser plus avant l'œuvre à laquelle nous avons montré la Maçonnerie attelée dès l'avènement de Louis XVI : la ruine dans le scandale et dans la honte de l'amour et du respect voué par la France à la Reine.

Écoutons maintenant le F*** Mirabeau préluder doucement à ses tonnerres oratoires en faveur du Juif, dans les dernières pages de son pamphlet contre le F*** Cagliostro. Mirabeau savait bien quelle était cette « Société de personnes » qui poussait Cagliostro vers « un but très intéressant pour elle ». Mais l'arme la plus sûre de la Maçonnerie, c'est le Mensonge, et Mirabeau, anneau de la chaine qui relie les Illuminés d'Allemagne à la Loge parisienne *Les Amis Réunis*, fait mine de croire que la société devinée par Meiners derrière Cagliostro est celle des Jésuites ! Après avoir soigneusement détourné les esprits sur cette fausse piste, il ajoute :

Je profite du reste avec empressement de cette occasion de recommander la lecture de l'ouvrage de M. Dohm sur la réforme politique des Juifs, dont le premier volume a été traduit en français. La raison la plus ingénieuse, la philosophie la plus douce, la dialectique la plus saine concourent à l'envi pour le rendre plus intéressant. Jamais une meilleure cause ne fut mieux défendue... J'aime à croire que si ce livre pénétrait en Angleterre... il hâterait le moment qui doit donner aux Juifs une patrie...

Berlin, 25 mars 1786.

(Lettre du comte de Mirabeau sur MM. de Cagliostro et Lavater... Appendice, p. XIII.)

C'est ainsi que pendant que les FF*** du Parlement de Paris s'apprêtaient à humilier la Couronne devant le Cardinal de Rohan flanqué de l'escroc juif Cagliostro, et à déshonorer la Monarchie dans la personne de Marie-Antoinette, à Berlin le F*** Mirabeau travaillait à la fois à détruire par avance l'effet des révélations éventuelles du Grand Cophte redoutées par le Pouvoir Occulte et à ouvrir aux envahisseurs juifs les portes de la patrie.

LILIA PEDIBUS DESTRUE

La Vie de Joseph Balsamo (rédigée à Rome sur les pièces du procès de 1790) renferme un passage singulier : il y est question des trois lettres L*** P*** D*** qui figurent sur la patente de la Loge fondée par Cagliostro à Lyon :

Ce Cagliostro (écrit l'auteur romain), ce Cagliostro si fameux dans la Maçonnerie, qui fit cette patente, qui a su donner un compte exact des plus petites choses qui y sont désignées, a affirmé constamment qu'il ignorait ce que signifiaient ces lettres. On sait d'autre part qu'elles veulent dire : Lilia pedibus destrue (foulez aux pieds les lys) ... (Vie de J. Balsamo, 1791, p. 145.)

Une fois de plus, la continuité de l'hypocrisie maçonnique préparant dans l'ombre ses complots et ses assassinats est démontrée par ce fait que, dès 1766, ces mêmes lettres L*** P*** D*** se trouvent dans un Rituel maçonnique où elles sont associées à des simulacres de mort et de massacre. Ce Rituel expose comment doit se faire la réception du Chevalier de l'Épée et de Rose-Croix. La Loge représente successivement la cour de Cyrus à Babylone et l'enceinte du Temple de Jérusalem que va rebâtir Zorobabel, chef des Juifs mis en liberté par Cyrus.

Les Frères ont une écharpe de soie de couleur d'eau bordée d'une rangée d'or, parsemée de têtes de mort, d'ossements en sautoir, de chaines triangulaires en or, et au milieu traversée par une bande d'or représentant un pont sur lequel sont trois lettres, L*** P*** D*** (Les plus secrets Mystères des Hauts Grades de la Maçonnerie dévoilés ou le Vrai Rose-Croix, traduit de l'anglais, suivi du Noachite, traduit de l'allemand. -À Jérusalem, 1766, pp. 103, 104.)

L'eau figurée sur l'écharpe et ainsi parsemée de lugubres épaves représente le fleuve imaginaire Starburzanai qui, sur plusieurs diplômes maçonniques bien antérieurs à la Révolution, roule des cadavres et des têtes coupées, avec des tiares, des sceptres et des couronnes royales. Ajoutons que pour la tenue de la Loge au grade de Chevalier de l'Épée, il était prescrit de couvrir l'eau de ce fleuve avec les mêmes figurations sinistrement évocatrices :

Derrière la tour de l'occident (de l'enceinte, de Babylone représentée par la Loge), il doit y avoir de l'eau où on puisse en l'agitant représenter le fleuve Starburzanai ; sur le fleuve sera un pont de bois solide, qui conduira au second appartement.

SECOND APPARTEMENT. - Il représente l'espace du terrain dans lequel le deuxième Temple (de Jérusalem) a été bâti... (Les plus secrets mystères..., pp. 101, 102.)

Le F*** récipiendaire jouait tout au long le rôle du prince hébreu Zorobabel venant demander à Cyrus la liberté pour ses frères. Après avoir été autorisé à retourner en Judée, il forçait le passage du pont jeté sur le fleuve qui le séparait de l'enceinte sacrée où il devait rebâtir le Temple de Jérusalem. - Le P. Deschamps a résumé ce Rituel si suggestif où transparait clairement l'idée juive, - l'idée directrice des véritables chefs secrets de la Maçonnerie. Il écrit :

Zorobabel met l'épée à la main et s'ouvre un passage au milieu des cadavres que nous avons vus devoir être roulés avec des débris de toute espèce...

C'est une allégorie des glorieuses journées passées, présentes et futures, entreprises et conduites par les chefs de la Maçonnerie, et le fleuve Starburzanai n'est plus une fiction, c'est le fleuve de la Révolution qui a roulé et roule encore tant de cadavres, tristes restes de tout ce qui entreprend de s'opposer au progrès maçonnique. (P. Deschamps, Les Sociétés secrètes, t. I, p. 229.)

Observons que le progrès maçonnique, à en juger par ce Rituel de 1766, n'est pas autre chose que la revanche du Juif libéré par Cyrus à la voix du Grand Architecte de l'Univers qui - dans un songe dont le Rituel met le récit dans la bouche du roi des Perses - le menace de lui retirer sa couronne, s'il ne brise les chaînes des Enfants d'Israël en captivité.

Ici nous touchons du doigt les redoutables secrets dont le Pouvoir Occulte devait terriblement craindre la révélation par Cagliostro, à une heure où le mystère le plus profond était nécessaire pour que les adeptes pussent en toute sûreté préparer à la fois l'écrasement des lys de France et l'avènement des Juifs : toute la Révolution !

CONTINUITÉ DE L'ACTION RÉVOLUTIONNAIRE DU JUIF

Quand Frédéric II écrivait à son ambassadeur à Paris, le comte de Goltz, l'odieuse lettre que nous avons citée ; quand il le pressait de faire insinuer à Louis XVI des soupçons sur la fidélité de Marie-Antoinette, il croyait ne travailler que pour la gloire et le profit du royaume de Prusse. Mais à son insu, quelqu'un dans l'ombre se servait de lui. Comme lui, ce quelqu'un voulait déshonorer la Reine de France. Mais ce quelqu'un voulait aussi la mort de la société chrétienne ; ce quelqu'un était embusqué dans les Loges maçonniques et caché derrière elles et, si l'on veut bien écouter quelques paroles échappées à certains Juifs et à certains judaïsants, on comprendra que ce *quelqu'un*, c'était le Juif.

On l'a vu plus haut (pp. 70 à 76) : le F*** Juif Cagliostro présente les plus frappants caractères d'un agent de ce Pouvoir Occulte juif dont Copin-Albancelli a prouvé l'existence au-dessus de la Maçonnerie.[26] Mais de même que la réalité des lois mathématiques abstraites est vérifiée par des applications sensibles, de même la vérité de la thèse de Copin-Albancelli sur le Pouvoir Occulte juif se manifeste de façon concrète dans tout un ensemble de faits historiques.

C'est ainsi que lorsque, remontant en arrière de siècle en siècle, on cherche quels ont été les plus actifs démolisseurs de la société chrétienne, on trouve QUI ? Des Juifs et des agents du Judaïsme qui combattent la civilisation chrétienne non pas en isolés, mais en instruments visibles maniés par des forces invisibles qu'on sent agir dans l'ombre. En outre,

---

[26] Le Pouvoir Occulte contre la France, et La Conjuration juive contre le Monde chrétien. À la Librairie *La Renaissance française*, Paris.

quand on cherche quelles étaient ces forces ténébreuses, on voit que c'étaient celles du Juif, caché sous les masques de la Magie kabbaliste, de l'Hermétisme, de la Rose-Croix, - masques de fabrication juive manufacturés avant le masque maçonnique.

Nous avons cité plusieurs textes qui montrent les vives sympathies de Cagliostro pour la nation juive, « la plus honnête de tout l'univers », disait-il. Or son prédécesseur immédiat (comme sorcier chargé par le Pouvoir Occulte de chavirer les cervelles des chrétiens du XVIIIe siècle) est encore un Juif, le soi-disant comte de Saint-Germain.

Le Haut-Maçon Gleichen cite, à ce propos, les paroles du premier Ministre de Louis XV, le comte de Choiseul, s'écriant :

... (Saint-Germain), c'est le fils d'un juif portugais qui trompe la crédulité de la Ville et de la Cour. Il est étrange, ajouta-t-il en s'échauffant davantage, qu'on permette que le roi soit souvent presque seul avec un tel homme, tandis qu'il ne sort jamais qu'environné de gardes, comme si tout était rempli d'assassins. (Cité dans les Souvenirs de Charles-Henri, baron de Gleichen, Paris, 1868, pp. 129, 130)

En 1776, c'est encore et toujours un Juif, Martinès de Pasquallis, qui fonde la Maçonnerie des Élus-Cohens (Prêtres, en hébreu) qui, sous le nom de Martinisme, couvrit l'Europe d'hypocrites et redoutables conspirateurs. Le F*** Louis Blanc ne l'a pas caché, lui qui a qualifié le Martinisme « une doctrine au fond de laquelle la Révolution grondait sourdement !»[27] Le F*** de Gleichen était de la Loge parisienne des Philalèthes martinistes les *Amis Réunis* qui jouèrent un si grand rôle dans la préparation des complots

---

[27] Histoire de la Révolution française. Ed. de Bruxelles, 1848, t. II, p. 85.

révolutionnaires : par suite il était bien renseigné sur le père du Martinisme ! Or, il a écrit, de son côté :

« Martinès Pasqualis... peut-être de race juive, puisque ses disciples ont hérité de lui un grand nombre de manuscrits judaïques... pratiquait tout franchement la magie. » (Souvenirs de Gleichen, p. 151.)

Ajoutons que le savant abbé Lémann, lui-même d'origine juive, ne met nullement en doute le Judaïsme de Martinès, dont la Maçonnerie était, d'ailleurs, parfaitement kabbaliste.[28]

Juif et sorcier, tel apparait donc le F*** Martinès de Pasquallis, après Cagliostro et Saint-Germain, tous deux juifs et tous deux sorciers.

N'est-il pas frappant de voir, durant le seul XVIIIe siècle, trois Juifs tenir les premiers rôles dans l'emploi de la Magie, ce perfide instrument de règne aux mains d'une puissance mystérieuse occupée à démolir la chrétienté ?

Un siècle auparavant, deux hommes mystérieux avaient exercé dans toute l'Europe et jusqu'en Amérique une action qui, par certains côtés, ressemble étrangement à celle qu'exerçaient Cagliostro, Martinès et Saint-Germain.

Grâce aux enquêtes faites sur Cagliostro, nous savons du moins qui était cet instrument du Pouvoir Occulte. En revanche, personne n'a jamais pu dire d'où venaient ni qui étaient en réalité les deux grands apôtres de la Kabbale au XVIIe siècle, le Cosmopolite et le Philalèthe.

---

[28] Abbé Léman, L'Entrée des Israélites dans la Société française. Paris, Lecoffre, 1886, p. 531.

Du Cosmopolite, le F*** Figuier a dit :

« On ne sait rien sur ses antécédents... Son nom même, qu'il quitta de bonne heure et à dessein pour le surnom sous lequel il voyagea, en Europe, est devenu un sujet de controverse pour les historiens de la philosophie hermétique. » (F*** L. FIGUIER, l'Alchimie.... Paris, 1860, p. 256.)

(Le Philalèthe) apparait dans l'histoire de l'Alchimie comme le digne successeur du Cosmopolite... Il se fait son continuateur, par un zèle ardent de prédication et de propagande alchimiques, en même temps que par d'autres côtés, il semble se rattacher à la secte des Théosophes et des Illuminés du XVIIe siècle, c'est-à-dire aux Rose-Croix.

Mais si l'on est bien fixé sur ce que veut cet adepte, on ne sait ni d'où il vient, ni où il va... Quant au lieu et à l'époque où il a fini sa carrière, c'est ce que personne n'a jamais pu découvrir... (P*** L. FIGUIER, L'Alchimie..., P. 309.)

Comme Cagliostro - qui s'enfermait deux jours par mois dans son hôtel somptueux de la rue Saint-Claude afin soi-disant d'y fabriquer l'or dont les Arrière-Loges le munissaient pour ses louches manœuvres, le Cosmopolite et le Philalèthe prétendaient changer en or tous les métaux. De fait, ils ont émerveillé par leurs « transmutations » du plomb en or les observateurs les plus prévenus contre eux.

Comme Cagliostro toujours, le Cosmopolite et le Philalèthe travaillaient certainement pour le compte de mystérieux agitateurs. On sait très bien, par les aveux mêmes de Cagliostro, qu'il était l'agent des Loges Illuminées. Au XVIIe siècle, c'était pour les Rose-Croix que voyageait le Philalèthe qui parcourut toute l'Europe et jusqu'à l'Amérique.

On sait d'ailleurs que ces Rose-Croix, frères aînés des Francs-Maçons, avaient voué une haine à mort au Catholicisme et à la Société chrétienne tout entière :

En 1623, Naudé signalait que, dans leurs manifestes, ils prétendent « que par leur moyen le triple diadème du Pape sera bientôt réduit en poudre ».

Campanella, de son côté, dans l'édition allemande de son livre, datée elle aussi de 1623, dit que la Confrérie des Rose-Croix poursuit systématiquement le bouleversement de la Société. (Voir Cl. Jannet, Précurseurs... 1887, pp. 18 à 20.)

Mais au bénéfice de qui, ce bouleversement éventuel de la Société chrétienne ?

Voici le bout de l'oreille juive : tout comme Cagliostro, le Philalèthe avait pour les Juifs une prédilection marquée.

Il paraît par ses écrits, disait Langlet-Dufrenoy en 1742, que cet adepte avait une forte inclination pour le peuple juif ; son zèle ne les regarde pas moins que les chrétiens ; c'est une affection de tendresse par laquelle il se déclare en plusieurs endroits de ses ouvrages ; un sage rabbin ne leur en témoignerait pas davantage. (Cité par Cl. Jannet, Précurseurs..., P. 53.)

Plongeant son regard dans le passé, le F*** Figuier ajoute :

« Philalèthe rendait, en termes généraux, hommage à la religion du Christ... Le Christianisme qu'il professe s'allie même avec un intérêt très tendre et très fréquemment manifesté pour les Israélites. Nous avions déjà remarqué la même particularité dans Nicolas Flamel. » (F*** Figuier, L'Alchimie..., p. 318.)

Il était donc, lui aussi, rempli d'amour pour les Juifs, l'alchimiste Nicolas Flamel, cette énigme vivante qui joua un rôle mystérieux alors que Charles VI - avant d'être la proie d'une soudaine folie non moins mystérieuse - chassait par trois fois Israël du royaume de France ?

Et comme elle est étrange, l'histoire de l'Adepte Flamel devenu puissamment riche après qu'il eût acheté le vieux grimoire d'Abraham le Juif qu'il avait, dit-il, feuilleté dans un songe prophétique ! ...

Au XIVe siècle Nicolas Flamel, au XVIIe le Philalèthe, au XVIIIe Cagliostro, - tous trois alchimistes, kabbalistes et soi-disant possesseurs de la Pierre philosophale qui guérissait tous les maux, prolongeait miraculeusement la vie humaine et changeait les métaux vils en or ; tous trois enfin pleins de tendresse pour le Judaïsme ! Tous trois ensemble, selon des modalités différentes mais animés contre l'Église du même souffle de mort, répandirent partout la même convoitise enfiévrée, hallucinante : la même soif de l'Or soi-disant enfanté par les prestiges de leur Kabbale judaïque.

Mais leur apostolat pour le « Grand Œuvre » de la Pierre philosophale n'est qu'un masque : il cache leur effort séculaire vers le Grand Œuvre de la ruine du christianisme. La destruction complète de l'Église, voilà ce que veulent les Rose-Croix judaïsants et kabbalistes qui rêvent de « réduire en poudre le triple diadème des Papes ».

Ce même rêve, c'est encore celui de la Maçonnerie, sortie tout armée au XVIIIe siècle des limbes où la tenaient enfermée ces mêmes Rose-Croix qui avaient dit (chose étrange !) au commencement du siècle précédent : Notre Fraternité doit être scellée durant cent ans.

Ici, nous devons enchâsser une observation pleine de profondeur du grand érudit Claudio Jannet :

« Le livre si curieux de Philalèthe le Jeune, *The Long Livers*, dédié en 1720 au Grand-Maître, Maître et Gardiens et Frères des Loges de Londres indique fort bien dans sa préface qu'il existait, au-dessus des trois grades traditionnels empruntés aux francs-maçons[29] une Illumination et une hiérarchie dont il ne révèle pas la nature. Le langage qu'il emploie est tout à fait celui de l'alchimie et des Rose-Croix. Les historiens les plus autorisés, Mackay, Whytehead, Yarker, sont unanimes sur ce point. » (CI. Jannet, Précurseurs.... pp. 22, 23.)

N'est-ce pas étonnant, ce couvre-nom clé Philalèthe ressuscité, après un siècle d'ensevelissement, par le premier en date des Docteurs de l'Église maçonnique ? Et n'est-ce pas curieux de le voir encore revivre dans la Maçonnerie judaïsante des Philalèthes du Martinisme qui engendrèrent la Loge des *Amis Réunis* d'où sortira, en juin 1789, le système de la Terreur ?

Cette Illumination mystérieuse de la banale Maçonnerie des bas grades, cette hiérarchie dont Philalèthe le jeune a jalousement voilé le secret, ces Supérieurs Inconnus, vénérés par les Martinistes et Philalèthes judaïsants qui prétendaient à la domination sur les Loges vulgaires, tout cela, n'est-ce pas la chaîne infrangible qui attache la Kabbale juive à la Franc-maçonnerie ? D'ores et déjà, n'aurions-nous pas le droit de soupçonner le Pouvoir Occulte caché derrière les Loges maçonniques d'être le cerveau du Judaïsme qui veut conquérir et dominer le Monde entier ?

Or, indépendamment des raisonnements irréfutables et irréfutés de Copin-Albancelli, un aveu du F*** Ragon (appelé par le Grand-Orient de France l'Auteur sacré de la Maçonnerie française) change notre soupçon en certitude : le F*** Ragon, en effet, reconnaît et proclame que la

---

[29] Les vieilles confréries d'ouvriers maçons mêlés de membres bienfaiteurs. (L. D.)

Maçonnerie est née à Londres en 1717 du mariage des corporations ouvrières de maçons de métier avec des représentants de la Rose-Croix.[30] Mais ces Rose-Croix (nous venons de le voir) étaient d'acharnés ennemis de la religion et de la société chrétiennes : par-dessus tout, en outre, c'étaient des Judaïsants infectés de tous les poisons du Talmud et de la Kabbale juive.

Il est donc avéré que, par sa mère la Rose-Croix, la Maçonnerie est essentiellement juive.

Le Pouvoir Occulte qui la mène est donc juif.

---

[30] F*** Ragon, Orthodoxie Maçonnique. - Paris, 1853, pp. 29 et 99.

V

LE PROCÈS DU COLLIER

Nous avons dit le scandaleux succès qui accueillit les mémoires des avocats des divers accusés dans l'Affaire du Collier. Combien dès lors étaient superflues les craintes manifestées un moment par Cagliostro et par les Sociétés secrètes dont il était l'émissaire ! Le poison maçonnique avait pénétré si avant au cœur du pays que le mémoire à la louange du F*** Cagliostro, malgré les folies et les mensonges impudents dont il était semé, n'attira sur le Grand Cophte qu'une bienveillance souriante et amusée, quand ce ne fut pas un ridicule enthousiasme. À telles enseignes que le F*** Louis Blanc a pu écrire :

« Ce mémoire, où à des artifices vulgaires se mêlait quelque grandeur (!), accrut le nombre des partisans que comptait en France la Franc-maçonnerie philosophique représentée par Cagliostro. » (Hist. de la Révol., édit. de Bruxelles, 1848, t. II, p. 128.)

Qu'un ramassis d'impostures éhontées comme en présente le mémoire pour Cagliostro ait été capable d'attirer à la Maçonnerie philosophique une armée de recrues, voilà qui en dit long, sur le degré de maçonnisation de la France en 1786 !...

Outre les brochures des avocats répandues à de nombreux milliers d'exemplaires, une nuée de pamphlets vint encore surexciter l'opinion. Mais quand on a vu comme nous, lors de l'Affaire Dreyfus, le monde entier soulevé contre la France par les scribes d'Israël, on est en droit de se demander si, en 1786, l'or et l'intrigue du Pouvoir Occulte ne jouaient pas un grand rôle dans cette extraordinaire frondaison de feuilles imprimées.

L'émotion était intense, en France et à travers l'Europe. Le parisien Hardy le constate dans ses mémoires ; il écrit à la date du 5 septembre 1785 :

« Ce procès qui fixe actuellement l'attention non seulement de la France entière, mais de toute l'Europe... »

On lit d'autre part dans la Gazette de Leyde du 28 juin 1786 :

« Cette grande pièce qui, par son intrigue, tient l'Europe attentive à son dénouement. » (Cité par M. Funck-Brentano, L'Affaire du Collier, 6e édit., p. 281.)

LA REINE MISE EN CAUSE

En réalité, dans le procès soumis au Parlement, le Cardinal dupé, son oracle Cagliostro et la fille des Valois, faussaire et voleuse, n'étaient qu'au second plan : au premier plan se trouvait une accusée auguste et innocente, Marie-Antoinette. On ne la voyait pas à la barre. Elle y était pourtant, « invisible et présente ». La réputation, la vertu, la probité même de la Reine étaient livrées aux magistrats du Parlement, Maçons et maçonnisants plus aveugles encore que haineux.

La sensation que la véritable accusée, c'était la Reine - et que c'était elle qu'on allait condamner le plus durement - fut bien vive, le 30 mai 1786, quand à la fin de sa déposition devant tout le Parlement assemblé, Mme de la Motte mit directement en cause Marie-Antoinette.

« La femme La Motte, note l'un des assistants, a paru avec un ton d'assurance et d'intrépidité, avec l'œil et la contenance d'une méchante femme que rien n'étonne... Elle s'attachait plus aux probabilités qu'aux faits et surtout à l'impossibilité qui est au procès de montrer des lettres, des écrits et toutes les preuves matérielles qu'on désirerait y voir. Je ne crois pas que cette femme qui a de la tournure, des grâces et de l'élévation, ait pu intéresser personne, parce que son procès est trop clair. » Subitement, Jeanne changea de manière : à une question relative à une prétendue lettre de la Peine au Cardinal, elle répondit qu'elle garderait le silence pour ne pas offenser la Reine.

« On ne peut offenser Leurs Majestés, objecta le Président, et vous devez toute la vérité à la justice. »

Alors elle dit que la lettre en question commençait par ces mots : « Je t'envoie », ajoutant que le Cardinal lui en avait montré plus de deux cents à lui écrites par la Reine, où elle le tutoyait, et dont plusieurs donnaient des rendez-vous où la Reine et Rohan se seraient effectivement rencontrés.

Ce fut à ces mots, parmi les magistrats, presque une clameur. Quoique la plupart des juges fussent « de l'opposition », de tels propos révoltaient leur conscience d'hommes et de citoyens. Et c'est à peine s'ils purent retenir leur indignation quand la Comtesse leur fit en se retirant une succession de révérences, avec des sourires provocants et railleurs. (M. Funck-Brentano, L'Affaire du Collier, 6e édit., pp. 327, 328.)

C'était la Maçonnerie qui donnait ses meneurs et ses mots d'ordre à cette « opposition » dont faisaient partie le plus grand nombre des juges. Pour s'en convaincre, il suffit de jeter les yeux sur le *Tableau alphabétique des Loges de la correspondance du Grand-Orient de France*, dont un exemplaire daté de 1788 existe à la Bibliothèque Nationale : il est effrayant d'y voir combien les gens de robe étaient nombreux parmi les FF*** Députés qui représentaient au Grand-Orient les 689 Loges ouvertes alors en France.

Mais si profonde que fût l'emprise maçonnique sur les membres du Parlement, si enragé que fût leur désir d'abaisser la Couronne et d'humilier la Reine, ils eurent (on vient de le voir) un haut-le-corps devant l'infâme accusation portée contre Marie-Antoinette par Mme de la Motte. C'est que la Franc-maçonnerie française était alors au stade d'inconscience où en sont encore aujourd'hui les Maçonneries des pays protestants. On peut aussi comparer la mentalité des Loges du Grand-Orient de France en 1786 à celle de nos Francs-Maçons centre-gauche aux débuts de la République actuelle, lorsque les lois de persécution et de vol – ces vipères sorties des Loges - étaient encore dans l'œuf. Mais les suggestions du Pouvoir Occulte, au moment de l'Affaire du Collier, accentuèrent rapidement la note antichrétienne et révolutionnaire de la Maçonnerie française. D'ailleurs les lignes du F*** Louis Blanc citées plus haut indiquent très clairement qu'un large flot de néophytes avancés vient d'entrer dans les Loges. Ceux-là ne seront plus capables de s'indigner, ainsi que les FF*** du Parlement, devant des ordures comme les imputations de Mme de la Motte : au contraire, ils vont se repaître avec une joie féroce des nouveaux pamphlets contre la Reine qui, tous, vont avoir pour base la calomnie vipérine que la voleuse du collier avait dardée le 30 mai, avant de quitter la sellette d'infamie.

Étrange ! Pendant toute la durée si longue du procès, la Comtesse a protesté de son respect pour la Reine. Et le dernier jour, à la dernière minute, alors que le Parlement est suspendu à ses lèvres, elle crache dans une révérence ironique son accusation contre Marie-Antoinette ! Pourquoi fait-elle à la Reine cette blessure empoisonnée à une heure où la moindre maladresse risque de lui valoir une potence ? - Car sa vie était en jeu : Beugnot croyait fermement à sa condamnation capitale. - Pourquoi, dans une volte-face extraordinaire, s'expose-t-elle à terriblement aggraver son cas par un pareil défi à la conscience du Parlement et de la France, en affirmant que la Reine et le Cardinal ont eu de nombreux rendez-vous nocturnes ?

Il ne peut y avoir à cette énigme deux explications ; il n'y en a qu'une : c'est que Mme de la Motte avait conclu avec les agents masqués du Pouvoir Occulte un pacte où la vie sauve lui était promise, quoi qu'il lui arrivât devant la Justice, à condition que par elle la Reine fût grièvement atteinte dans son honneur de femme.

La misérable fille des Valois foulait cruellement aux pieds les lys dont la blancheur éclatait dans son blason si indignement porté, quand elle outrageait ainsi la Reine de France. Jusque-là, les pamphlets que l'on sait ont éclaboussé de boue Marie-Antoinette. Mais jamais la calomnie n'avait eu un pareil retentissement. Et ce sera bien pis quand la femme de la Motte, une fois condamnée, sera devenue la victime d'une prétendue intrigue de Marie-Antoinette et la pseudo-martyre de la raison d'État !

Mais qui va accomplir cette transformation du plomb vil en or pur, cette transmutation à la manière du vieux Philalèthe et du F*** Cagliostro ? Toujours la Franc-maçonnerie !

LA CONDAMNATION DE MARIE-ANTOINETTE

Après Mme de la Motte, le Cardinal fut interrogé durant deux heures. Il fut écouté avec beaucoup de bienveillance par les magistrats, dont le plus grand nombre lui était favorable par hostilité contre la Cour, travaillés qu'ils étaient par la Maçonnerie, toute puissante dans le monde du Parlement et de la basoche.

La comparution de la jolie Nicole d'Oliva, la comparse qui avait figuré la Reine dans la scène du Bosquet, montre le Parlement rempli d'hommes « sensibles » comme on en verra tant durant la Terreur, tels les FF*** Robespierre et Saint-Just.

Quand fut appelée Nicole d'Oliva.... l'huissier revint seul ; l'accusée donnait le sein à son nouveau-né. Elle priait humblement Nos Seigneurs du Parlement de vouloir bien patienter quelques minutes que son fils eût terminé son repas. « La loi se tut devant la nature », disent les procès-verbaux. Les Grand-Chambre et Tournelle s'empressèrent de répondre qu'elles accordaient à la jeune mère tout le temps qu'elle jugerait nécessaire. Enfin elle entra. Le désordre de sa parure toute simple, ses longs cheveux châtains s'échappant d'un petit bonnet rond, et ses larmes, son trouble, son abandon, rehaussaient sa grâce et sa beauté... Aussi, à peine la belle enfant sembla-t-elle devoir se trouver mal, que déjà la plupart des membres de l'austère tribunal étaient debout pour la recevoir. Il lui fut, d'ailleurs, impossible de prononcer une seule parole en réponse aux questions qui lui furent posées : les sanglots s'étouffaient dans sa gorge. Il y en avait là plus qu'il n'en fallait pour convaincre surabondamment les magistrats de son innocence. Elle se leva pour se retirer « et fut accompagnée, dit Mercier de Saint-Léger, des marques de l'intérêt le plus vif ». (M. Funck-Brentano, L'Affaire du Collier, 6e édit., pp. 329, 330.)

Les pitres dont la Maçonnerie tient les ficelles aujourd'hui sont généralement lugubres. Au contraire, le pitre génial que fut le F*** Cagliostro était du genre le plus gai :

Enfin paraît Cagliostro. Avec lui la scène change. Il est fier et triomphant dans son habit de taffetas vert brodé d'or.

À la première question :

Qui êtes-vous, d'où venez-vous ?

– Un noble voyageur », répond-il d'une voix de clairon.

Et, parmi les éclats de rire, tous les fronts se déridrent. Il n'attend pas une question nouvelle, mais déjà s'est lancé dans une tonitruante improvisation, racontant l'histoire de sa vie avec des traits abracadabrants, dans un jargon où toutes les langues s'entrecroisent, le latin, l'italien, le grec, l'arabe, et d'autres langues encore qui n'ont jamais existé. Son air, ses gestes, sa vivacité véritable charlatan de foire débitant son boniment au nez des badauds béats – amusent le Parlement autant que ses boutades. Quand le Président lève la séance, il est sur le point de lui adresser des félicitations sur son esprit et sa belle humeur. (M. Funck-Brentano, Id., ibid., p. 330.)

Déjà, comme le Parlement, la rue est au point où la veut la Maçonnerie : quand les accusés sont reconduits, le soir du 30 mai, à la Bastille, le Cardinal et Cagliostro sont acclamés avec un violent enthousiasme. Le Cardinal saluait tout embarrassé. Mais Cagliostro, lui, est à son affaire. Il s'agite, lève les bras, jette son chapeau que mille mains se disputent, amuse prodigieusement la foule par toutes sortes de contorsions. (Funck-Brentano, Id., ibid., p. 331.)

Le lendemain, 31 mai 1786, fut rendu l'arrêt du Parlement.

Jeanne de Valois de Saint-Rémy, comtesse de la Motte... fut condamnée à l'unanimité des voix à être fouettée nue par le bourreau, marquée sur les épaules de la lettre V (voleuse), enfermée à la Salpêtrière pour le reste de ses jours et avoir tous ses biens confisqués... Sa culpabilité ne faisait doute pour personne. Le comte de la Motte fut condamné aux galères perpétuelles, Rétaux à l'exil hors du royaume. Nicole d'Oliva fut mise hors de Cour : c'était l'acquittement avec une nuance de blâme, attendu, notent les procès-verbaux, que, quoiqu'innocente dans le fond, il a été regardé comme juste qu'il lui fût imprimé cette tâche pour le crime purement matériel qu'elle avait commis en se substituant à la personnalité de la Reine dans une scène d'escroquerie. Cagliostro fut déchargé de toute accusation. (M. Funck-Brentano, Id., ibid., p. 333.)

Différente du *hors de Cour*, la décharge d'accusation était une entière réhabilitation de l'inculpé. Ainsi, « ni la notoriété des fables qu'il accumulait dans les recherches sur l'Affaire du Collier, ni les contradictions vigoureuses de ses adversaires ne purent empêcher... la déclaration de son innocence » dit fort justement l'écrivain romain qui, au procès de 1790, a vu le vrai F*** Cagliostro, dépouillé du prestige de mauvais aloi dont l'avaient affublé les Arrière-Loges...

Et le voici blanc comme neige, l'aigrefin choisi comme agent par la Haute-Maçonnerie ! Celui de qui l'allemand Meiners venait de dire qu'il était sans doute payé par une société occulte pour viser à un but très intéressant pour elle !

Le cas du cardinal de Rohan fut âprement débattu. Dans ses conclusions aussi modérées qu'équitables, le procureur général Joly de Fleury avait demandé :

« que, dans le délai de huit jours, il se rendît à la Grand-Chambre pour y déclarer que, témérairement, il avait ajouté foi au rendez-vous du Bosquet, qu'il avait contribué à induire en erreur les marchands en leur laissant croire que la Reine avait connaissance du marché, déclarât qu'il s'en repentait et demandât pardon au Roi et à la Reine ; qu'il fût en outre condamné à se démettre de ses charges. »

Le procureur général disait dans son réquisitoire :

« Le Cardinal allègue ce qui s'est passé dans le jardin de Versailles comme pouvant favoriser son illusion. Mais pouvait-il se permettre de croire à un rendez-vous nocturne faux et supposé sur la terrasse de Versailles ? pouvait-il se permettre de s'y rendre et, en s'y rendant, n'a-t-il pas commis envers la Reine une offense la plus punissable ?

... Cette témérité d'oser ainsi manquer de respect aux personnes sacrées du Roi et de la Reine n'est-elle pas un crime qui exige les réparations les plus authentiques et les plus solennelles ? ... » (Extrait des Manuscrits Joly de Fleury, Bibl. nat., 2089, folios 28, 34.)

Les Parlementaires d'opposition - dominés par l'esprit maçonnique - s'élevèrent violemment contre Joly de Fleury. Enfin, le Parlement repoussa par 26 voix contre 42 les conclusions du Procureur général et déchargea Rohan de toute accusation.

Cet acquittement, cette réhabilitation complète du Cardinal, dont le rôle dans la scène du Bosquet avait si gravement outragé le Roi et la Reine, c'était aux yeux de la foule simpliste la condamnation de Marie-Antoinette...

La Maçonnerie avait remporté une victoire décisive.

LE SANG DES VALOIS COULE, EN ATTENDANT LE SANG DES BOURBONS...

Mme Campan qui, mieux que personne, était à même de connaître le fond des choses, écrit dans ses Mémoires sur la vie de Marie-Antoinette :

« Il est aisé de rattacher à cette aventure (l'Affaire du Collier) aussi fatale qu'inattendue, aussi vicieusement combinée que faiblement et dangereusement punie, les désordres qui préparèrent tant de moyens au parti ennemi de l'autorité. »

...Le Cardinal fut pleinement acquitté et sortit de la Bastille ; Mme Lamotte fut condamnée à être fouettée, marquée et renfermée. Par suite des fausses vues qui dirigeaient les démarches de la Cour, on y trouva que le Cardinal et la femme Lamotte étaient également coupables et inégalement jugés, et on voulut rétablir la balance de la justice en exilant le Cardinal et en laissant évader Mme Lamotte peu de jours après son entrée à l'hôpital.

Cette nouvelle faute confirma les Parisiens dans l'idée que cette vile créature, qui jamais n'avait pu pénétrer même jusqu'au cabinet des femmes de la Reine, avait réellement intéressé cette infortunée Princesse. » (Mme Campan, Mémoires.... Paris, Didot, édit. de 1849, p. 461.)

Quelles influences néfastes, quels conseils de trahison poussèrent la Cour - et la Reine - à faire évader la misérable femme qui, le 30 mai, avait jeté sur Marie-Antoinette l'accusation meurtrière que l'on sait ? - Nous le verrons dans un instant.

« Pour ce qui est de Mme de La Motte, elle tomba, en apprenant son sort, dans d'inexprimables accès de rage. Pendant qu'on lui lisait la sentence, on fut obligé de la tenir en l'air, personne n'ayant pu, par violence, la faire mettre à genoux. Liée avec des cordes et traînée dans la cour du Palais de Justice, elle se mit à pousser des cris, non d'épouvante, mais de fureur. S'adressant au peuple : « Si l'on traite ainsi le sang des Valois, quel est donc le sort réservé au sang des Bourbons ? »... Comme elle se débattait avec désespoir entre les mains du bourreau, le fer qui la devait marquer sur l'épaule la marqua sur le sein. On la transporta à la Salpêtrière, échevelée, le visage couvert de sang, demi-nue, et exhalant en imprécations ce qui lui restait encore de force. » (F*** L. Blanc, Hist. de la Révol., édit. de Bruxelles, 1848, t. II, p. 132.)

C'est le 21 juin 1786 qu'eut lieu cette exécution. Mais les magistrats l'avaient annoncée pour le 13 et, apprenant qu'elle était retardée, l'opposition (c'est-à-dire la Maçonnerie) commença aussitôt, en faveur de la coquine que le Parlement venait de condamner à l'unanimité, un concert tout pareil à ceux qu'on entendra pendant l'Affaire Dreyfus, un siècle plus tard :

« Et les nouvellistes de répéter que la Comtesse serait graciée par le Roi ; que la Cour avait décidément honte de l'iniquité commise, que la Reine rougissait de laisser flétrir une innocente - sa victime. Le vent est à présent fixé dans sa direction. Quoi que la Reine fasse ou ne fasse pas, quoi qu'il advienne, le vent soufflera contre elle. » (M. Funck-Brentano, L'Affaire du Collier, 6e édit., pp. 363, 364.)

On cuisina si bien ce qu'on appelle l'opinion publique que, dès le lendemain de l'exécution de l'arrêt, la voleuse du collier devint sympathique !

Les détails de l'exécution de Mme de La Motte avaient été horribles... Ils se répandirent dans Paris. La foule en fut impressionnée. On redisait ses imprécations à la Reine et au cardinal de Rohan, ses accusations contre eux, ses reproches au Parlement, tout de miel et d'indulgence pour les personnages d'importance, toujours prêt à servir la Cour, la noblesse et le clergé. « À peine l'arrêt contre la dame de La Motte venait-il de recevoir son exécution, écrit Hardy, un certain public, ému de compassion, peut-être parce qu'il la regardait comme une victime d'une intrigue de Cour, se permettait déjà de blâmer le Parlement qu'on croyait pouvoir accuser d'une sévérité outrée en cette circonstance. On cherchait à répandre de l'odieux sur son jugement et clabaudait contre la violence qu'on s'était vu forcé d'employer. » (M. Funck-Brentano, *La Mort de la Reine*, 4e édit., p. 13.)

Il faut lire, dans le bel ouvrage que nous citons, « les traits admirables, à faire pleurer », qu'on se mit alors à colporter sur le compte de Mme de la Motte :

Elle avait écrit à l'Archevêque de Paris une lettre « sublime par le tableau des souffrances qu'elle y trace et par la piété et la résignation qu'elle y fait paraitre ». (M. Funck-Brentano, *La Mort...*, p. 16.)

Mme de la Motte persévéra dans cette tartuferie et plus tard, dans ses Mémoires, elle mêlera aux calomnies les plus immondes contre la Reine de pathétiques actes de foi dans la Providence divine : cette femme était vraiment digne de servir comme elle le faisait la Maçonnerie, Reine du Mensonge.

À INSTAR DE L'AFFAIRE DREYFUS

Quand on se souvient de la musique dreyfusienne jouée simultanément dans les journaux du monde entier, sous le coup d'archet de l'invisible chef d'orchestre dont a parlé Liebknecht, il est intéressant d'entendre les mêmes refrains à la louange de Mme de la Motte, tantôt dans la Gazette de Leyde, tantôt dans la Gazette d'Utrecht, etc., etc.

Ceci par exemple fait un remarquable pendant avec les articles où, des fjords scandinaves jusqu'aux rives du Mississipi, les publicistes se lamentaient dans toutes sortes de langues sur l'affreuse *double boucle* infligée au traître de l'île du Diable :

« La situation de la Comtesse, dit la Gazette d'Utrecht, commence à intéresser jusqu'aux personnes qui étaient le plus insensibles à son châtiment. On a bien tort de croire que cette infortunée jouisse dans la maison où elle est enfermée de quelque préférence sur ses compagnes. Elle est étendue sur un lit de douleur, qu'elle trempe de ses larmes. Il est vrai que des mains bienfaisantes ont volé à son secours ; mais l'usage où l'on est dans cette maison de reporter sur la totalité des individus les douceurs que les âmes charitables destinent à l'un d'eux, fait qu'elle ressent à peine les effets de la bienfaisance de ceux qui veulent la soulager. Son teint est jaune. Elle est extrêmement maigrie. Elle se trouve confondue avec une foule de femmes, rebut de la nature et de la société, flétries comme elle, et qui ont cependant des égards pour cette malheureuse qu'elles appellent « la Comtesse » et qu'elles cherchent à consoler. La dame de la Motte ne pleure que son honneur perdu et non pas son état affreux... »

« La dame de la Motte, note la Gazette de Leyde, devient de plus en plus stoïque et résignée à son sort. Elle s'occupe, la plus grande partie de la journée, à lire et à méditer le livre ascétique de l'Imitation de Jésus-Christ... »

« ... La plus grande partie de la journée à méditer le livre ascétique... », et la Reine osait dire qu'elle était une criminelle ! C'était une sainte. » (M. Funck-Brentano, *La mort...* pp. 15 à 17.)

Qui menait le mouvement d'opinion destiné à sortir Mme de la Motte de la boue tandis qu'on y plongerait la Reine ? - La Franc-maçonnerie :

« Le duc d'Orléans, qui dirigeait la Franc-maçonnerie et préparait son rôle révolutionnaire, vit dès lors le parti qu'il pourrait tirer de l'aventure et la duchesse d'Orléans prit la tête de ce joli mouvement de compassion. (M. Funck-Brentano, *La Mort...*, p. 18.)

Encore plus dupe que complice du Pouvoir Occulte, le futur F*** Egalite subissait les suggestions de la Haute-Maçonnerie qui le conduira tout droit à l'échafaud. Sa femme, la Sérénissime Sœur*** duchesse d'Orléans, et sa belle-sœur, l'infortunée amie de la Reine, la Sérénissime S*** Princesse de

Lamballe, donnent l'exemple des visites à Mme de la Motte, et le parloir de la Salpêtrière devient le rendez-vous des femmes de la plus haute noblesse dont la plupart, hélas ! ont été enrôlées dans la Maçonnerie féminine. - On se souvient à ce propos de la lettre que nous avons citée, cette lettre navrante où la Reine félicite la princesse de Lamballe des charités qu'elle exerce « par ses Loges maçonniques », sans se douter que, cachés derrière ces Loges, de mystérieux scélérats sapent son trône et travaillent à la déshonorer !

Si l'on songe qu'en collaborant aux intrigues de la Maçonnerie, les Frères*** et les Sœurs*** de l'aristocratie française creusaient leurs propres tombeaux, en même temps que les tombeaux de Louis XVI, de Marie-Antoinette, de la Monarchie tout entière, - on voit se dessiner en lettres de feu les lignes, cruelles du F*** Louis Blanc :

« Grâce au mécanisme habile de l'institution, la Franc-maçonnerie trouva dans les princes et les nobles moins d'ennemis que de protecteurs... Il arriva, par une juste et remarquable disposition de la Providence, que les plus orgueilleux contempteurs du peuple furent amenés à couvrir de leur nom, à servir aveuglément de leur influence les entreprises latentes dirigées contre eux-mêmes. » (F*** L. Blanc, *Hist. de la Révol.*, t. II, p. 71.)

Comment la douce princesse de Lamballe eût-elle pu deviner le complot sinistre dont son angélique bonté allait la faire devenir l'instrument ?... Son imagination s'exalta à la pensée d'une erreur judiciaire et, grâce au revirement savamment opéré en faveur de Mme de la Motte par les menées maçonniques, elle n'eut pas de peine à persuader à la Reine qu'il était habile et sage de satisfaire l'opinion publique en faisant évader la condamnée, trop durement punie alors que le Cardinal avait échappé à tout châtiment.

Et Jeanne de Valois une fois en liberté va rendre plus pénible encore qu'elle ne l'a été jusqu'à présent la voie douloureuse qui conduit la Reine à l'échafaud.

La Preuve que la Presse Maç*** mentait

Visites multipliées de grandes dames à la Salpêtrière où elle était recluse, élégies éplorées dans tous les journaux maçonnisés d'Europe sur le sort abominable fait à la condamnée, tout fut merveilleusement mis en œuvre pour apitoyer l'opinion publique sur le compte de la voleuse et de la faussaire, promue candidate aux palmes du martyre, parce que tel était le bon plaisir - et l'intérêt - du Pouvoir Occulte.

« Couchée avec trois autres (disait encore la Gazette d'Utrecht), elle repose sur une paillasse très dure. La plupart du temps, elle est obligée de passer la nuit sur un banc, où éveillée, elle ne fait que gémir dans une salle où les fenêtres sont à dix pieds de terre. Là, on ne voit jamais de lumière, excepté celle du jour à moitié intercepté. Elle porte les habits de la maison. Elle n'a que quelques mauvaises camisoles et, quelques bonnets ronds, mais après qu'ils seront usés il faudra qu'elle se contente de hardes de bure... »

La Gazette d'Utrecht mentait impudemment comme c'est le métier de toute feuille maçonnique de mentir, afin de tromper et d'affoler les masses, - comme la presse juive et maçonnique du monde entier a menti pendant l'Affaire Dreyfus.

Une preuve vécue de ce que les duretés infligées à Mme de la Motte étaient illusoires et inventées par les scribes des Loges se trouve dans la curieuse relation d'un voyage fait à Paris en mai 1787 par trois jeunes Lorrains. Notons qu'ils étaient fortement imbus des idées révolutionnaires ambiantes et que deux au moins d'entre eux étaient Francs-Maçons.[31]

« Nous allâmes visiter la Salpêtrière, nous avons, en entrant, promis une récompense à une portière pour nous conduire dans tous les lieux où l'on peut pénétrer... Les filles de joie sont au nombre de 2.400 ; la célèbre Mme de la Motte est classée parmi elles sur les registres ; mais elle a une chambre séparée et n'est pas vêtue du même costume, qui est une étoffe grossière taillée en sac. Notre portière, moyennant un supplément de salaire, nous la fit voir ; ... il y a en elle la manière de se présenter d'une femme de qualité ; elle parut étonnée de notre visite ; mais comme cela lui était probablement une distraction, elle ne s'en offensa pas et se prêta à nous faire la conversation ; sa mise est celle d'une dame en négligé et elle était occupée à parfiler quand nous entrâmes. » (*La Vie Parisienne sous Louis XVI*, par François Cognel, pp. 49, 50.)

Comme on est loin du lit partagé avec trois prisonnières et des « hardes de bure » ! Mais la Maçonnerie ne vit que de mensonge et, pour la réalisation de ses plans, il fallait que les mauvais traitements subis soi-disant par Mme de la Motte dans sa prison accrussent contre la Reine les haines nécessaires. Grâce à ces mensonges calculés, quand plus tard ce sera le tour de Marie-Antoinette d'être enfermée dans une geôle, les brutes maçonnisées chargées de sa surveillance croiront lui faire justement expier les prétendues tortures infligées sur son ordre à Jeanne de Valois.

L'ÉVASION DE LA COMTESSE

---

[31] « De là (écrit l'auteur), Jacquinot et Thiry sont allés dans une Loge de Maçonnerie et moi aux Français » p. 73).

La Franc-maçonnerie ne perdit pas de temps avant de travailler à l'évasion de la Comtesse. Vers la fin de novembre 1786, une sentinelle en faction dans l'une des cours de l'hôpital, passant son fusil à travers un carreau de vitre cassée, réveilla Angélique (la détenue qui servait Jeanne). Le soldat lui apprit que l'on songeait à sa délivrance et à celle de sa maîtresse. Le lendemain il lui tendit un billet écrit à l'encre sympathique... Une correspondance suivie s'engagea. « L'important, disaient les inconnus qui avaient pris à cœur le sort de Jeanne de Valois, est d'obtenir un modèle de la clé ouvrant la porte par où la prisonnière devra sortir. » (M. Funck-Brentano, *La Mort....* 4e édit., pp. 23, 24.)

Mais cette évasion présentait bien des difficultés. Pour l'assurer, quel coup de maître que d'obtenir la connivence de la Cour ! En outre, il était piquant pour le Pouvoir Occulte d'y faire coopérer la Reine, à qui Mme de la Motte a déjà fait tant de mal et à qui elle en fera bien davantage une fois en liberté.

Suggestionnée « dans ses Loges », la pauvre Mlle de Lamballe - toute hors d'elle à l'idée d'une erreur judiciaire, comme l'ont été certains naïfs dans l'Affaire Dreyfus - servit sans s'en douter les desseins maçonniques si terriblement hostiles à sa chère Souveraine, qu'elle trahissait ainsi avec une inconscience ingénue.

Poussée par Mme de Lamballe que poussaient les Loges, la Reine finit par aider à l'évasion de la prisonnière : le 5 juin 1787, Mme de la Motte, munie d'une clef qu'on lui avait fait passer et travestie en jeune gentilhomme, ouvrit la porte qui introduisait dans les préaux où elle se mêla à la foule des visiteurs et visiteuses, en compagnie de sa suivante.

« Elles savaient qu'elles devaient gagner la Seine où une barque, montée par deux hommes, les attendait. Elles trouvent la barque, y prennent place. Les hommes rament jusqu'à Charenton : sur la berge se trouve un fiacre pour conduire les fugitives à Maison-Rouge où elles passent la première nuit. » (M. Funck-Brentano, *La Mort...*, p. 26.)

Après de longues étapes à travers la France, le Luxembourg et les Flandres, Jeanne de Valois rejoint son mari à Londres, le 4 août 1787.

VI

LES DEUX « MÉMOIRES JUSTIFICATIFS »

La guerre menée par le Pouvoir Occulte contre Marie-Antoinette devient plus âpre encore après l'évasion de Jeanne. Le rôle joué par cette intrigante dans le complot maçonnique contre la Reine ne prend toute son ampleur sinistre que lorsque les dignes époux de la Motte sont réunis à Londres : c'est de là, en effet, que partira (en 1788) le Mémoire justificatif de la Comtesse de Valois rédigé presqu'entièrement d'après ses indications ; c'est de Londres aussi que partira (en 1789) le Second Mémoire justificatif etc. Mais ce dernier fut publié complètement en dehors de la triste héroïne de l'Affaire du Collier, malgré elle, peut-on même dire.

Il nous faut sonder les abîmes de ce nouveau « Mystère d'iniquité » où l'action du Pouvoir Occulte est évidente.

VUE D'ENSEMBLE

L'opinion des contemporains, nous l'avons vu, a été que Marie-Antoinette elle-même - pratiquant le pardon des injures d'une façon bien imprudente - avait généreusement favorisé l'évasion de Mme de la Motte. Mme Campan, lectrice de la Reine, en était convaincue, et elle avait à coup sûr de bonnes raisons pour cela. De son côté, la Maçonnerie, naturellement, se fit avec joie une arme cruelle de l'aide prêtée par Marie-Antoinette à la fuite de sa soi-disant « victime » :

après que Mme de la Motte eût, quelques mois plus tard, publié son *Mémoire justificatif* déjà rempli d'infamies, ON imprima en 1789, sans la consulter, un *Second Mémoire justificatif* qu'ON lui attribua, mais qu'elle a désavoué (sans doute parce qu'il faisait tort à la vente de son véritable et authentique ouvrage.) Là, dans ce second mémoire, ON renchérit encore sur les ordures accumulées dans le premier, et ON lui fait dire :

« (La Providence) s'est servie de l'autorité même de la coupable Souveraine, pour me retirer d'un lieu d'horreur d'où il ne m'eût jamais été permis de faire entendre ma voix. Antoinette, en facilitant ma fuite, semblait vouloir me venger et m'ordonner d'aller respirer un air libre et d'oser y publier des vérités que la force avait ensevelies dans les archives impénétrables de la Bastille. Bénissons l'être juste, le juge suprême qui punit quelquefois le coupable par sa propre main ! Bénissons-le encore de m'avoir laissé vivre assez longtemps pour répandre le jour sur le mystère de tant d'iniquités odieuses, et de donner un grand et Mémorable exemple à la terre... » (*Second Mém. justif. de la Comtesse de V...* À Londres, 1789, p. 65.)

Ce passage est fort clair - c'était bien pour jeter (sous le couvert de la Comtesse) une montagne d'abominations nouvelles sur la Reine que la Haute-Maçonnerie avait poussé à l'évasion de Mme de la Motte ; la suite de ce récit va d'ailleurs le démontrer.

Jusque-là, les pamphlets orduriers n'avaient pu construire que sur des nuées l'édifice des calomnies qui attribuaient à la Reine tous les vices. Jusque-là, c'était au cardinal de Rohan tout seul que Mme de la Motte avait pu faire croire que la Reine s'abaissait à échanger avec lui une correspondance suspecte... Désormais, c'est toute la partie de la France que la Maçonnerie a déjà gangrenée qui va croire que « la Reine est une gourgandine », ainsi que le lui crachera au visage, quatre ans plus tard, le journal *l'Orateur du Peuple*.

Et c'est la publication du premier *Mémoire justificatif* de l'odieuse femme libérée avec l'aide de Marie-Antoinette qui va commencer à donner, aux simples d'esprit et aux malveillants avides d'être convaincus, des preuves prétendument documentaires (une série de faux ignobles !) établissant l'indignité et l'infamie de la Souveraine.

Quelle atroce comédie - mais combien supérieurement jouée ! Le *Mémoire justificatif* est accompagné de lettres soi-disant échangées entre la Reine et le Cardinal - et quelles lettres ! Mme de la Motte y explique qu'elle profitait de son rôle de messagère pour copier au passage les billets qui lui passaient par les mains. Puis, avec une infernale astuce, elle fait en sorte que tout son pamphlet paraisse le développement logique, le commentaire circonstancié des quelques mots qu'elle a jetés comme un venin à la tête du Parlement, le 30 mai 1786 : « Vu plus de deux cents lettres... La Reine y tutoyait le Cardinal... Nombreux rendez-vous... »

Ainsi, les injures que Jeanne de Valois a vomies contre Marie-Antoinette - au risque de sa vie en apparence - à la dernière minute de sa comparution devant le Parlement, ces ordures que la presse et les libelles ont répandues dans toute l'Europe vont servir de bases aux calomnies destinées à tuer l'honneur de la Reine...

Peut-on douter après cela du rôle prémédité joué par cette femme dans le complot maçonnique contre Marie-Antoinette ?

« CE SONT CES GENS-LÀ... »

Les outrages adressés le 30 mai 1786 par Mme de la Motte à Marie-Antoinette avaient pénétré la population française dans ses couches profondes. Ce levain fit bouillonner les venins répandus depuis treize ans par tous ces pamphlets que nous avons dits et, en mai 1787, les ferments de haine pullulaient tellement à Paris qu'on dut renoncer à faire figurer au Salon de cette année-là le beau portrait où Mme Vigée-Lebrun venait de peindre la Reine entourée de ses enfants : on craignait un orage de huées à l'adresse de la Souveraine.

La haine contre Marie-Antoinette grandit encore lorsque, peu après, le *Mémoire justificatif* de Mme de la Motte vint ajouter ses terribles poisons tout frais aux poisons rancis des vieux libelles : toutes ces horreurs - dictées par les Arrière-Loges ainsi que le sont aujourd'hui les affaires des « Flamidiens » et des « Flamidiennes » - formèrent comme un de ces mélanges sans nom où certains nègres trempent leurs flèches, pourriture de cadavres bourrés de plantes vénéneuses et macérés avec des têtes de serpents.

À Londres, écrit M. Pierre de Nolhac, Mme de la Motte publie ses odieux Mémoires, faits de rage et de mensonge, qui trainent la Couronne dans la boue des ruisseaux infâmes. Entre la parole de la Reine et celle de la drôlesse, la France hésite. Bientôt elle ose choisir, et ce sont les pamphlets de cette femme qui font accepter définitivement la légende des vices de Marie-Antoinette. C'est là que Fouquier-Tinville prendra ses arguments et armera sa justice.

Montrons de suite la main de mystérieux scélérats, guidant pour ce pamphlet la main de la bâtarde des Valois.

La correspondance inédite de Mme de la Motte avec sa sœur Marie-Anne est conservée aux Archives Nationales. Elle ouvre de profonds horizons sur les suggestions perfides qui avaient transformé en un instrument de crime la fille des anciens Rois enragée de sa déchéance et assoiffée de jouissances et d'ambition.

Parlant du comte de la Motte et de ses amis - qu'elle ne nomme pas - Marie-Anne de Valois écrit à sa sœur, dans une lettre poignante, pleine de cœur :

« Pauvre malheureuse ! Ce sont ces gens-là, leur mauvaise compagnie, leurs mauvais conseils, qui vous ont perdue ! Les Mémoires encore, qu'ils viennent de vous faire faire, que votre mari vous a fait signer sans les signer lui-même, pour pouvoir les désavouer et vous en laisser l'odieux, vous ont fait grand tort. Beaucoup de personnes qui, comme moi, vous croyaient innocente, ainsi que vous me l'aviez assuré à la Bastille, ont été étonnées de ces Mémoires. Je ne crois pas ma sœur capable des horreurs qu'ils contiennent, d'autant qu'ils contiennent des horreurs contre mon père et sont remplis de faussetés... » (Cité par M. Funck-Brentano, *La Mort...*, pp. 125, 126.)

Dans une autre lettre, elle lui écrit :

« Que le passé soit passé ! mais c'est le présent qui doit guider pour l'avenir. Je ne blâme dans vos erreurs que les malheureux qui vous y ont plongée... » (Id., ibid., pp. 129, 130.)

Et l'esprit se reporte à la page énigmatique où l'abbé Georgel dénonce la Loge Égyptienne de Cagliostro comme l'instigatrice de l'Affaire du Collier, tout en déclarant qu'il ne croit pas devoir lever le voile de ce mystère !

JEANNE N'AVAIT JAMAIS VU LA REINE !

C'est en 1788, nous l'avons dit, que Mme de la Motte publia son Mémoire - et porta par lui le scandale à son comble

- après que l'amie de la Reine, la duchesse de Polignac, venue exprès à Londres, fût descendue jusqu'à négocier avec la voleuse du Collier pour que cet abominable pamphlet ne vît pas le jour.

Or (nous allons le prouver par des déclarations concordantes) Jeanne de Valois n'avait jamais vu la Reine qu'elle va chercher à salir par le récit de ses relations avec elle ! De près ni de loin, elle n'avait aucune raison personnelle de la détester.

D'autre part - et c'est une preuve de plus que des influences occultes s'exerçaient autour de Mme de la Motte - pour contrebalancer les offres d'argent de la Reine apportées par Mme de Polignac, il était forcé que d'autres offres fussent faites par des ennemis de la Couronne à cette femme cupide. Au surplus, une fois dévorés les derniers diamants échappés aux saisies judiciaires, elle était retombée dans une misère noire.

À coup sûr « ces gens-là », dont parlait la pauvre Marie-Anne, ces conseillers de malheur continuaient à pousser Mme de la Motte à des infamies toujours plus atroces, parce que, dans les calomnies contre la Reine vouée au déshonneur et à la mort, le Pouvoir Occulte voulait un inexorable crescendo, un rinforzando assourdissant, comme celui que décrivait le Basile du *Mariage de Figaro*, sur la scène du Théâtre Français.

Nous ne voulons pas plonger dans ce cloaque de mensonges et d'ordures qu'est le *Mémoire justificatif* de Mme de la Motte avant d'avoir rendu à la malheureuse Reine injustement traînée dans la boue un hommage attristé, en démontrant la fausseté absolue, éclatante des accusations portées contre elle par la voleuse du Collier.

Tout d'abord Marie-Antoinette, redisons-le, n'a jamais eu aucune relation avec Jeanne de Valois cette dernière ment quand elle dit dans son *Mémoire* qu'elle est entrée dans la plus étroite intimité de la Reine.

Affirmons, écrit M. Funck-Brentano dans une page très probante, qu'elle n'eut jamais avec la Reine des rapports d'aucune sorte, à aucun moment. La Reine ne l'a jamais vue. Marie-Antoinette écrit le 22 août 1785 à son frère Joseph II : « Cette intrigante du plus bas étage n'a nulle place ici et n'a jamais eu d'accès auprès de moi ». - « A l'époque du procès, dit Mme Campan, la Reine envoya chercher quelques-unes des gravures représentant Mme de la Motte. Elle ne se souvint pas de l'avoir vue passer dans la galerie de Versailles qui était publique, et où Mme de la Motte s'était montrée souvent. »

Que dit à l'instruction Rosalie, femme de chambre de la Comtesse ?

« Je n'ai jamais entendu parler à personne dans la maison de relations que Mme de la Motte pouvait avoir avec la Reine. »

Que dit Mlle Colson, sa dame de compagnie ?

« J'ai passé deux ans chez Mme de la Motte (précisément à l'époque de l'intrigue du Collier) et n'ai jamais vu ni entendu quoi que ce fût qui pût me faire supposer des relations entre la Reine et la Comtesse. »

Que déclare Marie-Anne de Saint-Rémy, sœur de Jeanne de Valois, à l'abbé Bew, qui le mande aussitôt à son cousin le libraire Bew, à Londres, éditeur des Mémoires de Mme de la Motte ?

« Oui, monsieur, ma sœur elle-même m'a dit que les lettres dans son *Mémoire* avaient été forgées et que la plupart du *Mémoire* était faux. Quant à moi, monsieur, je vous avoue avec confiance que ma sœur n'a jamais eu d'entrevue avec la Reine... »

Et Mme de la Motte elle-même, que déclare-t-elle dans ses lettres, dans ses interrogatoires, dans ses confrontations, dans les Mémoires qu'elle fait rédiger par son avocat ? « Je n'ai jamais eu l'honneur de voir la Reine. » (Interrogatoire du 8 mai 1786.) - « Je ne me suis jamais vantée d'avoir du crédit auprès de la Reine. » (Id., ibid.) - « Je ne connais personne qui fût attaché à la Reine. » (Lettre écrite à la Bastille le 29 août 1785.) – « La dame de la Motte, dit Me Doillot, son avocat, malgré un nom authentiquement reconnu, était ignorée à la Cour et n'avait avec la Souveraine aucune relation ni publique ni particulière. Et, plus loin : « Faut-il parler d'une autre fable, de ces liaisons avec la Reine dont, on veut que la dame de la Motte se soit fait honneur, ainsi que d'une correspondance secrète ? La comtesse de la Motte serait bien coupable, si l'allégation était vraie, puisque c'est un honneur qu'elle n'a jamais eu. Elle supplie humblement ses juges d'écouter attentivement la lecture des dépositions sur cette fable, de redoubler d'attention sur le ton ferme avec lequel elle a dénié ».

Après ces témoignages multiples et concordants, peut-il subsister le moindre doute ? (M. Funck-Brentano, *La Mort...* pp - 119 à 122.)

Avec le mensonge fondamental de l'existence de relations entre la Reine et Mme de la Motte, son *Mémoire justificatif* apporte un mensonge particulièrement abominable : c'est la Reine, écrit la voleuse, qui a pris le Collier ! - A la Bastille, elle avait prétendu que le voleur était Cagliostro. Puis au Parlement, elle avait déclaré, que c'était le prince de Rohan.

En outre, à la veille de comparaitre devant ses juges, elle avait écrit :

« Il est un fait constant, c'est que le Roi, la Reine avaient refusé depuis plusieurs années d'acquérir le Collier. S'il est vrai que la Reine eût formé un vœu nouveau pour ce bijou, elle pouvait se le procurer sans mystère sur les fonds dont elle disposait. »

Ce que Mme de la Motte ne dit pas (et pour cause !) c'est que la voleuse, c'est elle. Cependant, plus tard, elle en a malgré elle écrit l'aveu formel, de sa propre main. Le 11 janvier 1790, en effet, elle écrivit à son mari :

« Et n'oublie pas la drôlesse de Surmont. (La tante de M. de la Motte. C'était elle qui, à Bar-sur-Aube, avait livré aux policiers les diamants dont elle était l'inconsciente recéleuse.) Car, mon ami, oh ! oui, c'est elle qui est la cause de nos malheurs. Ne la ménage pas, au nom de Dieu ! Si je pouvais, je ne sais ce que je lui ferais ! Sens bien, mon ami, que si elle n'avait donné, oui, tout donné dans un propre temps, nos diamants, hélas ! mon ami, sur quoi aurions-nous été condamnés ?

Du fond de son abjection, la voleuse qui fit cet aveu rempli de regret et de rage a triomphé de la Reine de France ! C'est elle qui l'a définitivement écrasée sous le poids des calomnies accumulées dans son *Mémoire justificatif*. Et ce pamphlet dont l'action fut décisive sur le destin de Marie-Antoinette paraît juste un an avant que la Franc-maçonnerie déchaîne la Révolution, - la Révolution qui est son œuvre, elle s'en vante, maintenant qu'elle est revenue au pouvoir et nous tient sous le joug.

LES COLLABORATEURS DE MME DE LA MOTTE

Marie-Antoinette qui, dès le premier jour, avait eu la sensation que l'Affaire du Collier était le fruit d'un complot tramé contre elle, n'a que trop bien compris par la suite le rôle effroyable joué dans sa vie - et surtout dans sa mort - par le *Mémoire justificatif*, le premier en date des pamphlets lancés au nom de Mme de la Motte. L'avant-veille de la terrible nuit du 10 août 1792 qui vit la chute de son trône, la Reine fit parvenir à la vicomtesse de Fontanges[32] par les mains de l'abbé de Montesquiou-Fezensac, pour lui être conservé jusqu'à des temps meilleurs, le manuscrit de cet abominable mémoire dont Mme de Polignac avait en vain négocié la non apparition ; c'est assez dire quelle importance Marie-Antoinette attachait à ces pages maudites, issues de la plus monstrueuse des collaborations. Le *Mémoire justificatif*, en effet, n'est pas l'œuvre originale de Mme de la Motte : il a été retouché, presque à chaque page, par l'ancien ministre de Louis XVI, Calonne, venu à Londres cuver sa haine contre Marie-Antoinette qu'il accuse de l'avoir fait disgracier. De plus, comme Mme de la Motte écrivait en un style invraisemblable, Calonne lui amena Serre de Latour, un publiciste français, qui s'était réfugié à Londres avec la femme de l'intendant d'Auvergne qu'il avait enlevée, et y rédigeait le *Courrier de l'Europe*...

« Je puis attester, écrit Mme Campan, que j'ai vu dans les mains de la Reine un manuscrit des Mémoires de la femme de La Motte, qu'on lui avait apporté de Londres et qui était corrigé, de la main même de M. de Calonne, dans tous les endroits où l'ignorance totale des usages de la Cour avait fait, commettre de trop grossières erreurs. »

« M. de Latour, écrit d'autre part le comte de la Motte, remit le manuscrit à M. de Calonne qui y fit des changements, des corrections, des additions sans nombre, presque à chaque page ; toutes ces corrections étaient de sa main et, pour la plupart, au crayon. »

---

[32] Lafont d'Aussonne, Mémoires secrets, t. II, pp. 136, 137.

De son côté, Mme de la Motte déclare : « C'est M. de Calonne qui a corrigé les Mémoires ». (*Vie de Jeanne...*, T. II, p. 167.) Ce triple témoignage est encore confirmé par celui de Cahaisse qui se trouvait alors à Londres comme « observateur » de la police française et en relations avec Calonne...

« J'avais remis à M. le marquis de la Luzerne (ambassadeur de France à Londres), écrit le comte de la Motte, le manuscrit de M. de Calonne. Il l'avait envoyé au cardinal de Loménie de Brienne. Il s'était chargé, ainsi que son frère, qui était, alors ministre de la Guerre, de conclure. » Il s'agissait d'acheter le silence des époux de la Motte et d'empêcher l'impression du pamphlet. C'est ce manuscrit que Mlle Campan vit entre les mains de la Reine. (M. Funck-Brentano, *La Mort...* pp. 113 à 116.)

Quand on envisage les efforts combinés par l'amie de la Reine, Mme de Polignac ainsi que par l'Ambassadeur de France à Londres, lui-même renseigné par les meilleurs policiers appelés de Paris, on mesure l'intérêt qu'avait eu la Haute-maçonnerie à faire agir les Loges féminines auprès de la Reine pour la pousser à favoriser l'évasion de Mme de la Motte.

Mais si la Couronne avait ses agents à Londres pour s'efforcer de réduire Mme de la Motte au silence, on peut penser combien, en revanche, le journaliste marron Serre de Latour fut entre les mains du Pouvoir Occulte un instrument habile !

Plus tard, nous verrons qu'à quelques mois de distance, les condottieri du même *Courrier de l'Europe*, Serre de Latour et Morande, ont blessé à mort les deux principaux agents de la Haute-Maçonnerie dans l'Affaire du Collier, Mme de la Motte et Cagliostro, la première en lui jouant - au profit du Pouvoir Occulte - le très vilain tour raconté ci-après, et le second en le forçant, par des révélations écrasantes, à quitter honteusement l'Angleterre.

Aussi bien, Cagliostro n'était plus bon à rien désormais, qu'à compromettre ses maîtres secrets. On le lui fit bien voir ! On le brisa comme verre.

En même temps que Cagliostro, Mme de la Motte, elle aussi, une fois crevée sa poche à fiel, devenait inutile aux Arrière-Loges : en conséquence, elle va rapidement disparaître dans la boue dont elle a soulevé le flot. Loin de se compromettre en lui prêtant appui dans sa détresse, les scélérats dont elle a servi les plans mystérieux la laisseront mourir misérablement.

Nous dirons en détail le mal que fit à Mme de la Motte la publication de son *Mémoire justificatif*, le premier de ses livres. Mais nos lecteurs le devineront par avance en lisant une très curieuse page de son second et dernier ouvrage, la *Vie de Jeanne de Saint-Rémy de Valois*. Elle y raconte combien elle a souffert d'être obligée d'en arriver à déshonorer la Reine et le Cardinal, pour qui elle avait « tant de respect et de reconnaissance » (!) et combien cette tâche pénible était au-dessus de ses forces :

« J'eus recours, dit-elle, à l'assistance d'un homme de lettres (on a vu plus haut que c'était Serre de Latour), qui me fut recommandé par l'ex-ministre (M. de Calonne) et je le chargeai de mettre en ordre les faits principaux, et de rendre les épanchements de mon cœur.

Trop confiante en sa fidélité et en ses talents, je ne crus pas devoir m'arrêter sur les premières parties de l'ouvrage, et je portai toute mon attention sur l'exposé des faits relatifs au Collier... Satisfaite de son exactitude à rendre mes idées sur cette partie importante, je songeai peu au reste, et ne remarquai nullement sa description de ma seconde entrevue avec la Reine, où, je suppose, par un désir mal entendu de donner plus d'énergie à mes discours, il m'a exposée à des soupçons que mon âme a en horreur.

L'ouvrage fut publié, et la malignité surveillante de mes ennemis se réjouit, sans doute, de trouver dans ma défense un côté qui prêtait, selon eux, à de nouvelles attaques. Lorsque je le lus, je ne pus résister à un sentiment de surprise et d'indignation ; j'appelai l'écrivain et l'accablai de reproches mêlés de larmes. Il me répondit qu'il était impossible de trouver aucun sens criminel aux mots dont il s'était servi ; mais l'explication qu'il en fit ne put ni tranquilliser mon chagrin, ni réparer l'atteinte portée à ma réputation. Plusieurs personnes d'une probité reconnue furent témoins lorsque je protestai formellement n'avoir en aucune manière autorisé un pareil langage, et que je recommandai que l'article entier fût rétabli dans toute sa simplicité dans la traduction (sous entendue : anglaise), étant alors trop tard pour rectifier l'original.

... Les subtilités de la chicane ne pourront plus se prévaloir de la perversion du sens de quelques expressions indiscrètes, équivoques, peu réfléchies et même désavouées... » (*Vie de Jeanne...* 2e édit. à Paris, l'an 1er de la Rép. franç., t. 1, pp. 11 à 13.)

Nous parlerons plus loin, aussi discrètement que possible, de cette prétendue « seconde entrevue avec la Reine », dont l'odieux récit mensonger fut subrepticement glissé dans le premier *Mémoire justificatif* par Serre de Latour. Mais il nous faut d'ores et déjà faire observer que ce dernier agit là, manifestement, sous l'impulsion de « personnalités soigneusement couvertes », ainsi que l'avait fait Mme de la Motte, au dire exprès de sa propre sœur.

Quant à la Vie de Jeanne de Saint-Rémy de Valois, ce nouveau livre, aussi perfide que son aîné, aussi dangereux que lui pour la réputation de la Reine à certains égards, a été écrit à une heure où Mme de la Motte abandonnée de tous est dans une détresse effrayante. Son mari - son complice - l'a laissée toute seule à Londres pour retourner à Paris, où il intrigue joyeusement avec les protagonistes de la Révolution, dont beaucoup ne valent assurément pas plus cher que lui. La misère et le désespoir dévorent cette femme. Son nouveau pamphlet est son unique espoir de gain : soit qu'elle le vende au public, soit qu'elle le vende à la Cour de Versailles avant ou après son impression, il n'a chance de succès que par les perfidies et les horreurs qu'il recèle ; plus elles sont de nature à blesser grièvement l'honneur de la Reine, plus elles assurent une fructueuse affaire à Mme de la Motte.

Eh bien ! dans le crescendo, le rinforzando des calomnies soulevées contre Marie-Antoinette et décuplées par l'apparition du justificatif de Mme de la Motte, son deuxième livre, la Vie de Jeanne de Saint-Rémy est tout seul à faire une exception singulière : au lieu d'une progression dans l'ordure, c'est un recul ! Au lieu de renchérir sur les révélations contenues dans son premier livre au sujet des prétendus vices de Marie-Antoinette, on y voit que Mme de la Motte, au contraire, nie l'authenticité de ses soi-disant aveux ! elle désavoue le metteur en pages de son livre !...

La voleuse du Collier agissait là d'une façon diamétralement contraire aux plans du Pouvoir Occulte réalisés à cette époque dans une avalanche épouvantable de pamphlets immondes contre la Reine, - pamphlets plus immondes encore que le *Mémoire justificatif* de Mme de la Motte, mais tous basés sur les confessions apocryphes que ce Mémoire lui attribuait.

Il suit de là que, selon toute probabilité, Jeanne de Valois la menteuse n'a pas menti quand elle a reproché à Serre de Latour et au vieux Calonne d'avoir en dehors d'elle, « inséré dans son manuscrit des expressions indécentes relativement à la Reine ». (*Vie de Jeanne*, t. II, p. 267.)

D'autre part, l'introduction de ces ordures dans le *Mémoire justificatif* a trop bien servi les desseins des Arrière-Loges pour qu'on ne leur applique pas ici le proverbe : *Is fécit cui prodest :* c'est celui qui profite du crime qui l'a commis.

LES FAUSSES CONFESSIONS DE LA COMTESSE

Les deux colonnes symboliques de la Maçonnerie s'appellent Jakin et Boaz, mais leurs noms devraient être plutôt Mensonge et Faux, tant le faux et le mensonge sont à la base de tout ce qu'elle dit et de tout ce qu'elle fait.

Nous avons montré que Mme de la Motte a été le principal faux-témoin du Pouvoir Occulte contre la Reine, d'abord dans la déposition devant le Parlement, puis dans les deux *Mémoires justificatifs* dont les confessions mensongères et les lettres forgées pour être attribuées à l'infortunée Souveraine ont inondé la France et l'Europe. Mais en lisant la protestation de Jeanne de Valois, on a compris que les Arrières-Loges avaient falsifié, envenimé dans le sens le plus infâme le faux témoignage de la misérable dont elles avaient fait leur instrument.

À l'heure actuelle, grâce au progrès de la pudeur dans les âmes chrétiennes, certaines peintures répugnent trop aux honnêtes gens pour qu'il soit possible de reproduire ici les expressions perfides dont Serre de Latour, le collaborateur de Mme de la Motte, s'était servi pour décrire la seconde entrevue imaginaire de son *authoress* avec la Reine. Nous nous bornerons donc, pour renseigner nos lecteurs, à les renvoyer au premier chapitre de l'Épître de Saint Paul aux Romains. Le grand Apôtre n'y a pas employé de périphrases... Mais si Mme de la Motte a pleuré sur la tache imprimée à « sa réputation » par l'abusive insertion « d'expressions indécentes relativement à la Reine »[33] faite à son insu dans le manuscrit de ses *Mémoires justificatifs*, il n'en est pas moins avéré que c'est là - dans le venin mortel de ces aveux apocryphes - que dès lors tous les pamphlétaires à la solde des Loges ont trempé leurs flèches avant d'en cribler Marie-Antoinette.

C'est dans cette noire perfidie d'une confession mensongère et suprêmement abominable, ajoutée aux abominables mensonges d'une faussaire et d'une voleuse que, mieux que partout ailleurs peut-être, la Haute-Maçonnerie a montré qu'elle savait à fond son métier d'empoisonneuse d'âmes et de meurtrière masquée. Par divers témoignages, en effet, nous établirons que les calomnieuses accusations d'immoralité portées contre la Reine sont au premier rang de celles qui ont tué toute pitié pour elle dans le cœur de ses geôliers du Temple et de la Conciergerie. Ce sont elles encore qui ont excité la fureur vertueuse des monstrueux assassins de la Princesse de Lamballe, la pure et malheureuse amie de Marie-Antoinette.

Ah ! le Pouvoir Occulte voit de loin ! Il souille et il tue à longue distance !

Les prétendues confessions de Mme de la Motte au sujet de ses relations avec la Reine, voilà la base des calomnies ordurières qui ont accablé Marie-Antoinette jusqu'à sa mort !

« Les infamies et les crimes de la Reine », voilà l'odieux leitmotiv de la musique infernale sifflée sur tous les tons par

---

[33] Voir *Vie de Jeanne de Saint-Rémy de Valois*, t. II, p. 267. - Si bas que tombe une créature humaine, il y a toujours une limite à sa chute dans l'infamie, et son abjection reste toujours une pureté d'hermine en regard de l'abjection inexprimable des Sociétés Secrètes vouées par essence au Mal. Nous croyons donc à la sincérité de l'horreur qu'exprime Jeanne de Valois pour l'infâme récit mis dans sa bouche par Serre de Latour.

les reptiles maçonniques aussitôt après l'apparition des *Mémoires justificatifs*, en 1788.

Nous avons entendu le même ensemble magistral quand, du même coup d'archet, le mystérieux chef d'orchestre dont parlait Liebknecht faisait entonner le même psaume dreyfusard à tous les journaux vendus à Israël, sur tous les points du globe...

ENCORE DES PAMPHLETS CONTRE LA REINE...

Lorsque Beaumarchais dépeignait, avec la vigueur que l'on sait, le crescendo dans la calomnie, le rinforzando dans l'outrage, il prouvait la profonde connaissance qu'il avait de son époque où la puissance des Loges philosophiques fut à son apogée. Mais on n'avait jamais entendu plus effroyable crescendo que celui des pamphlets qui hurlèrent aux oreilles de la Reine les prétendues révélations des *Mémoires justificatifs*, en les amplifiant dans un concert d'injures retentissantes comme des coups de cymbale !

L'an 1er de la République, Mme de la Motte écrivit dans la préface de son deuxième et dernier livre :

« Il convient de prévenir ici le Public qu'il doit se tenir en garde contre les différentes productions que mes ennemis (!) font circuler sous le sceau de ma signature ; et, entre autres, une prétendue continuation de mes Mémoires, ainsi qu'une adresse à l'Assemblée nationale, etc., qui sont toutes autant de pièces fausses et dont l'unique (!) but est de chercher à me faire encourir le mépris et l'indignation du Public. » (*Vie de Jeanne....* 2e édit. À Paris, an 1er, t. I, pp.13, 14.)

La vile créature s'abuse étrangement quand elle attribue (ou feint d'attribuer) à ses propres ennemis l'unique dessein de lui nuire. Ces ennemis-là sont, en réalité, les terribles ennemis cachés de la Reine de France, de la Monarchie et de la Civilisation chrétiennes tout ensemble, ce sont les Francs-maçons ; les pamphlets ignominieux que nous allons analyser ne sont pas autre chose que des « Planches d'Architecture » tracées dans leurs Loges sur un programme déterminé. Il suffit d'y jeter un coup d'œil pour en voir suinter le fiel maçonnique avec la stupide et redondante phraséologie maçonnique dont regorge encore aujourd'hui (après cent vingt ans !) l'éloquence « radicale et radicale-socialiste » des comités électoraux aux mains des Loges.

Les auteurs de ces divers libelles faussement attribués à Mme de la Motte se souciaient fort peu de l'accabler sous une dose supplémentaire de mépris ; leur but véritable n'apparait que trop clairement quand on constate le fait que nous venons de lire : tous les pamphlets dont l'apparition a suivi immédiatement celle des *Mémoires justificatifs* insistent dans les termes les plus cyniques sur la fausse confession de Mme de la Motte insérée en dehors d'elle dans ces Mémoires ; tous la commentent et la développent avec de honteux raffinements dans la recherche du scandale. Nous nous empressons de glisser sur ces choses.

Cependant il est nécessaire d'en dire un mot : c'est que les derniers pamphlets en question sont beaucoup plus ignobles encore que les *Mémoires justificatifs* de Mme de la Motte ! Et pourtant à quel degré d'abjection était déjà tombée cette dernière, avec ses collaborateurs mystérieux, dans les lettres infâmes qui sont attribuées à la Reine et au Cardinal, dans les accusations affreuses qui sont portées contre Marie-Antoinette ! On va en juger.

Voici, dans la collection des faux publiés par Mme de la Motte, la dix-septième lettre. La Reine écrit soi-disant au Cardinal :

« . . . Prends le costume d'un commissionnaire, un paquet à la main, et promène-toi à onze heures et demie sous les piliers de la chapelle (du Château de Versailles) ; j'enverrai la Comtesse, qui te servira de guide et te conduira par un petit escalier dérobé dans un appartement où tu trouveras l'objet de tes désirs. » Mém. justif... À Londres, 1788, appendice, p. 30.)

En lisant cette ordure - si parfaitement stupide, mais d'autant plus capable d'impressionner les cervelles des hallucinés et des sots hypnotisés dans les Loges - qu'on se souvienne du cri perfide poussé le 30 mai 1786 devant le Parlement par Mme de la Motte, à la dernière minute de, sa comparution : « J'ai vu plus de deux cents lettres !... La Reine y tutoyait le Cardinal ! ... »

À propos de la lettre n° 22, Mme de la Motte écrit :

« La Reine en me remettant cette lettre me parut effectivement plus qu'inquiète ; je conçus qu'il s'agissait de papiers d'une conséquence extrême... Je commençai de craindre que le Cardinal ne se fût embarqué dans quelque acte de trahison. Cette idée m'affecta violemment. » (Mém. justif..., p. 74.)

Voici, en outre des calomnies sur les prétendus vices de Marie-Antoinette, l'une des accusations impies qui ont le plus hâté sa marche vers la guillotine : « La Reine trahit la nation ! L'Autrichienne vend la France à son frère ! »

Quand nous en serons arrivés à l'inique procès où Marie-Antoinette fut condamnée à mort par le Tribunal Révolutionnaire, nous ferons justice en bloc des calomnies de toutes sortes ramassées contre elle ; nous prouverons alors que loin d'être partiale en faveur de sa patrie d'origine, elle fut au contraire ardemment attachée à la France, patrie de ses enfants. Bornons-nous pour l'instant à envisager l'une à côté de l'autre l'Affaire du Collier et l'Affaire Dreyfus, ces machinations du Pouvoir Occulte qui semblent deux sœurs jumelles : nous mesurerons ainsi la profondeur de la chute qu'on a fait faire depuis un siècle à la France ; en 1788, on soulevait les colères furieuses de la nation française avec cette idée folle que la Reine (sa Reine !) trahissait, tandis que ces derniers jours il se trouvait tout un clan d'empoisonneurs et d'empoisonnés pour prétendre que la trahison d'un officier n'est même pas une faute vénielle.

Le Sang mêlé à la Fange

Maurice Talmeyr a magistralement démontré que l'un des objectifs du Pouvoir Occulte à l'heure présente est de corrompre jusqu'aux moelles la Nation française. Il en était de même à la veille de la Révolution, et l'un des procédés suivis alors avec une infernale persévérance fut, on le sait, l'incessante diffusion de brochures immondes. Elles visaient un double but : salir les imaginations avec des peintures ordurières et avilir la Reine en lui attribuant tous les vices possibles.

À l'approche immédiate de la Révolution - et cette constatation suffirait toute seule à prouver que l'explosion de 1789 ne fut pas spontanée mais provoquée par les machinations d'un complot - les libelles pornographiques contre la Reine se compliquent d'accusations de plus en plus violentes sur les prétendus crimes de Marie-Antoinette : assassinats, empoisonnements, projets de massacre des citoyens, trahison de la France au profit de l'Autriche.

D'ailleurs, cette littérature de mensonge et de boue se perpétue aujourd'hui dans les manuels d'histoire qui servent au Pouvoir Occulte à empoisonner successivement toutes les générations françaises. C'est que les haines soufflées par l'implacable ennemi de la France qui se cache derrière les niais et les fanatiques du Grand Orient sont des haines incroyablement tenaces. Marie-Antoinette, morte depuis 117 ans, est une de ces mortes qu'il faut qu'on tue, aux yeux des artisans de ces haines, sans doute parce qu'ils ont peur que les traditions représentées par la Reine-Martyre ne ressuscitent un jour. Aussi bien, nos lecteurs ont surement présent à l'esprit le scandale donné, voici quelque temps, par certaine institutrice qu'il n'est pas de mots pour qualifier : elle montrait, on s'en souvient, à ses petites élèves une gravure représentant la mort de Marie-Antoinette sur l'échafaud, avec ce commentaire : Crevaison de la garce...

Au soin pris pour souiller la mémoire de Marie-Antoinette, après 117 ans, on peut y juger du désir qu'on avait de l'abattre, en 1788 !

Comme les temps sont accomplis, comme la course à l'abime va devenir de plus en plus précipitée, pour la France comme pour la Reine, - une fois paru le premier *Mémoire Justificatif* de Mme de la Motte - les meneurs mystérieux commencent à mêler du sang à la fange, afin que la populace commence à voir rouge quand on parle de Marie-Antoinette ! Et les libelles où le Pouvoir Occulte fit résumer et commenter à la fois le premier *Mémoire Justificatif* combinent un leitmotiv tragique avec l'infâme leitmotiv des vices de la Reine ! C'est ainsi qu'à la fin de l'apocryphe *Second Mémoire Justificatif*, on lit ces lignes qui suent la perfidie des Francs-Maçons appliqués à soulever contre Marie-Antoinette des fureurs de bêtes féroces :

« Puisse la crainte opérer dans l'âme d'Antoinette ce que n'a jamais pu l'amour, l'adoration de 24 millions d'individus ;

puisse une Reine absolue se souvenir que ses forfaits seuls ont pu soulever contre toi (Louis XVI) le peuple le plus servile, le plus faible, le plus aimant de la terre et l'exposer elle-même à chercher demi-nue son salut dans les bras d'un époux dont la veille elle avait, dit-on, ordonné l'assassinat... Puisse la malheureuse épouse mériter bientôt les vœux et les bénédictions d'un peuple dont elle a voulu répandre le sang. (*Second Mémoire justif...*, p. 66 et dernière.)

Nous reviendrons sur le cruel incident auquel ce pamphlet fait allusion. Disons simplement ici que l'odieuse invention de l'assassinat de Louis XVI ordonné par Marie-Antoinette est accompagnée là par la double accusation d'avoir fait empoisonner les ministres Maurepas et Vergennes. Nous passons sur les motifs infâmes attribués à ces prétendus meurtres...

Tout le long de ce factum, la Reine est ainsi qualifiée : femme féroce, la féroce Antoinette, qui eût pu être l'idole de 25 millions d'hommes et que 25 millions d'hommes se sont fait une habitude de mépriser et d'abhorrer, en la plaçant entre Médicis et Frédégonde. (Second *Mém. justif.*, p. 3.)

Plus loin, les scélérats qui se dissimulaient sous la signature usurpée de Mme de la Motte reprochent à la pauvre Reine sa prétendue soif de sang et d'or, son insatiable besoin de nuire, de conspirer contre tout ce qui est bien et utile. Bref, ce sont leurs propres tares que les hommes des Arrière-Loges accusent Marie-Antoinette de porter !

En même temps que le *Second Mémoire*, ON - cet ON mystérieux acharné à la perte de la Reine - ON publiait une autre brochure : La Reine dévoilée ou Supplément au Mémoire de Mme la Comtesse de Valois... C'est une série de lettres attribuées à diverses personnes de la Cour. Ces faux stupéfient par leur sottise et leur grossièreté qui témoignent du profond mépris dans lequel le Pouvoir Occulte tenait ses dupes... « Que ne leur ferais-je pas croire ! » s'écriait Weishaupt. Que d'absurdités les Arrière-Loges n'ont-elles pas fait croire aux Français avant de les jeter dans le gouffre de la Révolution ! Voici un échantillon de ces insanités meurtrières :

« Le cœur de la Reine m'est parfaitement connu (fait-on écrire par son secrétaire, l'abbé de Vermont, à l'Archevêque de Toulouse. Je sais tous ses penchants... C'est un composé singulier de ce qui immortalisa Médicis et Messaline. » (*La Reine dévoilée...*, p. 11.)

Ici la Frédégonde du précédent pamphlet est remplacée par Messaline. Plus tard, ce sera Agrippine ! ...

Je passe sur les allusions obligées aux vices de la Reine et de ses amies (on en a soigneusement saupoudré ce pamphlet) ; et j'arrive à la Lettre de la comtesse Valois de la Motte à la Reine de France, aussi mensongèrement attribuée à Jeanne de Valois que le Second Mémoire. Mme de la Motte reproche soi-disant à Marie-Antoinette - avec plus de violence insultante que jamais - de lui avoir « enseigné » ses vices !... On fait dire par cette voleuse à la malheureuse Reine (qui ne l'a jamais vue) :

« Femme audacieuse et barbare... femme odieuse et décevante... comment rougirais-tu, toi qui depuis si longtemps familiarisée avec le crime et la honte, commet l'un, s'expose à l'autre avec le sang-froid de la barbarie la plus réfléchie... Mes premiers Mémoires et les deux parties des *Essais historiques* sur ta vie suffisent pour convaincre la multitude de ce dont elle avait déjà de si violents soupçons, tes exactions, tes déprédations sans bornes, tes dissipations outrées, tes courses nocturnes et clandestines ; quelques indiscrétions de tes Mercures avaient déjà appris à la France que Marie-Antoinette devenait un monstre de luxure et d'impudicité et qu'elle ajoutait à ce titre celui de vrai fléau du peuple... »

Suit un inconcevable « Morceau d'Architecture » où le faussaire maçonnique attribue à Mme de la Motte une horrifique peinture de la Bastille (elle la connaît bien, n'est-ce pas, puisqu'elle y a gémi de longs mois !) et une diatribe enragée sur les cruautés de la Reine envers les malheureux jetés sur son ordre dans « ce tombeau redoutable à l'humanité ».

« Et lorsque, semblable au Grand Seigneur (crie la pseudo-comtesse à Marie-Antoinette), tu leur envoyais par le ministère de Le Noir, ton bourreau à gages, le cordon funeste, le lacet meurtrier, ils acceptaient la mort que tu leur faisais donner comme un terme aux tourments affreux que tu leur faisais souffrir... » (*Lettre de la Comtesse...* p. 7.)

Les résultats de ces impostures abominables - résultats longtemps et cruellement escomptés - on les connaît : la charitable, la délicieuse créature que le peuple de France avait idolâtrée fut en proie, dans la prison du Temple et dans les cachots de la Conciergerie, aux tortures à la fois les plus grossières et les plus raffinées, de la part de brutes infâmes dont la cruauté a déshonoré l'espèce humaine.

Mais si ces bêtes à faces d'hommes méritent d'être à jamais en exécration à quiconque porte dans sa poitrine un cœur français, de quel airain doivent être faites nos haines contre le Pouvoir Occulte et ses monstres dont les patientes machinations tuèrent par avance toute pitié dans l'âme obscure des bourreaux de Marie-Antoinette !

VII

HAINES EXCITÉES CONTRE LA BASTILLE

Si, à la veille de la Révolution, Marie-Antoinette, fille des Césars catholiques et femme du Roi Très-Chrétien, symbolisait la France en tant que fille ainée de l'Église, la Bastille, elle aussi, était aux yeux des sectaires le symbole du Pouvoir royal que depuis longtemps les ennemis de la Civilisation chrétienne s'efforçaient de rendre odieux, en le faisant passer pour «tyrannique ».

« En parlant des Souverains (écrit à Rome l'auteur de la *Vie de J. Balsamo* rédigée en 1790 sur les pièces de son procès), en parlant des Souverains Cagliostro s'accommodait au génie de ses auditeurs, insinuant quelquefois la subordination, plus souvent l'indépendance et ayant coutume d'appeler les Souverains des Tyrans. » (Trad. française, 1791, p. 170.)

Dans la citation discrète que nous avons faite du *Second Mémoire Justificatif*, une chose a certainement frappé nos lecteurs, c'est que deux idées meurtrières sont couplées dans ce libelle, comme étaient couplés les boulets ramés d'autrefois : le Second Mémoire a pour mission manifeste de semer ensemble dans les foules ces deux mensonges : le mensonge des vices inavouables de Marie-Antoinette et le mensonge des tortures infligées par son ordre aux prisonniers de la Bastille.

Ainsi que l'a noté l'auteur anonyme d'une curieuse Histoire Autentique (sic) de la Révolution, écrite au jour le jour de 1789 à 1792 :[34]

« ... la Reine était déjà fort odieuse ; il fallait la rendre exécrable... » (Hist. autent., t. 1, p. 342.)

Comme les feux convergents de bataillons commandés par un chef unique, c'est toujours au même but - la perdition de la Reine et de la Royauté française, - que visent les efforts des scribes du Pouvoir Occulte, soit qu'ils attribuent à Mme de la Motte l'apocryphe *Second Mémoire Justificatif*, soit qu'ils inspirent les écrits de Cagliostro dont nous avons à parler maintenant.

Si le Grand Cophte, Fondateur de la Maçonnerie Égyptienne, fut jamais un être instrumentaire aux mains de puissances cachées, c'est bien dans la Supplique qu'il adressa (ou qu'ON feignit qu'il avait adressée !) du fond de la Bastille, le 29 mai 1786, - deux jours avant le prononcé de l'arrêt dans le Procès du Collier. À cette date où il est encore entre les mains des juges, et où il ne devrait pas, en saine raison, risquer d'atténuer l'impression follement favorable que les suggestions maçonniques ont imposée en sa faveur au Parlement comme à la foule, - un Mémoire est déposé au greffe en son nom : il ose y accuser le marquis de Launay, Gouverneur de la Bastille, et le commissaire Chesnon de l'avoir volé lors de son arrestation !

Ici le traducteur français du livre romain *La Vie de Joseph Balsamo* va nous éclairer grandement, dans ses notes écrites à la fois pour exécuter l'agent maçonnique brûlé qu'était Cagliostro et pour détourner les esprits des graves dénonciations de la Cour pontificale contre la Maçonnerie. Tout d'abord, il déclare à très juste titre que Cagliostro n'était

---

[34] Il s'agit là de la préparation à la nuit du 5 octobre 1789. (L. D.)

capable d'écrire avec élégance « ni en français ni en aucune langue ». (*Vie de J. Balsamo*, Paris, 1791, note de la page 95.) Cela ouvre la porte à bien des suppositions, quant aux choses qu'ON a pu mettre dans les écrits revêtus fallacieusement de la signature de Cagliostro !

Au sujet du prétendu vol commis par de Launay et Chesnon, le traducteur français écrit :

« il ne pouvait se commettre aucune infidélité relativement aux effets des prisonniers détenus à la Bastille ; quand un prisonnier était amené à ce château, on faisait l'inventaire de tout ce qui lui appartenait, on l'inscrivait sur le registre des entrées et il le signait. Au moment de sa délivrance, on lui restituait le tout, et il en signait le reçu sur le registre des sorties. Ces formalités étaient constamment observées et ne furent négligées ni pour Cagliostro ni pour sa femme.

Cagliostro, en sortant de la Bastille, avait témoigné au marquis de Launay la plus vive reconnaissance des bons traitements qu'il en avait reçus, et l'avait prié de recevoir ses excuses sur la dénonciation qui avait été faite en son nom au Parlement, désavouant cette dénonciation avec toute l'expression de la sincérité. Cependant il ne fut pas plutôt à Londres qu'il intenta une action à ce même homme à qui il avait témoigné tant de reconnaissance. Comme il était hors du royaume, il ne courait aucun risque, quel que fût l'événement, de sa démarche. » (*Vie de J. Balsamo*, p. 66, en note.)

Si l'on se souvient des terreurs qui avaient conduit Cagliostro aux portes du suicide, lors de son entrée à la Bastille ; si on les met en regard de la joie bien naturelle qu'il éprouve en échappant aux périls qu'il redoutait si fort ; si enfin l'on compare Cagliostro désavouant le Mémoire déposé contre M. de Launay, avec Mme de la Motte désavouant le *Second Mémoire Justificatif* qu'on lui attribuait mensongèrement

- on conclura comme nous que Cagliostro, dans cette circonstance, disait vrai, ainsi que Mme de la Motte. Il était sincère et véridique, ce Cagliostro, ce professionnel du mensonge maçonnique, lorsqu'au moment de quitter sa prison, il remerciait le Gouverneur de la Bastille de ses bontés et s'excusait de l'odieuse dénonciation qu'ON avait lancée contre lui en son nom. De même, elle pleure de vraies larmes de honte, l'éhontée Jeanne de Valois, quand elle s'indigne des ordures qu'on a signées de son nom dans son premier Mémoire.

Mais l'exécrable Souveraine qui commande à Mme de la Motte et à Cagliostro, la Maçonnerie, Reine du Mensonge, avait un immense intérêt à ce que la Monarchie française et la Reine qui l'incarnait et la forteresse parisienne qui la symbolisait devinssent toutes ensemble des objets d'horreur et de haine. Comme l'historien anonyme que nous citons tout à l'heure l'écrivait de la Reine, après octobre 1789 : elles étaient déjà fort odieuses ; il fallait les rendre exécrables, toutes ensemble, la Royauté, la Reine et la forteresse royale !

Aussi, voyez ce double résultat :

Malgré les protestations pudiques de Mme de la Motte, les calomnies du *Second Mémoire Justificatif* vont faire leur chemin contre Marie-Antoinette ! Aux yeux de la foule imbécile, ces calomnies ne sont-elles pas authentiquées par la soi-disant confession de la descendante des Valois, « favorite de la Reine » ?

Malgré les effusions de reconnaissance témoignées à M. de Launay par Cagliostro ; malgré son désaveu de la Supplique au Parlement, les mensonges accumulés dans cette Supplique au sujet des prétendues horreurs de la Bastille vont devenir des vérités ! Grâce à la magie de cette signature : Cagliostro, ces mensonges vont faire leur chemin. Ce sont ces mensonges - faussement attribués à Cagliostro par ses Supérieurs inconnus - qui, trois ans plus tard, le 14 juillet 1789, abattront le cadavre sanglant du Gouverneur de la Bastille aux pieds des vainqueurs de la grande Journée maçonnique ...

Et c'est - comme il est logique - dans l'imposture qu'on voit naitre la plus grande mystification moderne la Révolution dite Française.

LE HAUT-MAÇON XIMENÈS

Si la lourde mainmise du Pouvoir Occulte sur son esclave « le Grand Cophte » apparaît constamment dans son histoire à qui sait ouvrir les yeux, elle se laisse voir tout particulièrement dans une visite que reçut Cagliostro quelques jours après sa sortie de la Bastille.

Avant de quitter la France d'où Louis XVI le bannissait, Cagliostro se rendit à Passy. Or, on s'en souvient, c'était à Passy déjà, dans l'Hôtel des Boulainvilliers, que la Loge des Philalèthes martinistes *Les Amis Réunis* et la Maçonnerie de Stricte Observance (pénétrée par les Illuminés de Weishaupt) avaient machiné l'Affaire du Collier (voir plus haut). C'était de Passy que Jeanne de Valois, la petite mendiante ramassée dans la rue par la comtesse de Boulainvilliers, avait pris son vol d'oiseau de proie ! C'est à Passy encore, et sans doute sous l'égide du comte de Boulainvilliers que, parmi beaucoup d'autres visites (écrit l'auteur romain, d'après les pièces du procès de 1790), Cagliostro reçut la visite de Thomas Ximenès et d'un autre grand Maçon. « Ils me firent, dit-il, mille questions sur les affaires de la France, sur les mauvais traitements que j'avais essuyés à Paris. Ils ajoutèrent qu'en qualité de Premiers Maçons de l'Étroite Observance, ils se donnaient beaucoup de mouvements pour venger les Templiers, qu'ils dirigeaient principalement leurs vues contre la France et l'Italie et en particulier contre Rome. » Il tint une Loge de son Rite dans le même village... Treize jours après, il dirigea sa route vers Boulogne (pour de là passer en Angleterre). (Vie de J. Balsamo, 1791, p. 149.)

Or, voici ce que Cagliostro dit de ce Ximenès, en 1790, dans ses aveux aux juges de Rome (des juges autrement clairvoyants que les juges maçonnisés du Parlement de Paris) : leur décrivant ses visites à Saint-Pétersbourg « dans les Loges de la Haute Observance qui, de même que celles de la Stricte Observance, y sont très multipliées », il ajoute que les sectaires de cette Observance (la Stricte) dirigeaient principalement leurs coups contre la France et contre Rome, et qu'ils étaient conduits dans ce dessein par un Espagnol qui se faisait appeler Thomas Ximenès. Il parcourait continuellement l'Europe et, pour parvenir au but de ses projets, il répandait beaucoup d'argent qui lui était fourni par les contributions des Loges. Cagliostro dit l'avoir rencontré dans différentes villes, mais toujours sous des noms et des habits différents. (*Vie de J. Balsamo*, Paris, 1791, pp. 125,126.)

Disons-le en passant : oublieuse des dangers que certains sectaires judaïsants avaient fait courir à la Russie, au XVe siècle, l'Impératrice Catherine II favorisa longtemps la propagande de la Judéo-Maçonnerie. Mais quand la Révolution française déroula ses horreurs, Catherine vit de suite que la main criminelle des Maçons était là, et elle fit immédiatement fermer les Loges dans tout son Empire. C'est à ce geste de la grande Tzarine que les Russes d'à présent doivent leur actuelle victoire contre la Révolution, fille de la Maçonnerie, parce qu'au sein d'un peuple indemne du cancer Maçonnique, c'est dans l'impuissance que s'agitent les vibrions de désorganisation sociale comme les Ximenès et les Cagliostro - agents de tous les *Bund* juifs d'hier et d'aujourd'hui.

L'Anti-Maçon Linguet et la Bastille

Il est un homme qui a joué, dans l'orage des fureurs populaires contre la Bastille, le rôle de ces sorciers que les Romains nommaient *tempestatorii*, « évocateurs de tempêtes ». Il s'appelait Linguet. Son histoire va montrer quelle puissance les idées maçonniques possédaient déjà, quinze années avant la Révolution, puisqu'elles ont pu chasser de France ce grand journaliste, à cause de son Anti-Maçonnisme et malgré la protection de la Reine qui, dans sa clairvoyance, appréciait en lui un précieux champion des traditions monarchiques.

Avocat mordant, Linguet, par son impétuosité, eut vite fait d'exaspérer contre lui ses collègues du Parlement où les Francs-Maçons commençaient à pulluler. Un aussi rude jouteur était bien gênant, avec ses violentes attaques poussées en toute indépendance : on le fit rayer du barreau. Ce fut là une des premières excommunications maçonniques en France.

La notoriété de Linguet l'appelait à l'Académie Française : mais le F*** d'Alembert - le tout-puissant faiseur d'Académiciens comme Warwick avait été « le faiseur de Rois » - l'éconduisit sous prétexte que « M. Linguet s'était fait une infinité d'ennemis et qu'il avait même au sein de l'Académie Française un parti furieux contre lui. » (Cité par E. Hatin, *Hist. de la Presse en France*, Paris, 1859, t. III, p. 332.)

Linguet se vengea en écrivant au F*** d'Alembert une lettre où nos lecteurs verront combien était clairvoyant ce précurseur des Antimaçons modernes ! Dès 1774, il discerne en effet le mensonge de la tolérance maçonnique, le fanatisme de la secte maçonnique, l'absurdité de ses vieux systèmes mal « reblanchis » qui rééditaient, dans la maçonnique Encyclopédie, toutes les erreurs (grosses de cataclysmes sanglants !) que tant d'hérétiques aussi antisociaux qu'antichrétiens avaient accumulées durant dix-huit siècles.

Aujourd'hui, la conquête de l'Académie Française par les Judéo-Maçons est un fait accompli, on le sait de reste. Aussi lira-t-on avec intérêt cette lettre où, en 1774, Linguet a flagellé, dans la personne très auguste du F*** d'Alembert, l'hypocrisie et la tyrannie maçonniques qui avaient envahi l'Académie Française avant d'envahir la France entière et d'y dresser les Saintes Guillotines, moins de vingt ans après :

« Si des hommes qui réclament à grands cris la tolérance en faveur de leurs apophtegmes éclatent avec fureur au moment où l'on ose faire mine de les discuter ; s'ils regardent comme un ennemi dangereux, s'ils tâchent de livrer à une excommunication flétrissante l'homme qui vit seul, qui met au jour ce qu'il croit vrai... qui n'a d'autre crime que de ne vouloir entrer pour rien dans leurs conventicules fanatiques, ma foi, Monsieur, tant pis pour eux. Et si c'est moi qui suis l'objet de ces cabales déshonorantes pour leurs auteurs, loin d'en être affligé, j'en ferai gloire ; loin d'abandonner la conduite et les principes qui m'y ont exposé, je m'y attacherai plus que jamais...

Il serait bien étonnant que je n'eusse pas la liberté d'extravaguer à ma mode, lorsque toute la philosophaille du siècle s'abandonne sans danger au délire le plus absurde. Il est vrai que je n'ai pas donné à mes nouveautés le vernis encyclopédique, le passeport de toutes les ferrailles reblanchies avec lesquelles tant de crieurs de vieux chapeaux philosophiques nous étourdissent...

À l'égard de l'Académie, je n'ignore pas que vous et M. Duclos disposez en despotes des places de ce Sénat littéraire ; je sais à merveille que vous êtes les Saint Pierre de ce petit Paradis : vous n'en ouvrez la porte qu'à ceux qui sont marqués du signe de la bête. Je n'en suis ni fâché ni jaloux. J'ignore si l'envie me prendra jamais d'essayer d'y être admis ; mais je sais bien que j'y renonce de bon cœur s'il faut absolument se charger d'un sceau de réprobation ; s'il faut faire autre chose qu'être ferme, droit et naïf, respecter ce qui est respectable, mépriser ce qui est méprisable, dédaigner les sectes et leur fanatisme... (Lettre de Linguet au F*** d'Alembert, citée par E. Hatin, *Hist. de la Presse*, t. III, pp. 332, 333.)

« Dédaigner les sectes et leur fanatisme, refuser de se laisser marquer du signe de la bête » - la bête maçonnique, - c'était bien dangereux pour Linguet, alors que les Parlements et l'Académie étaient déjà si fort maçonnisés ! Il se fit journaliste ; il accepta de Panckouke la rédaction du *Journal de Politique et de Littérature*, connu sous le nom de Journal de Bruxelles, dont le premier numéro parut le 25 octobre 1774. Mais la haine maçonnique le poursuivit dans sa nouvelle carrière comme elle l'avait poursuivi dans sa carrière d'avocat. En moins de deux ans, la situation devint intenable pour lui après ses attaques audacieuses contre « tout ce qu'il y avait de puissant à Paris, ministres, parlements, philosophes, d'Alembert et les siens ». (*Mémoires et Corresp. de Mallet du Pan*, Paris, 1851. t. 1, p. 219.) Or, remarquons-le bien : trop souvent les ministres n'étaient déjà que des pantins aux mains des Loges. Quant aux parlements et aux philosophes, les uns étaient remplis de Maçons, les autres étaient tous Maçons : la « philosophaille », ce n'était pas autre chose que la Maçonnerie qui préludait au régime de la Terreur appuyé sur les sabres, les piques et les échafauds par le despotisme des férules et des écritoires : ceci a préparé cela !

Assurément (dit M. Sayous, l'éditeur des *Mémoires de Mallet du Pan*) il y avait beaucoup à dire sur la société telle qu'elle était alors, sur la conduite et les maximes des hommes en place, et tout particulièrement sur le despotisme croissant des gens de lettres inféodés au parti de l'Encyclopédie. Linguet... avait souvent le tort d'avoir trop raison... (Sayous, *Mémoires de Mallet du Pan*, t. I, p. 30.)

Avoir raison contre la Maçonnerie, quel crime ! On profita d'un orage soulevé contre Linguet, à l'occasion de ses attaques contre La Harpe qui venait d'être reçu à l'Académie, pour le forcer à quitter le Journal de Bruxelles dont il faisait le succès. Outré de ce véritable vol, Linguet écrivit à Louis XVI pour lui demander des juges. Ce fut en vain, malgré la pressante intervention de Marie-Antoinette, qui, alors à l'apogée de son influence, avait pris le parti du journaliste spolié et voulait lui faire rendre son bien.

Ulcéré, Linguet se réfugia à Londres et y fonda les *Annales politiques et littéraires* qu'il dédia « A Sa Majesté le Roi de France ». Il transporta plus tard le siège de son nouveau journal à Bruxelles. C'est de là que, le 15 août 1778, il adresse encore à Louis XVI une épître dédicatoire avec un Avertissement au Public redevenu d'une singulière actualité maintenant que les Arrière-Loges sont en train de noyer la France dans l'ordure de pornographies sans nom :

« Depuis vingt ans, écrit Linguet, les presses de Genève ne cessent d'enfanter les ouvrages les plus révoltants, les plus faits pour alarmer la pudeur et les administrations. La Pucelle, l'Émile, le Système de la Nature, etc., y ont été réimprimés cent fois. Actuellement, on fabrique, on débite ouvertement à Lausanne une nouvelle édition de ce recueil aussi immense qu'incomplet,[35] de cette compilation bigarrée qui serait infiniment dangereuse si elle n'était ridicule, mais dont l'audace d'une secte intrigante et la sotte crédulité du public ont fait la fortune...

... La logique en ce bas monde influe peu sur les événements... Que m'a servi de dire aux Économistes : Vous prêchez la liberté ; ne soyez donc pas despotes. Vous voulez que tout le monde parle ; ne me fermez donc pas la bouche.

---

[35] L'Encyclopédie, œuvre de la Maçonnerie. (L. D.)

Que m'est-il revenu de crier pendant trois ans aux habitants du Palais : Vous vous dites les interprètes des lois, les défenseurs des propriétés ; ne m'enlevez pas mon bien, mon état, mon honneur, sans m'entendre ou du moins sans donner des motifs... »

Ici, remarquons encore une ressemblance frappante qui témoigne que la Judéo-Maçonnerie est toujours le Vol, au XXe siècle comme au XVIIIe. De nos jours, en effet, Drumont est dépouillé de la propriété de son livre exactement comme Linguet fut autrefois expulsé de son journal !... Voici par ailleurs un passage où rayonne la clairvoyance de ce grand Anti-Maçon qui, dès 1778, a compris par quelle arme la Maçonnerie triompherait : le Mensonge indéfiniment répété :

« Quand on les méprise (eux, les Francs-Maçons), on est odieux (disent-ils) à tous les gens de mérite. À force de répéter avec une constance, une impudence infatigables que cela est, ils parviennent en effet souvent à ce que cela soit...

... Les sansonnets ne répètent que les chansons qu'ils ont entendu siffler à leurs instituteurs... » (Linguet, cité par Hatin, t. III, p. 359.)

Citons maintenant la Correspondance Secrète : on ne s'y trompe pas sur le grand rôle que Linguet était capable de jouer. Combien il eût été utile dans la défense de la Monarchie française contre les forces de destruction maniées par la Maçonnerie ! Par malheur, le Roi trompé par certains Ministres (demi-traîtres suggestionnés par les Loges) abandonna Linguet à ses ennemis...

« Le Roi et Monsieur (le futur Louis XVIII), lisent exactement toutes ses feuilles (de Linguet) ... C'est un dogue à longues dents que le ministère a lancé contre la philosophie... » (*Corresp. secrète*, 9 novembre 1779.)

Les Frères*** du Parlement et de la « Philosophaille » revinrent à la charge. Après avoir intenté à Linguet, toujours à Bruxelles, un absurde procès, ils l'attirèrent à Paris par une série de trahisons bien maçonniques et, le 27 septembre 1780, on enfermait à la Bastille l'Anti-Maçon Linguet, le fougueux défenseur du Trône et de l'Autel ! Le 19 mai 1782, Linguet sortit de prison exaspéré, frémissant, et il exhala sa clameur de vengeance dans ses *Mémoires sur la Bastille*, « le premier coup de pioche donné (écrit Hatin) à cette vieille forteresse du despotisme ».

En 1787, Cagliostro et les vils pamphlétaires cachés derrière les jupes de Mme de la Motte ne feront pas autre chose, avec leurs mensonges sur la Bastille, que réveiller les puissants échos des Mémoires de Linguet.

LE F*** CAGLIOSTRO ET LA BASTILLE

C'est de longue date que la Maçonnerie prépare ses coups : que de preuves nous en avons, avec toutes ces lois de vol et de haine votées par les Quinze-Mille, mais d'abord fabriquées dans les Loges ! La prise de la Bastille, (le grand coup maçonnique du 14 juillet 1789) fut de même préparée longtemps d'avance. Ce n'est pas pour rien qu'en juin 1786, Cagliostro avait reçu à Passy, au sortir de la Bastille, la visite du Haut-Maçon Ximenès !...

Le Grand Cophte rendra au Pouvoir Occulte un nouveau service en ameutant les stupides fureurs populaires contre la Bastille que vont transformer en symbole exécré du Pouvoir royal ceux qui machinaient la ruine de cette forteresse en même temps que la ruine de la Royauté.

Le 16 juin 1786, Cagliostro s'embarque à Boulogne pour l'Angleterre et, dès son arrivée à Londres, il publie sa fameuse *Lettre au Peuple Français* datée du 26 juin. La prise de la Bastille, l'abolition des lettres de cachet, la convocation des États-Généraux, la Révolution y sont prédites avec la précision la plus extraordinaire. Les prétendues horreurs de la Bastille y sont peintes avec toute l'astuce et l'hypocrisie maçonniques :

« Toutes les prisons d'État sont-elles comme la Bastille ? On n'a pas idée des horreurs de celle-ci : la cynique impudence, l'odieux mensonge, la fausse pitié, l'ironie amère, la cruauté sans frein, l'injustice et la mort y tiennent leur empire. Un silence barbare est le moindre des crimes qui s'y commettent. J'étais depuis six mois à quinze pieds de ma femme et je l'ignorais. D'autres y sont ensevelis depuis trente ans, réputés morts, malheureux de ne pas l'être, n'ayant, comme les damnés de Milton, de jour dans leur abîme que ce qu'il faut pour apercevoir l'impénétrable puissance des ténèbres qui les enveloppent. Je l'ai dit captif, et je le répète libre : il n'est pas de crime qui ne soit expié par six mois de Bastille. Quelqu'un me demandait si je retournerais en France dans le cas où les défenses qui m'en écartent seraient levées : Assurément, ai-je répondu, pourvu que la Bastille soit devenue une promenade publique !

Vous avez tout ce qu'il faut pour être heureux, vous autres Français : Sol fécond, doux climat, bon cœur, gaieté charmante, du génie et des grâces, propres à tout, sans égaux dans l'art de plaire, sans maîtres dans les autres : il ne vous manque, mes bons amis, qu'un petit point : d'être sûrs de coucher dans vos lits, quand vous êtes irréprochables.

Il est digne de vos parlements de travailler à cette heureuse révolution. Elle n'est difficile que pour les âmes faibles.

Oui, je vous l'annonce. Il règnera sur vous un prince qui mettra sa gloire à l'abolition des lettres de cachet, à la convocation des États-Généraux... (Cagliostro, *Lettre au Peuple Français.*)

Ces lignes, datées de 1786, sont réellement étonnantes, écrit M. Funck-Brentano. On parle quelquefois des prédictions de Voltaire et de Rousseau. « Nous approchons de l'état de crise et du siècle des révolutions », écrivit Rousseau. « Tout ce que je vois jettera les semences d'une révolution qui arrivera immanquablement », écrivit Voltaire. Vagues propos qu'il a fallu tirer d'infinies écritures remplissant des cinquante et soixante volumes... Voltaire et Rousseau étaient des hommes de lettres qui écrivaient admirablement bien et développaient des considérations très intéressantes ; mais quelle intelligence vive, concrète, précise, avec le sentiment immédiat des réalités, il fallut à Cagliostro pour dire aux Français de 1786 : « Sous peu vos États-Généraux seront convoqués, votre Bastille deviendra une promenade publique et vos lettres de cachet seront abolies. » (M. Funck-Brentano, *La Mort...*, 4e édit., pp. 35, 36.)

Quel prophète, ce F*** Cagliostro !

On connaît le mot de M. de Giers, ambassadeur de Russie : « La guerre de 1870 était une guerre d'aveugles contre des voyants ». Si les Français de 1786 étaient aussi aveugles que ceux de 1870, en revanche la Franc-maçonnerie voyait ! Lui aussi, Cagliostro, son agent, voyait ce que ses Maîtres secrets préparaient dans l'ombre et le ton prophétique pris par ce charlatan maçonnique dans sa *Lettre au Peuple François* était bien choisi pour frapper les imaginations dans un siècle qu'avaient affolé les mysticités morbides, les spiritismes détraquants des FF*** théosophes de Swedenborg et du juif Martinès de Paschalis.

La lettre de Cagliostro eut un effrayant succès. On se l'arracha dans les rues de Paris et les calomnies dont elle était pleine empoisonnèrent si bien les Français déjà ivres de mensonges maçonniques que le ministre de Breteuil, spécialement pris à partie par l'agent secret des Arrière-Loges, ne se releva jamais du coup que cette lettre lui avait porté : Breteuil devint pour le peuple un épouvantail et l'annonce de sa rentrée au pouvoir déchaînera plus tard l'émeute qui jettera bas la Monarchie.

Tandis que la démolition de la Bastille était prophétisée dans la Lettre de Cagliostro au Peuple Français, le Pouvoir Occulte mettait en mouvement une autre machine de guerre qui visait, elle aussi, la Bastille et son gouverneur, le marquis de Launay. À ce propos, nous avons cité la curieuse note où le traducteur français de la relation du procès intenté à Rome par les juges pontificaux rapporte que Cagliostro avait témoigné au même de Launay sa vive reconnaissance « des bons traitements qu'il avait reçus », et l'avait prié de recevoir ses excuses sur la dénonciation qui avait été faite (contre lui) en son nom au Parlement. (*Vie de J. Balsamo*, p. 66, en note.)

Instrument docile aux mains des Arrière-Loges, Cagliostro ne fut pas plutôt à Londres qu'il donna une suite judiciaire à cette dénonciation si formellement désavouée par lui. Dès le 21 juin 1786, il se fit représenter à Paris par des hommes de loi et lança contre M. de Launay et le commissaire Chesnon une assignation devant le tribunal du Châtelet. Il réclamait 200.000 livres, tant pour l'indemniser des vols dont il se disait victime de la part de ces deux agents du Roi, que pour le dédommager du tort que lui avait causé son incarcération : les ordres de ses Maîtres secrets avaient eu raison de sa reconnaissance envers le Gouverneur de la Bastille !

Appuyée sur des Mémoires qui eurent le même retentissement formidable que les autres factums publiés au nom de Cagliostro ; (lequel était incapable d'écrire deux lignes en français !) cette requête sema contre la Bastille, contre son gouverneur (qui sera massacré le 14 juillet 1789) et contre le prétendu arbitraire royal, des haines forcenées, sauvages.

Tout était mensonge criant, imposture grossière dans ces Mémoires : qu'importait ! Imprimé à des milliers d'exemplaires et dévoré avec avidité par la foule, le Mensonge devenait réalité, la fureur populaire s'amoncelait en nuées d'orage sur la tête du marquis de Launay, la future victime, sur la Bastille et sur la Monarchie dont elle symbolisait chaque jour davantage « l'arbitraire » et « la tyrannie ».

Un an après, le 15 mai 1787, trois jeunes Lorrains, dont l'un, François Cognel a écrit un intéressant tableau de la vie parisienne sous Louis XVI, arrivaient à Paris où ils venaient faire un voyage d'agrément.[36] Une des premières visites de ces jeunes gens, dont deux au moins étaient Francs-maçons, fut pour la Bastille, et voici en quels termes frémissants - avec des paroles qui semblent l'écho même des prosopopées maçonniques de Cagliostro - François Cognel dépeint « ce lieu destiné à dérober arbitrairement les citoyens à la société » :

« Nous avons été de là à la Bastille ; ce monument élevé et entretenu par le despotisme où vient expirer la liberté des citoyens, inspire la terreur par son seul aspect ; ses murailles sombres, la tristesse mystérieuse de ses tours, l'isolement où le laisse le large fossé qui l'environne le rendent effrayant et on ne peut que gémir à la pensée qu'au milieu de la capitale de la France se trouve un lieu destiné à dérober arbitrairement les citoyens à la société. » (*La Vie parisienne sous Louis XVI*, p. 19.)

Peu après, nos voyageurs visitèrent Versailles et Trianon. Là, par deux fois ils virent la Reine dont l'aspect leur causa une grande impression :

---

[36] Voir plus haut, p. 158.

« La Reine (écrit Cognel) semble plus belle qu'aucune dame de la Cour, en raison de la noblesse de sa figure et de la noblesse de sa démarche... » (*La Vie...* p. 59.)

Hélas ! les mensonges maçonniques sur les dilapidations de la Reine, sur les vices de la Reine, avaient gangrené les cœurs. Presqu'à la même date où Cognel contemplait Marie-Antoinette avec admiration, elle était accueillie à l'Opéra par ce cri cent fois répété : Voilà le Déficit ! (Juin 1787, *Mémoires... Mallet*, t. 1, p. 142), et on affichait partout ces vers :

Louis XVI interdit, Antoinette au couvent,
D'Artois à Saint-Lazare et Provence régent.

Le Parlement est fou, je pense,
Car il y perdra son latin

De vouloir régler la dépense
D'un ivrogne et d'une...

VIII

LA FIN DE CAGLIOSTRO

Qu'un Cagliostro ait pu, durant des années, apparaître comme un demi-dieu aux yeux de l'Europe hypnotisée, avant de s'écrouler tout d'un coup dans la boue dont on l'avait sorti, c'est bien la marque du Pouvoir Occulte qui avait fait de lui son instrument.

Tant que le Pouvoir Occulte a besoin de lui pour ses besognes criminelles, aucune attaque - si habile et si justifiée qu'elle soit - ne peut désarçonner Cagliostro. En revanche, dès que ce flibustier issu de Juifs siciliens a rendu les services qu'on attendait de lui, le Pouvoir Occulte retire sa main protectrice et le demi-dieu s'effondre.

Le voici retiré à Londres : de là, il publie aussitôt sa *Lettre au Peuple Français* (26 juin 1786) et intente au gouverneur de la Bastille le procès que nous avons dit. Les aveux qu'il fit, quatre ans plus tard, aux juges pontificaux, le font voir à nu dans son rôle d'agitateur révolutionnaire. En effet, l'auteur romain de la *Vie de Joseph Balsamo...* extraite de la procédure instruite contre lui à Rome en 1790 nous montre Cagliostro « échauffant la tête » de ses disciples venus de Paris à Londres et les exhortant « à faire secouer à la France le joug de l'autorité royale ». Il leur disait que : « de même que les disciples des Templiers avaient vengé la mort de leur grand-maître, il leur appartenait de prendre vengeance des injustices qu'il avait reçues en France... » (*Vie de J. Balsamo*, Paris, 1791, p. 67.)

Mais si le Pouvoir Occulte était maître de son agent Cagliostro quand, sur des ordres exprès, ce dernier faisait rédiger par tel ou tel disciple bien choisi un factum déterminé, il n'en était plus de même quand le bateleur juif accumulait dans ses conversations les bourdes les plus fantastiques. Dieu sait que le Grand Cophte ne s'était point privé de conter à ses adeptes, durant le temps de ses splendeurs, les choses les plus folles ! Mais il était alors efficacement protégé : on attendait de lui de si belle besogne !... En 1786, à Londres, il a fini d'injecter ses poisons dans les veines de la France ; sa *Lettre au Peuple Français* va être son chant du cygne : c'est l'heure pour lui de disparaître.

Aussi bien, Cagliostro venait d'exagérer la dose d'absurdité tolérable même pour les cerveaux les plus accoutumés à l'extravagance.

L'outrance juive - que Cagliostro avait dans le sang - lui joua un mauvais tour : il força trop la note ; cela le perdit.

LE « PORC À L'ARSENIC »

Parmi toutes les sottises médico-chimiques que Cagliostro débita, la moins forte n'était pas celle du porc (raconte l'auteur romain du Procès de Rome). Il avoua lui-même, dans sa Lettre au Peuple Anglais qui fut publiée à peu près dans le même temps, qu'il avait dit dans une société que les habitants de Médine se délivraient des lions, des tigres et des léopards en engraissant des porcs à force d'arsenic. (*Vie de J. Balsamo*, 1791, p. 69.)

Il convient de donner ici la parole à Morande, le rédacteur du Courrier de l'Europe (journal français de

Londres), qui jeta bas l'idole dressée par la crédulité des fidèles de la Franc-maçonnerie Égyptienne :

« L'Arsenic a passé jusqu'à nos jours pour poison ; mais le sieur de Cagliostro est parvenu à en faire une nourriture succulente, ayant accoutumé un cochon à en prendre par degrés, dans ses aliments, une quantité plus considérable d'un jour à l'autre... » (*Les Principaux Événements de la Vie Merveilleuse du fameux Comte de Cagliostro*, Londres, 1786, p. 13.)

C'était en Arabie, à Médine - à l'époque de ses fabuleux voyages dont le Parlement de Paris, lors de l'Affaire du Collier, avait écouté les péripéties avec une joie scandaleuse - que le pseudo-comte avait situé cette aventure du « cochon à l'arsenic ».

« Voulant convaincre les incrédules de Médine de son habileté (continue Morande), quand le comte eût bien arsénisé la victime, il la fit égorger et ordonna qu'on en dispersât les membres dans les forêts voisines. Le lendemain elles furent trouvées jonchées de cadavres de lions, de tigres et de léopards et de tous les animaux féroces dont les forêts de Médine sont remplies... (*Les Princ. Évén.*, 1786, p. 14.)

Telle était la grotesque ineptie que Cagliostro avait eu la malencontreuse idée de raconter à ses ouailles de Londres pour les édifier sur sa puissance de thaumaturge. On peut juger du parti que le polémiste à l'emporte-pièce qu'était Morande a tiré de cette folie ! Il a déchiqueté son adversaire à coups de plume. Dès lors, c'en était fait du « Divin » Cagliostro. Vainement, il adresse à Morande un défi plus fou encore que son histoire du porc à l'arsenic, pour tâcher de mettre les rieurs de son côté :

Le 3 septembre 1786 (lisons-nous dans la relation de son procès à Rome), il fit imprimer un cartel dans lequel il invitait Morande à manger avec lui, le 9 novembre, un cochon de lait engraissé à la manière de Médine, et il pariait 5.000 guinées que Morande mourrait et que lui, Cagliostro, resterait en santé... (*Vie de J. Balsamo*, 1791, p. 69.)

Morande lui riposte - et avec de la bonne encre :

« Ne voulant ni ne devant m'avilir au point de m'assimiler à un Cagliostro (lui écrit Morande), il faudra que vous choisissiez pour commensal tel animal carnivore que vous désirerez ; je parierai pour lui. Vous déjeunerez avec le camarade que vous aurez choisi, *coram populo*... » (*Les Princ. Évén.*, 1786, p. 31.)

Cagliostro, dans un autre cartel imprimé, insulta bassement Morande et fit reparaître ces deux cartels dans sa Lettre au Peuple (anglais). Alors Morande perdit patience et fit voir Cagliostro au public sous sa véritable forme. (*Vie de J. Balsamo*, 1791, p. 69.)

MORANDE CONTRE CAGLIOSTRO

La nouvelle brochure de Morande avait pour titre : Suite de ma correspondance avec M. le comte de Cagliostro, contenant des Anecdotes sur son voyage à Paris en 1772 et 1773, dans lequel il est prouvé que M. le comte de Cagliostro et le sieur Balsamo, peintre, sont une seule et même personne.

Tout ce que la police parisienne avait depuis longtemps découvert à la charge du sieur Cagliostro, ex-Balsamo, fut mis au jour par Morande avec une verve endiablée : les escroqueries les plus extraordinaires, les tours d'aigrefin les plus pendables, sans compter les preuves que le futur Grand Maître de la Maçonnerie Égyptienne était le plus infâme des maris... Mais rien de cela n'avait été rendu public, tant que le Pouvoir Occulte avait eu intérêt à ce que la réputation de « Monsieur le Comte de Cagliostro » ne fût pas entamée, tant que cet agent des Arrière-Loges avait été en posture de porter à la Monarchie française des coups dangereux ! L'action maçonnique est là, visible. La Royauté française était livrée, trahie par une nuée d'agents - conscients ou non - de la Maçonnerie.

Quand on lit les pages écrasantes où Morande étale, en 1786, les vilenies de Cagliostro d'après les enquêtes de la police de Paris, on est stupéfait que ces enquêtes n'aient pas servi, quelques mois auparavant, à écraser dans l'œuf les intrigues abominables où Cagliostro, « l'oracle » du Grand Aumônier de la Couronne, surveillait pour le compte du Pouvoir Occulte la correspondance que le cardinal de Rohan croyait avoir avec Marie-Antoinette ! Et cette correspondance apocryphe, ne l'oublions pas, servira de base première aux accusations d'immoralité portées contre la malheureuse Reine par les ennemis cachés de la Civilisation chrétienne et de la Monarchie française qui cherchaient à frapper à mort Marie-Antoinette parce qu'ils connaissaient, a dit Mirabeau, « son caractère, sa justesse d'esprit et sa fermeté » ; « c'était donc elle (a encore dit Mirabeau dans une page extraordinaire que nous citerons en entier)[37] qui serait le premier objet de l'attaque (des conspirateurs), comme la première et la plus forte barrière du trône et comme la sentinelle qui veille de plus près à la sûreté du monarque ».

Mais lorsque Mirabeau adressera à la Cour les notes d'où nous extrayons ces lignes où se peint toute l'admiration qu'il éprouvait pour l'infortunée Souveraine, - lorsqu'il tâchera d'endiguer le torrent qu'il avait, hélas ! tant contribué à faire déborder, - il sera trop tard... Depuis longtemps la Reine est engagée dans la voie douloureuse qui la conduit à la guillotine : rien n'est plus capable d'arrêter sa marche...

---

[37] Dans un volume qui fera suite à celui-ci. (L. D)

Dans sa *Lettre au Peuple Anglais* – qui est le factum où Cagliostro ramassa toute sa correspondance avec Morande et chercha vainement à parer les coups de ce rude jouteur - le Grand Cophte est forcé de se tenir sur la défensive : déplorable attitude pour un individu de son espèce qui ne se soutient qu'à force d'audace dans le mensonge et retombe écrasé par ses mensonges dès lors qu'ils apparaissent au grand jour ! Il jette contre Morande toutes les accusations injurieuses qu'il peut trouver, mais aucune ne porte : que peut faire au public que Morande soit ou non un triste sire, du moment que ce dernier démontre victorieusement que lui, Cagliostro, est le plus louche des aventuriers ?

Et puis Cagliostro, ou plutôt (puisque Cagliostro était incapable d'écrire en français) le scribe du Pouvoir Occulte qui rédigea pour lui cette lettre, se croit obligé de parler longuement de la Maçonnerie mais c'est avec une telle faiblesse d'argumentation qu'on sent bien que le Grand Maître de la Maçonnerie Égyptienne et ses Maîtres secrets considèrent la partie comme perdue : Cagliostro n'est plus qu'un agent brûlé qui se défend avec mollesse, ou plutôt qu'on défend par ordre et pour la forme, pour sauver la face. Nos lecteurs vont en juger. À juste titre, Morande avait raillé Cagliostro sur ses visites dans les temples d'Égypte et jusque dans l'intérieur des Pyramides, - cruelle façon de battre en brèche le prestige du Grand Cophte, fondateur des Loges Égyptiennes ! Voici la très plate riposte du « Divin » Cagliostro :

« Le sieur Morande se constitue juge de mes connaissances en Maçonnerie, il soutient que je n'ai de ma vie approché des Pyramides d'Égypte, et que les Maçons qui ont embrassé le Rite Égyptien sont tous des imbéciles et des dupes, des faux frères qui doivent être exclus des Loges du Rite ordinaire. »

La preuve qu'il donne lui paraît sans réplique.

« J'ai reçu, en 1777 à Londres, dans la Loge de l'Espérance, les quatre grades d'Apprenti, Compagnon, Maître et Maître Écossais. Cette Loge, si l'on en croit le sieur Morande, est composée de Valets de Chambre, de Perruquiers, d'Artisans, en un mot de Frères Servants, et telle est l'illustre compagnie où j'ai vu la lumière pour la première fois. »

Réponse. « Le Sieur Morande est très certainement indigne d'être Maçon. Mais enfin il est Maçon ou il ne l'est pas. S'il ne l'est pas, il n'a pas dû parler de ce qu'il ignorait ; s'il l'est, il n'a pas dû parler de ce qu'il connaissait. Dans tous les cas, sa manière de s'énoncer sur le compte d'une Société respectable doit lui fermer l'entrée non seulement de toutes les Loges de Maçonnerie, mais encore de tous les Clubs et de toutes les assemblées où l'honnêteté est comptée pour quelque chose.

Je connaissais depuis longtemps le zèle des Anglais pour la Maçonnerie ; mon premier soin, en arrivant dans leur île, fut de visiter leurs Loges. Je m'informai du nom de celles d'entr'elles où l'on parlait Français. On m'indiqua la Loge de l'Espérance comme une des plus régulières. - Ce renseignement devait suffire à un véritable Maçon, et il ne me vint pas dans l'idée de m'informer des qualités civiles de chacun de ses membres.

Pour pouvoir m'instruire de la méthode Anglaise, je voulus me faire présenter comme Récipiendaire. J'avoue que je fus complètement satisfait ; que j'ai trouvé dans la Loge de l'Espérance d'excellents Maçons et que, quel que soit le rang que tiennent dans la Société les braves gens dont elle est composée, je m'honorerai toujours du titre de leur Frère.

À l'égard du Rite Égyptien et des Maçons qui l'ont embrassé, le sieur Morande peut librement se donner carrière.

La Science et les Élèves sont trop au-dessus de lui et de ses pareils pour en redouter les atteintes.

Depuis mon retour à Londres, j'ai été invité à visiter la plus ancienne des Loges fondées en Angleterre. J'y ai été reçu avec les égards les plus marqués et la distinction la plus flatteuse... » (*Lettre au Peuple Anglois*, pp. 69, 70.)

La massive Planche d'Architecture qu'est cette *Lettre au Peuple Anglois* se termine de la façon la plus piteuse : Cagliostro écrit (ou on lui fait écrire) qu'il ne poursuivra pas Morande en justice, pour ne pas ruiner la pauvre famille de son adversaire ! Tant de magnanimité chez cet aigrefin maçonnique, n'est-ce pas merveilleux ?...

« Morande peut en liberté continuer à m'injurier. Je ne le citerai point au Tribunal des Lois. Le malheureux a une femme, il est père de dix enfants ; sa ruine inévitable, si je l'attaquais (! ! !), entraînerait celle de sa nombreuse famille. Je remets ma vengeance entre les mains de celui qui ne punit pas sur les enfants le crime de leur père. Elle sera peut-être plus lente, mais elle ne sera pas moins certaine. Ma confiance dans cet Être Suprême n'a jamais été trompée. J'ai toujours vu sa justice se manifester tôt ou tard et les méchants finir misérablement. Si le sieur Morande pouvait douter un seul instant de cette vérité terrible pour eux, mais consolante pour les gens de bien, qu'il réfléchisse sur le sort de ceux dont il a défendu la cause et surpassé les horreurs... » (*Lettre au Peuple Anglois*, p. 74.)

Voici que dans les dernières lignes du scribe du Pouvoir Occulte apparaît tout à coup la Franc-maçonnerie sanglante, la Maffia d'empoisonneurs et d'assassins qui a tant tué depuis deux siècles et contre qui Léon XIII, dans son Encyclique *Humanus genus*, a porté ces terribles accusations :

« Enchaîner à soi des hommes réduits à l'état d'esclaves ; employer à toutes sortes d'attentats ces instruments passifs d'une volonté étrangère ; armer, pour le meurtre, des mains à l'aide desquelles on s'assure l'impunité du crime ! ... » Nous remettant en mémoire le mot récent : « La Fatalité est dreyfusarde » (ou juive, ou maçonnique, comme on voudra), le scribe du Pouvoir Occulte qui tient la plume pour Cagliostro cite dix personnes qui avaient eu maille à partir avec lui, dans les procès qu'il avait soutenus lors de son premier séjour à Londres, et il fait suivre la courte mention qu'il consacre à chacun de ces ennemis, de ces trois mots : Il est mort, ou : Elle est morte. Pour quatre autres, parmi ces anciens ennemis de Cagliostro, « leur existence est devenue telle que la mort serait un bienfait pour eux ». L'un est en prison, deux d'entre eux ont subi le supplice du pilori pour crime de parjure. (*Lettre au Peuple Anglois*, p. 76.)

C'est fini : en menaçant ainsi Morande des vengeances des Arrière-Loges, le serpent maçonnique vient de cracher son dernier venin : le « Divin » Cagliostro n'est plus qu'une loque humaine qui va expier dans un long et lamentable voyage à travers l'Europe - où nous le verrons ignominieusement chassé de partout - les vilenies et les crimes dont il fut l'instrument, tant que des mains mystérieuses l'ont protégé dans l'ombre. Pour pallier le silence que Cagliostro gardera désormais, réduit qu'il est à l'impuissance, le scribe du Pouvoir Occulte lui fait écrire ce post-scriptum qui marque la fin du règne du Grand Cophte :

Post-scriptum. - J'ignore si mes ennemis me répliqueront ou s'ils prendront le parti du silence. Quoi qu'il en puisse être, je leur déclare que cette Lettre sera ma seule réponse à toutes leurs calomnies passées, présentes et futures. Et je donne ma parole d'honneur que, quelque chose qu'ils puissent dire ou faire, je n'écrirai plus une seule ligne pour ma justification. (*Lettre au Peuple Anglois*, p. 77.)

La parole d'honneur du F*** Cagliostro ! Le scribe du Pouvoir Occulte voulait rire, quand il mettait un pareil mot dans la bouche du pseudo comte italien ! Morande s'était chargé de montrer ce que valait la parole d'honneur du personnage, dans son libelle : *Suite de ma Correspondance avec M. le comte de Cagliostro.*

On sait qu'il y avait très simplement raconté quelques hauts faits de l'ex-signor Balsamo, faussaire, escroc, etc., d'après les enquêtes de la police de Paris qu'ON avait soigneusement étouffées pendant le procès du Collier. L'effet fut décisif : ainsi d'ailleurs qu'il avait été annoncé dans le postscriptum de la *Lettre au Peuple Anglois*, Cagliostro ne répliqua plus rien, - et pour cause ! Mais abandonné par les scélérats masqués qui l'avaient lancé à l'assaut de la Monarchie française, l'homme qui avait su prédire, trois ans d'avance, la chute de la Bastille et la Révolution, s'enfuit d'Angleterre comme un malfaiteur qu'il était.

E finita la comedia ! C'est au tour du drame sanglant : il va commencer en France.

L'EXODE DU JUIF CAGLIOSTRO

Il est un point hors de doute : certains adeptes et admirateurs de l'escroc délégué par les Arrières-Loges à la préparation immédiate de la Révolution furent des hommes d'indéniable valeur : le savant naturaliste, Ramon de Carbonnières en est un exemple, lui dont nous avons montré l'enthousiaste et aveugle dévouement pour Cagliostro, lors de l'Affaire du Collier. Le charme qui tenait ensorcelés tant d'hommes intelligents par ailleurs fut rompu par le factum de Morande, et les anciens Initiés de Cagliostro, désabusés, mais empoisonnés de haine contre l'ordre religieux et social, vont trouver dans les frénésies révolutionnaires l'emploi de leurs forces dévoyées...

Dépouillé de son auréole, l'ex-fondateur de la Maçonnerie Égyptienne est poursuivi devant les tribunaux anglais par « une foule de gens qu'il avait dupés », écrit son biographe romain. Puis il est bientôt contraint de s'enfuir de Londres, emportant (ajoute l'écrivain du Saint-Office) une ample somme qu'il avait reçue des Parisiens. (*Vie de J. Balsamo*, traduction française, 1791, p. 70.)

Ici commence le lamentable exode de ce nouveau Juif errant. Il laissa sa femme à Londres et fut demeurer à Bâle. Cette dame se trouvant en liberté et écoutant la voix de sa conscience qui lui reprochait les fautes de sa vie, se confia à quelques personnes et leur laissa même entrevoir les crimes et le défaut de religion de son mari. Il le sut, la fit aussitôt venir près de lui, et l'obligea de faire devant le magistrat de Bienn (près Bâle) une déclaration par laquelle, en révoquant tous les crimes qu'elle lui avait attribués, elle assurait qu'il avait toujours été un honnête homme et un excellent catholique. (*Vie de J. Balsamo*, 1791, p. 70).

Notons ici que, dans l'île de Bienn, Cagliostro vivait « d'une pension faite par M. Sarazin, de Bâle », nous apprend Morande qui s'est vanté « d'avoir réussi à chasser d'Angleterre ce charlatan ». (*Courrier de l'Europe*, 24 août 1787.) Or, M. Sarazin était l'un des banquiers de Cagliostro, avoués par lui durant son séjour à la Bastille, quand on lui demanda d'où lui venait l'argent.

Il est certain que les mystérieux bailleurs de fonds se fatiguèrent vite. Aussi bien, leur agent brûlé ne pouvait plus leur servir à rien. Cagliostro resta donc quelques mois à Bienn ; puis « il passa à Aix en Savoie... et se rendit de là à Turin. À peine avait-il mis le pied dans cette ville qu'il lui fut intimé par ordre du Roi d'en sortir à l'instant. Il s'arrêta ensuite à Roveredo, mais il n'y eut pas un meilleur sort, car le défunt empereur Joseph II lui fit défendre... l'exercice de la médecine auquel il s'était livré. Il fallut donc qu'il délogeât et qu'il s'en fût à Trente. On publia il y a quelque temps un petit livre intitulé : *Liber memorialis de Caleostro dum esset Roboretti*, et qui donne le détail de beaucoup de manèges, d'impostures et de friponneries qu'il fit dans cette ville... Ce même Cagliostro, dans ses interrogatoires, a été forcé d'avouer la vérité des faits qui sont contenus dans ce livre... » (*Vie de J. Balsamo*, pp. 70, 71.)

La vigilance du Prince-Évêque empêcha Cagliostro de trouver à Trente les ressources habituelles que lui avaient procurées jusqu'ici et sa Maçonnerie Égyptienne et ses escroqueries de sorcier. (Nous laissons de côté ses plus gros revenus d'autrefois : les subsides du Pouvoir Occulte.) Très à court d'argent, il est réduit à Vicence à engager pour vivre un des derniers diamants qu'il possède. Il cherche où trouver un asile. Mais où était-ce possible ? Il était trop connu ! À Palerme, en France et dans les États du roi de Sardaigne, les souverains l'ont chassé :

« Partout ailleurs, la mémoire des fourberies qui l'avaient forcé de s'enfuir, était encore fraîche. Ceux qui avaient été joués et volés par lui (et ils étaient en grand nombre et dans beaucoup de parties du monde) l'auraient mis en pièces... Peut-être il se proposait de retourner en Allemagne ; mais... le Prince-Évêque de Trente reçut une lettre dans laquelle il était averti que l'Empereur était très fâché qu'il eût reçu dans ses États un sujet comma celui-là ; et cela suffit pour lui faire perdre l'envie de revoir l'Allemagne. » (*Vie de J. Balsamo*, pp. 71, 72.)

Cagliostro rempli d'angoisse ne voit plus qu'une ressource : retourner à Rome où sa femme désirait vivement rejoindre ses parents, poussée qu'elle était par le besoin d'en finir avec la vie honteuse et cruelle que lui imposait son infâme compagnon depuis de longues années.

« Elle avait toujours vécu dans un état malheureux, forcée ou de commettre le crime ou de s'exposer aux plus cruels emportements de son mari, si elle montrait de la répugnance à se prêter à ses criminelles insinuations...

Elle vanta donc à Cagliostro... les avantages qu'il pourrait tirer de son retour à Rome, et surtout elle s'entendit en secret, avec quelques-uns des principaux courtisans du Prince-Évêque qui étaient amis du mari. » (*Vie de J. Balsamo*, pp. 73, 74).

Usant une fois de plus du mensonge - en vrai Franc-maçon – Cagliostro « paraissant se repentir de la Maçonnerie, alla se jeter aux pieds d'un confesseur auquel il montra le plus grand désir de rentrer dans le sein de l'Église et de se réconcilier avec Rome. » (*Vie de J. Balsamo*, p. 74.)

Puis, de retour près de sa femme, il lui dit : « J'ai bien attrapé ce prêtre ! » Son hypocrisie lui valut des lettres de recommandation pour divers personnages de Rome où il arriva fin mai 1789. Mais abandonné comme il l'était du Pouvoir Occulte et sous l'œil scrutateur des méfiants Romains, il ne trouva plus personne pour lui payer ses tours de charlatan : il subit comme guérisseur les plus piteux échecs et il se trouvait dans une misère noire quand la police pontificale l'arrêta, le 27 décembre 1789.

Après un long et minutieux procès, Cagliostro fut, en avril 1791, condamné à mort en vertu « des censures et peines prononcées... contre les maîtres et les disciples de la magie superstitieuse .... contre ceux qui, de quelque manière que ce soit, favorisent et forment des sociétés et conventicules de « Francs-Maçons... » (*Vie de J. Balsamo*, pp. 220, 221.) Le Pape commua la peine en prison perpétuelle et Cagliostro mourut captif, en 1795, après que ses Maîtres secrets venaient d'achever de couvrir la France de ruines et d'un déluge de sang.

Cagliostro n'eut donc pas la joie de fouler lui-même aux pieds les lys abattus comme l'ordonnait la devise L*** D*** P***[38] sur sa patente de Lyon. Il n'eut pas la joie de voir de ses yeux tomber la tête du « Tyran » débonnaire contre lequel il avait attisé des haines aussi stupides que farouches, ni la tête de la malheureuse Reine que ses mains scélérates avaient ligotée dans un effrayant réseau d'infamies.

« Pendant qu'il demeurait à Rome, avant sa détention, il fit envoyer aux États-Généraux une pétition en sa faveur, ou, en leur demandant de retourner en France, il dit, entre autres choses, qu'il est celui qui a pris tant d'intérêt à leur liberté. » (*Vie de J. Balsamo*, 1791, p. 68.)

C'est en vain que le Fondateur de la Maçonnerie Égyptienne, le Prophète qui avait prédit la chute de la Bastille et la Convocation des États-Généraux, envoya une supplique à ces mêmes États-Généraux que, trois ans d'avance, il avait annoncés ! Le règne du Grand Cophte était fini.

En 1786, Morande écrivait à Cagliostro, en le raillant : « J'ai lu avec bien de la douleur cette phrase de votre Lettre, par laquelle vous m'annoncez que notre Capitale ne vous possèdera plus que lorsque la Bastille sera devenue une promenade publique... » (*Ma Correspondance avec M. le comte de C.*, p. 3.)

Qui donc eût alors ajouté foi à la prophétie du vil agent dos Maçons Illuminés ? - Trois ans ont passé : la Bastille est démolie, ses pierres sont dispersées ; une promenade, un bal public ont remplacé la prison d'État qui s'est écroulée au milieu d'assassinats et de cruautés sans nom !...

Nous verrons dans un instant que si la Maçonnerie est derrière les complots qui ont préparé la Révolution, elle est

---

[38] Lilia Destrue Pedibus : Foulez aux pieds les lys !

aussi derrière les coups de force qui l'ont faite, comme il est logique dès lors qu'elle y soit.

Cependant, si nous avons montré comment Cagliostro expia ses crimes, nous n'avons pas dit ce qu'il advint de Mme de la Motte : son expiation fut terrible. Mais du fond du galetas où elle a terminé sa misérable existence - à Londres, en 1791 - et jusqu'au milieu des souffrances atroces où elle expira, elle a joué contre Marie-Antoinette un rôle si funeste à la malheureuse Reine qu'il nous est impossible d'anticiper ici sur les événements. Force nous est donc de réserver pour un récit ultérieur ce qui concerne, la mort de la voleuse du Collier, la protégée de la maçonnique famille des Boulainvilliers.

Marie-Antoinette & le complot maçonnique

IX

1789 : LA GRANDE ANNÉE MAÇONNIQUE

Dans son ouvrage décisif, qui marque une date : le Pouvoir Occulte contre la France, Copin-Albancelli montre les Sociétés Secrètes superposées les unes aux autres dans la Maçonnerie afin que la tourbe des pseudo-initiés d'en bas puisse recevoir les suggestions descendues des vrais initiés d'en haut.

Il est un exemple frappant de ces Maçonneries supérieures dans le Martinisme et l'Illuminisme de Weishaupt, les deux grands flots sectaires qui, en 1789 ont submergé la France avant de s'entrechoquer au milieu d'un déluge de sang. Un Frère érudit les a peints d'une façon saisissante dans une page qu'il est utile de citer : aussi bien, nos lecteurs y verront une dernière fois le nom de Cagliostro.

Dans sa très rare brochure : *Du rôle de la Franc-maçonnerie au XVIIIe siècle*, le F*** Brunellière expose le rôle considérable joué dans la préparation de la Révolution par le Martinisme et l'Illuminisme allemand, ces deux Maçonneries *à côté* - à côté en apparence seulement.

Après avoir rappelé l'enrôlement d'un grand nombre de mystiques dans le Martinisme qui pratiquait la magie et les évocations d'esprits, le F*** Brunellière écrit en parlant de l'Illuminisme du bavarois Weishaupt :

« Cette secte devint si formidable et en si peu de temps qu'elle faillit précipiter l'avènement de la Révolution. Weishaupt... ne visait rien moins qu'au renversement complet de l'autorité, de la nationalité, de tout le système social, en un mot, à la suppression de la propriété, etc... Quant au principe, c'était l'obéissance absolue et aveugle, l'espionnage universel, la fin justifie les moyens.

Ce système de conspiration si fortement organisé qui aurait pu soulever le monde s'étendit dans toute l'Allemagne dont il accapara presque toutes les Loges Maçonniques. Weishaupt envoya en France Joseph Balsamo, dit le comte de Cagliostro, pour faire entrer la Franc-maçonnerie française dans l'Illuminisme ; enfin il rassembla un Congrès à Willemsbad en 1782, où il convoqua les Loges allemandes et étrangères. Mais dans ce Congrès l'illuminisme eut peine à lutter contre le Martinisme dont l'idéalisme mystique et pur convenait mieux à la majorité que le fanatisme farouche nécessaire à l'Illuminisme.[39]

La lutte existait entre les deux partis quand, en 1785, l'Illuminisme fut révélé au gouvernement bavarois qui, affolé, fit appel à tous les gouvernements ; les princes protestants mirent peu d'empressement à la répression. Weishaupt trouva même asile chez le prince de Saxe-Gotha : il s'était bien gardé du reste de tout dire aux princes et même à beaucoup de ses initiés, il leur avait caché l'appel à la force des masses, il leur avait caché la Révolution ! » (*Du rôle, etc., Rapport lu à la Tenue plénière des BR*** LL*** Paix et Union et la Libre Conscience à l'O*** de Nantes*, le lundi 23 avril 1883.)

---

[39] Peu d'années plus tard, les Francs-Maçons Jacobins montrèrent au monde épouvanté comment il était possible d'allier l'idéalisme mystique et pur des Martinistes au fanatisme farouche des Illuminés de Weishaupt. (L. D.)

Ces dernières lignes que nous soulignons sont assez claires pour que tout commentaire soit superflu.

1789 : VUE D'ENSEMBLE

Nous voici en 1789, l'année maçonnique au suprême degré. Mais combien d'esprits même excellents, animés d'intentions qu'ils croient très droites, s'imaginent - naïvement - que 1789 est la pure et sublime antithèse de 1793, l'exécrable année sanglante ! Cette erreur ou plutôt ce mensonge maçonnique a saturé tant d'intelligences françaises, qu'il est nécessaire de prouver en détail le Maçonnisme de tout 1789, depuis son premier jusqu'à son dernier jour.

Oui, tout est maçonnique dans 1789 ; tous les complots dirigés en 1789 à la fois contre la France telle que l'avaient faite dix siècles de gloires, contre le Roi et la Reine de France sont des complots maçonniques.

Quant aux réformes - acceptées d'avance, voulues passionnément par le Roi, la Noblesse, le Clergé - elles ont joué le rôle d'écrans, de masques dissimulant la Maçonnerie, âme vivante et agissante de la Révolution qu'elle a poussée vers des buts mystérieux, pour servir des intérêts cachés à tous les regards.

Les complots maçonniques de 1789 forment un bloc un et indivisible tout comme le bloc révolutionnaire 89-93 est un et indivisible. Et ces blocs furent cimentés de mensonge maçonnique en même temps que de sang humain.

Cette année 1789 est vraiment effrayante aux yeux de qui la regarde à la lumière antimaçonnique : en janvier, le Roi règle l'ordre et la forme des convocations aux Assemblées primaires, en vue des élections aux États-Généraux. Et « partout, c'est le jour même de l'assemblée électorale que le peuple se soulève ». Taine, *La Révol.*, t. 1, p. 23.) Il sera indispensable que nous donnions quelques détails sur la préparation maçonnique des élections aux États-Généraux, cette assise fondamentale du bloc quatre-vingt-neufiste ; auparavant, soulevons un coin du voile qui cache la criminelle Maçonnerie terrée derrière ces émeutes qu'on entend gronder tout à coup aux quatre coins de la France. Faisant l'apologie du rôle révolutionnaire de la Franc-maçonnerie à Rennes en 1789, le F*** Jouaust écrit :

« Remarquons tout d'abord que l'ensemble, jusqu'alors incompris, avec lequel toutes les villes de Bretagne se soulèvent pour agir au même instant, dans le même but, s'explique facilement par la correspondance incessante des Loges si nombreuses dans cette province. » (*Le monde Maçonnique*, décembre 1859, p. 419.)

Les émeutes qui depuis le commencement de 1789 agitèrent la France entière avaient pour chefs secrets les Francs-Maçons que le F*** Jouaust déclare ici avoir été les chefs secrets des soulèvements bretons. Bref, dans la France entière les Francs-Maçons furent les chefs secrets de cette innombrable quantité de malfaiteurs qui, sans chefs apparents, semblent être d'intelligence pour se livrer partout aux mêmes excès, et précisément à l'instant où les États-Généraux vont entrer en séance. (De Montjoie, Un contemporain, cité par Taine, *Révol.*, t. 1, P. 13.)

Les mêmes mots d'ordre, les mêmes mensonges soulevèrent les insurrections d'un bout à l'autre du pays.

Ce n'est pas une émeute isolée comme d'ordinaire, (écrit le commandant des troupes chargées de contenir les insurgés) ; ici la partie est liée et dirigée par des principes uniformes ; les mêmes erreurs sont répandues dans tous les esprits... Les principes donnés au peuple sont que le Roi veut que tout soit égal, qu'il ne veut plus de seigneurs ni d'évêques, plus de rangs, point de dîmes ni de droits seigneuriaux. Ainsi ces gens égarés croient user de leur droit et suivre la volonté du Roi. (Taine, d'après les Archives Nationales, *Révol.*, t. I, pp. 23, 24.)

De même, dans tous les troubles de ces dernières années que le Bund juif a fomentés en Russie, les moujiks croyaient accomplir la volonté du Tzar.

Ces émeutes qui partout secouent les multitudes, dans la France de 1789, « c'est un mouvement de brute exaspérée par le besoin et affolée par le soupçon. - A-t-elle été piquée en dessous par des mains soudoyées qui se cachent ? Les contemporains en sont persuadés et la chose est probable, écrit Taine. » (*Révol.* vol., t. I. p. 37.)

Dès le lendemain de Thermidor, Cadet de Gassicourt a montré que la main des Initiés francs-maçons était là : « Expliquez-moi (écrivait-il) par quels moyens, si ce n'est par l'espionnage et la correspondance rapide et secrète des Illuminés et des Initiés, ... Par quel hasard malheureux la Normandie, la Provence et la Bretagne se soulevaient le même jour, à la même heure que les Parisiens qui marchaient contre la Bastille ? Expliquez-moi pourquoi les mouvements révolutionnaires ont toujours été en rapport de temps et de motifs dans les différents points de la République. (*Les Initiés anciens et modernes, Suite du Tombeau de Jacques Molay*, an V, p. 25.)

Ces insurrections - partout généralisées - eurent pour résultat voulu, prémédité par les conspirateurs des Arrière-Loges d'ébranler partout à la fois, chez tous les Français, l'amour pour le Roi qui jusqu'alors incarnait la France à leurs yeux.

La France (écrit M. Funck-Brentano) était une fédération de mille et mille républiques, avec, pour seul lien, le regard que tous les citoyens dirigeaient sur la Couronne. (*Légendes et Archives de la Bastille*, Paris, 6e édit., 1902, p. 278.)

C'était ces mille et mille républiques que l'astuce de la Maçonnerie tourna contre le Pouvoir traditionnel, au milieu de sanglantes émeutes, en même temps que sa propagande occulte inoculait aux masses populaires le venin de ses idées, pour arriver à remplir d'adeptes des Loges les États-Généraux.

Après les flammes qui s'élevèrent des châteaux incendiés sur toute la surface du royaume, ainsi que des fusées sinistres, voici le bouquet du feu d'artifice maçonnique, la prise de la Bastille, prédite trois ans d'avance par le F∴ Cagliostro et célébrée en Loge, dès le 23 juillet 1789, comme « le triomphe de la Liberté et du Patriotisme » !

La prise de la Bastille - machinée par la Maçonnerie - fut pour les Initiés des Loges et la canaille fanatisée par eux le signal de la guerre au couteau contre le Catholicisme et la Monarchie chrétienne.

Pour tout homme impartial (écrit un des contemporains les plus clairvoyants, Malouet) la Terreur date du 14 juillet 1789.

La chute de la Bastille a déterminé à travers toute la France un ébranlement formidable dans cette immense vague d'épouvante qu'on appelle la Grande Peur. Nous montrerons que des « meneurs mystérieux » ont colporté cette Grande Peur dans tout le pays à la fois. Et nous prouverons que la Maçonnerie fut l'infernale semeuse de cette panique universelle, comme elle venait d'être - de l'aveu même du F∴ Jouaust - la semeuse des émeutes qui, au début de 1789, soulevèrent « toutes les villes de Bretagne ».

Puis, quand la France entière fut haletante d'effroi, quand elle fut disposée à détester follement le premier ennemi qu'on lui désignerait à tort ou à raison - ce fut un nouveau grand coup maçonnique - la nuit du 5 au 6 octobre 1789. Après cette nuit fatale, Louis XVI et Marie-Antoinette entreront en prisonniers dans ce palais des Tuileries que les Rois de France avaient habité jusque-là en Souverains ! Et ce sera la fin de la Monarchie traditionnelle.

LA MAÇONNERIE ET LES ÉLECTIONS DE 1789

1789 est une année maçonnique au suprême degré, avons-nous dit. Dès ses premières semaines, un immense filet - le réseau des manœuvres électorales des Francs-Maçons - couvrit d'invisibles mailles la France entière. C'est alors en effet que les Frères*** se mirent pour tout de bon à truquer, à maquiller les élections aux États-Généraux, comme nous les voyons aujourd'hui truquer, maquiller ce jeu de bonneteau qu'on nomme Suffrage Universel.

L'aveu en a été fait (en termes discrets, mais très clairs), par deux Maçons notoires, le F*** Jouaust et le F*** Amiable. Et cet aveu a d'autant plus de valeur que l'autorité du F*** Amiable - parlant ex-cathedra au Convent international du Centenaire de 1789 - était très grande dans les sphères maçonniques élevées.[40]

Aussi bien, après avoir envisagé, comme on l'a fait ici, l'astuce infernale déployée par la Maçonnerie dans la machination de son complot contre Marie-Antoinette et dans les étapes successives de sa marche vers la domination sur la France, on devait s'attendre à un effort surhumain des Loges pour emplir de leurs initiés les États-Généraux, afin d'asseoir

---

[40] Nous en avons la preuve dans ce que rapporte Copin-Albancelli du rôle joué vis à vis de lui-même par le F*** Albancelli (Le Pouvoir Occulte contre la France, pp. 239, etc.) (L. D.)

le bloc révolutionnaire sur cette première et inébranlable assise : le Franc-maçonnisme de l'Assemblée nationale.

Écoutons d'abord le F*** Amiable :

« Quand commença l'an 1789, la France se préparait aux élections pour les États-Généraux : la Nation s'apprêtait à reprendre possession d'elle-même. Le Grand-Orient, ne devait pas descendre dans l'arène politique ; mais (!) il ne pouvait se montrer indifférent aux sentiments patriotiques et aux aspirations rénovatrices qui occupaient tous les esprits. Par une circulaire du 4 janvier, en envoyant aux loges le mot de semestre, il faisait un pressant appel aux devoirs du citoyen envers la patrie. Quelques jours après, le 19 janvier, une autre circulaire rappelait aux Loges la régularité des pouvoirs du Grand-Orient, faisait ressortir à cette occasion la conformité de son gouvernement avec les principes représentatifs et le caractère de sa constitution purement démocratique. Aussi les Francs-maçons prirent-ils une part active au grand et salutaire mouvement, qui se produisit dans le pays. Leur influence fût prépondérante dans les Assemblées primaires et secondaires du Tiers État pour la rédaction des Cahiers et pour le choix des élus. Ils furent dans une très large mesure honorés du suffrage de leurs concitoyens. Ils eurent un rôle moins considérable naturellement dans les Assemblées des deux ordres privilégiés : et pourtant l'influence de la Franc-maçonnerie se reconnaît encore à d'assez nombreuses propositions réformatrices, dans les Cahiers de la Noblesse et du Clergé. Ils avaient sur les autres citoyens cet avantage d'avoir été préparés à substituer les formes si simples et si nettes du gouvernement des Ateliers, du gouvernement du Grand Orient, aux institutions compliquées et oppressives qui commençaient à s'écrouler. Aussi pénétrèrent-ils en grand nombre dans la représentation nationale ; et pour marquer la place qu'ils y prirent dès l'abord, il suffit de nommer trois d'entre eux : Lafayette, Mirabeau et Sieyès... » (Disc. prononcé le 16 juil. 1789, en séance du Congrès maçonnique internat par le F*** Louis Amiable, membre du Grand Collège des Rites, etc., pp. 38, 39.)

La tartuferie maçonnique resplendit dans cette tirade : « La Nation (dit le F*** Amiable) s'apprêtait à reprendre possession d'elle-même ». Or, c'est à partir de 1789, au contraire, que la France devient la propriété, la chose de la Maçonnerie « Le Grand Orient ne devait pas descendre dans l'arène politique ; mais... ! » C'est la coutumière tromperie maçonnique : la Maçonnerie, de par ses Statuts mêmes, s'interdit de s'occuper de politique et de religion ; mais elle s'efforce de tuer le catholicisme et de réduire le peuple français en esclavage ! ...

Le F*** Amiable a indiqué les sources historiques auxquelles il avait puisé. Il est intéressant de remonter à ces sources : les ouvrages du F*** Jouaust. Dans l'un, *l'Histoire du Grand-Orient*, nous trouvons les preuves historiques d'une grande intensité de la vie maçonnique en 1789 :

« S'il est vrai que l'approche de graves événements ralentit dans les Loges le travail maçonnique, il est également vrai que le G.O. comme Sénat directeur, lutta courageusement contre un tel état de chose - Et si tous mes prédécesseurs ont dissimulé leur ignorance des documents contemporains en invoquant l'influence des approches de la Révolution, ils se sont tous servis d'une excuse plus commode que réelle ; car l'année 1789 doit être comptée, au contraire, parmi les plus activement employées, comme la preuve en ressort par l'analyse suivante des travaux accomplis pendant cette année... » (Hist. Du G-O, Paris, 1865, p. 241.)

Suit l'analyse des copieux travaux du Grand-Orient en 1789. Le F*** Amiable y a relevé les deux circulaires si importantes des 4 et 19 janvier qui ont lancé dans « l'arène politique » les champions de la Franc-maçonnerie, jaloux de remplacer la tutélaire monarchie capétienne par « le gouvernement du Grand-Orient », « simple et net » comme un couperet de guillotine bien astiqué. - Mais dans la « Planche » du 4 janvier, le F*** Amiable a omis quelques mots ; c'est dommage ! La circulaire, en effet, adressait un pressant appel « aux devoirs du citoyen envers la Patrie et du Maçon envers l'Humanité souffrante ». Cet appel sera entendu : c'est lui qui ralliera les troupes judaïsantes et maçonniques dans les quatorze assauts que les Francs-maçons de la Constituante donneront à la société française, avant de réussir à y faire entrer le Juif, par la brèche ouverte, au nom des Droits de l'Homme !

Une autre page du F*** Jouaust (nous en avons déjà cité le début) éclaire à merveille les ressorts cachés de la conspiration maçonnique de 1789 :

« ... L'ensemble, jusqu'alors incompris, avec lequel toutes les villes de Bretagne se soulèvent pour agir au même instant, dans le même but, s'explique facilement par la correspondance incessante des Loges si nombreuses dans cette province.

Les tableaux que chaque année les Loges échangent réciproquement donnent partout les noms et les titres maçonniques que nous avons qualifiés à juste titre la fleur du Tiers-État. Les noms des Rennais qui dirigent le mouvement dans la capitale, de la province, grâce à ces tablettes sont connus depuis longtemps dans les villes de Bretagne ; et pareillement, quand il faut donner des instructions dans ces villes, les chefs du mouvement à Rennes savent où s'adresser pour trouver des hommes animés des mêmes sentiments, doués de la même fermeté. Les Loges militaires crées au sein des régiments qui parcourent les différentes garnisons de la province aident encore à la connaissance des Maçons des divers Orients, augmentent la circulation des idées maçonniques et contribuent à l'unité de vue et d'esprit des diverses Loges...

À Rennes, le caractère tout bienveillant, tout humanitaire des débuts de la Révolution[41] est surtout remarquable à cause de la large participation de nos Frères à la direction de la ville (et par suite de la Bretagne entière) pendant ces moments difficiles.

Les trois Maires qui se succèdent de 1781 à 1792 sont maçons avant leur nomination ou se hâtent de se faire initier. En juillet 1789, le Corps Municipal qui compte déjà dans son sein plusieurs de nos FF***, juge à propos de s'adjoindre un certain nombre des hommes les plus actifs et les plus patriotes, pour partager avec eux les travaux si nombreux auxquels il faut se livrer pour parer à toute éventualité, tout créer, tout organiser, assurer les subsistances, calmer le peuple, armer une garde nationale, correspondre avec toute la Bretagne qui demande sans cesse des conseils et suit avec ensemble le mouvement parti de Rennes.

Eh bien ! dans ce comité de cinquante membres environ, plus de trente sont Francs-maçons et la majeure partie sont des ouvriers de la Loge La Parfaite Union.

... Partout et toujours (en 1789), nous trouvons à l'œuvre les énergiques ouvriers de cette grande génération !

La haine de nos ennemis a donc été bien inspirée quand elle nous a accusés d'avoir guidé la Nation dans le plus grand fait historique des temps modernes. » (F*** Jouaust, La Maç... à Rennes jusqu'en 1789, - Le Monde Maçonnique, décembre 1859, pp. 479 à 481.)

La Maçonnerie est si réellement la Reine du Mensonge qu'il est d'une utilité primordiale de n'accepter jamais les

---

[41] Le caractère humanitaire des débuts de la Révolution ! Et les horreurs commises dans toute la France en juillet 1789, qu'en fait-on ? ici brille sinistrement le mensonge maçonnique ! (L. D.)

affirmations d'un Frère*** que sous bénéfice d'inventaire. N'aurions-nous pas été les derniers des naïfs et des dupes, si nous avions cru sur parole le F*** de la Tierce, l'infâme tartufe qui peignait le Franc-maçon de 1740 comme « un homme craignant Dieu, fidèle à son Prince », tandis que précisément il travaillait à abattre la Croix et à briser les lys de France ?

Mais dans le cas actuel, il se trouve que, pour une fois, les F*** Amiable et Jouaust, menteurs par destination, n'ont pas menti. Nous trouverons la preuve qu'ils ont dit vrai en les confrontant avec Taine - le Voyant que M. Aulard veut faire passer pour aveugle - et aussi avec MM. Cochin et Charpentier, les auteurs d'une remarquable brochure sur la Campagne électorale de 1789 en Bourgogne. Et nous pourrons, en toute conscience et toute sécurité d'esprit, affirmer que c'est bien la Maçonnerie qui, à coups de perfidies et de mensonges, a fait les élections de 1789 : elles lui ont servi de fausses clefs pour s'introduire au cœur de la place, en trahison.

LES CAHIERS DE 1789

Dès son apparition, la Maçonnerie a inoculé ses poisons à la France entière, par le canal de ses Loges partout édifiées. De même en 1789 c'est partout à la fois qu'elle a donné à la Révolution l'impulsion première.

Il importerait donc à un haut degré de faire des recherches, dans toutes les provinces, sur les modes de diffusion des idées révolutionnaires en 1789. Il n'y a pas le moindre doute à avoir : ceux des Français fidèles au double culte du Christ et de la Patrie qui se livreraient à ces investigations par où l'étude du passé éclaire les chemins de l'avenir - ceux-là, certes, accompliraient une œuvre suprêmement utile. En outre, leurs efforts seraient bien vite et partout récompensés, car partout ils retrouveraient la trace d'agitateurs sournois et hypocrites, comme ceux que MM. Augustin Cochin et Ch. Charpentier ont découverts dans leur magistrale enquête sur La Campagne électorale de 1789 en Bourgogne.[42] MM. Cochin et Charpentier ne dénoncent pas nommément la Maçonnerie comme l'inspiratrice de ces agitateurs. Mais ils découvrent derrière eux une occulte Maffia que nos lecteurs identifieront d'eux-mêmes avec la Maçonnerie, quand nous aurons plus loin confronté certains aveux maçonniques avec les pages si substantielles de *La Campagne électorale* de 1789 en Bourgogne.

En 1888, M. Auguste Carion avait publié à Lyon (Librairie Vitte) une excellente brochure : *La Vérité sur l'Ancien Régime et la Révolution*. Nous y trouvons ce passage qui entre dans l'ordre d'idées si heureusement développé par MM. Charpentier et Cochin :

« Il se trouve dans certains cahiers (des doléances du Tiers-État en 1789), écrit M. Carion, des propositions où perce l'esprit révolutionnaire. M. Taine donne l'explication de ce fait. Des avocats, des procureurs, des notaires de petites villes avaient écrit de leur chef des doléances et, présenté ces cahiers au chef-lieu du baillage, sans avoir même assemblé la communauté pour lui en donner lecture. » (Voir Taine, *l'Ancien Régime*, p. 519 ; Carion, *La Vérité sur l'Ancien Régime*, p. 68.)

Nous recommandons particulièrement cet ouvrage de M. Carion aux anti-maçons de la région lyonnaise en raison des pages documentaires qu'il renferme au sujet des atrocités commises à Lyon par les francs-maçons terroristes. Quant aux faits spéciaux d'escamotage sectaire relatés dans les ligues

---

[42] Librairie Honoré Champion, Paris, 1901. - Extrait de *l'Action Française*, du 1er et du 15 novembre 1904.

que nous venons de citer, ils ont été observés, pour la région pyrénéenne, par M. l'abbé Ricaud dans un livre d'un puissant intérêt : *La Bigorre et les Hautes Pyrénées pendant la Révolution.*[43]

Examinant les cahiers de doléances du Tiers-État conservés aux archives du département des Hautes Pyrénées, M. Ricaud a recherché comment chaque commune avait rédigé le sien, et il trouve que ces cahiers n'ont nullement été rédigés par les communes.

« Voici d'abord, dit-il, les cahiers d'Argelès-Bagnères et de Bonnemazon. Au premier instant, on remarque que ni l'un ni l'autre n'a été composé dans le village dont il exprime les doléances. L'un et l'autre, en effet, sont conçus dans les mêmes termes et écrits presqu'entièrement de la même main. Cela indique une commune origine ; car il est impossible que ces deux villages, séparés par une distance assez considérable et sans rapports de voisinage, aient eu les mêmes idées, en même temps que deux écrivains, pour les exprimer dans les mêmes termes et avec la même écriture. De plus, l'auteur des deux pièces avait laissé des blancs pour qu'on y insérât le nom du village, celui des députés qui seraient nommés, ainsi que la date du jour où la communauté se réunirait pour signer son cahier et choisir son mandataire... » (*La Bigorre....* pp. 12, 13.)

Dans les Hautes-Pyrénées, huit ou dix villages voisins déposèrent parfois le même cahier écrit sur le même papier avec la même écriture, tandis que pour d'autres groupes de localités, les paysans se bornaient à recopier des formules générales qu'on leur avait données. » (*La Bigorre...*, pp. 12,13)

Ci-après, nous préciserons les moyens employés pour couler tous les Cahiers électoraux de 1789 dans le même moule. En attendant, bornons-nous à dire que des faits entièrement semblables à ce qui s'est passé à Argelès ont été

---

[43] Paris, Librairie Honoré Champion, et Tarbes, Librairie Croharé, 1804.

observés dans les régions les plus diverses et que ces faits dénoncent une même main partout occupée à la même œuvre : la conquête de la future Assemblée Nationale par la Maçonnerie.

L'ENQUÊTE DE MM. COCHIN ET CHARPENTIER

Sans nommer la Maçonnerie, avons-nous dit, MM. Cochin[44] et Charpentier ont donné une remarquable vue d'ensemble sur le complot maçonnique qui a rempli la France de ses menées hypocrites durant les six premiers mois de 1789.

« En 89 (écrivent-ils) la nation paraît se lever d'elle-même, agir de son propre mouvement, sans rien devoir aux talents ni à l'autorité de personne... (Le peuple) s'assemble sans être convoqué, signe des requêtes sans qu'on sache d'où elles viennent, nomme des députés sans avoir entendu de candidats, se soulève sans suivre personne.

Et pourtant cette armée sans officiers manœuvre avec un ensemble étonnant : on voit les mêmes démarches se faire au même moment dans les provinces que séparent mœurs, intérêts, dialectes mêmes, sans parler des douanes et des mauvais chemins. En novembre 1788 toute la France demande le doublement du Tiers aux États ; en janvier 89 le vote par tête ; en mars, toute la France envoie aux États des doléances si semblables qu'on les croirait rédigées sur le même canevas, par le même pamphlétaire philosophe : car les paysans, eux aussi, parlent philosophie dans leurs cahiers, pour rester à l'unisson. Au milieu de juillet, au moment de la Grande Peur[45], toute la France se croit menacée par des

---

[44] En revanche nous avons précédemment parlé des lumineuses découvertes de M. Cochin, en ce qui concerne les Sous-Maçonneries du XVIIIe siècle : Sociétés de Lecture et Sociétés Académiques. (L. D.)

[45] Plus loin, nous consacrons un chapitre à la Grande Peur. (L. D.)

brigands et prend les armes ; à la fin du mois, toute la France se rassure : il n'y avait pas de brigands. Mais la garde nationale était sortie de terre en cinq jours, elle obéissait au mot d'ordre des clubs, et les communes restent armées.

Et ce ne sont là que les grandes étapes du mouvement : même ensemble dans les détails. Si on voit une commune signer une requête au roi, « ce nouveau Henri IV » et à M. Necker, « notre Sully », on peut être sûr de trouver les habitants de telle autre commune, à l'autre bout du royaume, occupés à rédiger la même requête précédée du même compliment.

Les Français d'alors semblent obéir à une sorte d'harmonie préétablie qui leur fait faire les mêmes actes et prononcer les mêmes paroles partout en même temps ; et qui connaît les faits et gestes de tels bourgeois du Dauphiné ou de l'Auvergne, sait l'histoire de toutes les villes de France au même moment.

Ainsi, dans cette singulière campagne, tout se passe comme si la France entière obéissait au mot d'ordre du mieux monté des partis, et on ne voit pas de partis.... Il y avait un complot. Comment et par qui fut-il formé ? ... » (A. Cochin et C. Charpentier, *La Campagne électorale de 1789 en Bourgogne*, Paris, 1904, pp. 5,6, 7. - Étude parue dans *l'Action Française*.)

Le F*** Jouaust a par avance répondu à cette question de Cochin et Charpentier - en ce qui concerne la Bretagne - quand il a écrit ces lignes que nous avons déjà citées mais qu'il est nécessaire de reproduire ici :

« L'ensemble, jusqu'alors incompris, avec lequel toutes les villes de Bretagne se soulèvent pour agir au même instant, dans le même but, s'explique facilement par la correspondance incessante des Loges si nombreuses dans cette province. » (*Le Monde Maçonnique* - décembre 1859, p. 479.)

MM. Cochin et Charpentier parlent de « tels bourgeois » qui « dans toutes les villes de France, au même moment », accomplissent les mêmes besognes. Nous les connaissons, ces bourgeois : en Bretagne, ce sont les FF*** « qui dirigent le mouvement » et qui forment, dit le F*** Jouaust, « la fleur du Tiers-État ». Quant au « parti » mystérieux qui fait faire « partout en même temps les mêmes actes à tous les Français et qui leur fait « prononcer les mêmes paroles partout en même temps », c'est le parti maçonnique dont les meneurs apparents, à cette minute de notre histoire, sont les bourgeois des carrières judiciaires, avocats, notaires, procureurs, etc. La preuve très nette en ressort de la simple lecture des almanachs maçonniques pour 1788 : ils sont remplis d'hommes de robe.

Ce sont ces légistes francs-maçons qui ont insinué à toute la France en même temps le mot d'ordre des Loges. (Il y avait alors près de 700 Loges françaises). Pour se convaincre une fois de plus que par exception les FF*** Amiable et Jouaust ont dit vrai, et que « l'influence des Francs-maçons fût prépondérante dans les assemblées primaires et secondaires du Tiers-État pour la rédaction des Cahiers et les choix des élus »[46], il suffit de voir, avec Taine, « comment les Cahiers du Tiers ont été faits » :

« C'est l'homme de loi, dit-il, le petit procureur de campagne, l'avocat envieux et théoricien qui a conduit le paysan. Celui-ci insiste pour que, dans le Cahier, on couche par écrit et tout au long ses griefs locaux et personnels... L'autre, qui suggère et dirige, enveloppe le tout dans les Droits

---

[46] Discours du. F*** Amiable au Congrès maçonnique international de 1889.

de l'Homme et la Circulaire de Sieyès. » (Taine, *L'Ancien Régime*, p..518.)

Or, le F*** Sieyès est l'un des trois demi-dieux des Loges révolutionnaires que le F*** Amiable, au centenaire de 1789, proposait à la vénération de ses Frères !

TÉMOINS OCULAIRES

Dans toute la France à la fois, des observateurs clairvoyants ont discerné, au début de 1789, les menées des hommes de loi :

« Depuis deux mois (écrit au Premier Ministre Necker le marquis de Fodoas, commandant militaire de l'Armagnac) les juges inférieurs, les avocats dont toutes les villes et campagnes fourmillent, en vue de se faire élire aux États-Généraux, se sont mis après les gens du Tiers-État, sous prétexte de les soutenir et d'aider leur ignorance. Ils se sont efforcés de leur persuader qu'aux États-Généraux ils seraient les maîtres à eux seuls de régler toutes les affaires du Royaume, que le Tiers en choisissant ses députés parmi les gens de robe, aurait le droit et la force de primer, d'abolir la Noblesse, de détruire tous ses droits et privilèges, qu'elle ne serait plus héréditaire... ; que si le peuple les députait, ils feraient accorder au Tiers-État tout ce qu'il voudrait, parce que les curés, gens du Tiers, étant convenus de se détacher du Haut Clergé, et de s'unir à eux, la Noblesse et le Clergé unis ensemble ne feraient qu'une voix contre deux du Tiers... Si le Tiers avait choisi de sages bourgeois ou négociants, ils se seraient unis sans difficultés aux deux autres ordres. **Mais les assemblées de bailliages et de sénéchaussées ont été farcies de gens de robe qui absorbaient les opinions et voulaient primer sur tout le monde...** » (Lettre du Marquis de Fodoas, à Necker, 29 mai 1789 ; citée par Taine, *L'Ancien Régime*, pp. 518, 519.)

Les derniers mots de Fodoas, que nous soulignons, ne sont-ils pas répercutés comme un écho dans le discours du F*** Amiable... « l'influence de nos FF*** fût prépondérante dans les assemblées primaires et secondaires du Tiers-État... » ?

Après l'Auvergne voici la Touraine et le Bordelais :

« En Touraine, écrit l'intendant, l'avis de la plupart des votants a été commandé ou mendié. Les affidés mettaient, au moment du scrutin, des billets tout écrits dans la main des votants, et leur avaient fait trouver, à leur arrivée aux auberges, tous les écrits et avis propres à exalter leurs têtes et à déterminer leur choix pour des gens du Palais » (sous-entendu : de Justice), (*Lettre de l'intendant de Tours*, 25 mars 1789.)

« Dans la Sénéchaussée de Lectoure, une quantité de paroisses et de communautés n'ont point été assignées ni averties, pour envoyer leurs cahiers et leurs députés à l'assemblée de la sénéchaussée. Pour celles qui ont été averties, les avocats, procureurs et notaires des petites villes voisines ont fait les doléances de leur chef, sans assembler la communauté... Sur un seul brouillon ils faisaient pour toutes des copies pareilles qu'ils vendaient bien cher aux conseils de chaque paroisse de campagne. » (*Lettre de Lectoure ;* citée par Taine, *L'Ancien Régime.*, p. 519.)

Les Francs-Maçons n'ont pas changé, depuis un siècle, comme manieurs de pâte électorale : quand on lit les lettres écrites à Lectoure et à Tours en 1789, ne jurerait-on pas qu'on assiste aux maquignonnages électoraux modernes ?

Tout cela serait risible si la pensée ne s'attachait aussitôt à l'immense et effrayant enjeu du bonneteau grotesque où, dans toute la France de 1789 en même temps, les FF*** hommes de loi « filaient la carte » au nez du paysan : l'enjeu, c'était des châteaux par centaines, des terres, des forêts, des biens d'Église à voler ! L'enjeu, c'était des milliers d'êtres humains à « raccourcir » à coups de guillotine en l'honneur de la Sainte Égalité maçonnique ! L'enjeu, c'était le sang de Louis XVI et de Marie-Antoinette que les mêmes Francs-Maçons vont essayer de répandre à Versailles, le 5 octobre 1789, pour obéir au Pouvoir Occulte antichrétien et antifrançais dont ils sont les esclaves souvent inconscients...

LES PLANS ET MOYENS

Si on lit avec des verres antimaçonniques, pour ainsi dire, l'étude de MM. Cochin et Charpentier, on y découvre à chaque page le complot des Loges et cela avec une évidence telle que nos lecteurs nous reprocheraient de perdre leur temps et le nôtre à commenter cet ouvrage dont la clarté est si lumineuse par elle-même. Le meilleur éloge que nous en puissions faire, c'est qu'il cadre merveilleusement avec les détails de fonctionnement du complot maçonnique en 1789, tel que le F*** Amiable l'a dépeint avec fierté, au Congrès maçonnique du Centenaire de la Révolution.

Reprenons la page de MM. Cochin et Charpentier citée plus haut :

« Il y avait un complot. Comment et par qui fut-il formé ? Nous allons essayer de nous en faire une idée en suivant pas à pas les progrès de la Révolution à Dijon et en Bourgogne, pendant les six mois qui ont précédé les États-Généraux. (*La Camp. élect...*, p. 7)

Nous voyons apparaître tout d'abord le rôle instrumentaire de certains personnages qui, loin de mener le branle, furent perfidement menés par le Pouvoir Occulte jusqu'à leur propre perte : les magistrats des Parlements que l'astuce maçonnique avait entraînés en grand nombre dans les Loges.

Quand le Roi eût consenti, fin 1788, à la réunion des États-Généraux, « les membres du Parlement de Paris, exilés depuis cinq mois, rentrèrent triomphalement au Palais. Leurs désirs n'allaient pas plus loin ; là aussi finit leur rôle. Il parut alors que ces fiers magistrats n'étaient rien par eux-mêmes et qu'ils servaient sans le savoir d'instruments à des visées plus hardies que les leurs. En effet, ces prétendus meneurs désarmés, leurs troupes continuaient la bataille avec le même ensemble et la même furie. On avait obtenu les États-Généraux ; il s'agissait maintenant d'y faire la loi, et la tempête des pamphlets anonymes se remet à souffler de plus belle.

L'élection au scrutin, le doublement du Tiers, le vote par tête, telles sont les nouvelles demandes du Tiers (lisons : la Franc-maçonnerie). On le voit, la Révolution levait le masque ; le Parlement assagi tout à coup (lui, plein de FF*** de l'ancienne équipe, de l'ancien bateau !) frémit d'indignation : les exigences du Tiers allaient à ... ruiner l'équilibre de l'État, à ébranler les colonnes de la Monarchie...

Le Roi, sur l'avis de Necker, demanda leur avis aux Notables. Consulter les Notables, c'était reconnaître l'insuffisance des anciennes formes et, chose plus grave, le droit de la Nation à les changer. Ce principe admis, le parti révolutionnaire se chargeait d'en tirer les conséquences.

On vit alors un étrange spectacle : à la fin de novembre 1788, des bruits inquiétants circulèrent sur la décision des Notables qui auraient voté contre le doublement du Tiers aux Plats-Généraux. Aussitôt, dans des centaines de villes et de bourgs, le Tiers s'assemble ; et de tous les coins du Royaume arrivent à Versailles des centaines de requêtes conçues dans les mêmes termes et demandant les mêmes choses : élection au scrutin, doublement, vote par tête. C'est le premier épisode d'une campagne qui ne laissera plus un jour de répit au gouvernement, jusqu'au triomphe du Tiers, à la prise de la Bastille (*la grande victoire maçonnique !*)

Vers ce temps, dans la ville de Dijon, un groupe d'une vingtaine de personnes se fait remarquer par son grand souci des intérêts du Tiers-État. Ce groupe est pourtant très discret... Il n'a pas de nom, pas d'état connu, ne nous fait jamais part de ses réunions ni de ses projets, ne se met jamais en avant et ne risque jamais une démarche publique sans se couvrir de l'autorité d'un corps constitué. Mais comme il est très actif, que rien en fait ne se passe sans lui, que toutes les idées viennent de lui, et qu'il se trouve, on ne sait comment, toujours chargé de les mener à bien ; comme il correspond, enfin, avec beaucoup d'autres groupes de même espèce dans les villes de la province, nous pouvons suivre sa trace sans trop de peine. » (Cochin et Charpentier, *La Camp. élect...*, pp. 7, 8, 9.)

Les quelques mots soulignés que nous avons ajoutés entre parenthèses à ce texte marquent les étapes du complot maçonnique abrité derrière les FF*** des Parlements - complices inconscients avant d'être victimes - et servi dans les villes de province par ce que le F*** Jouaust appelle « la fleur du Tiers-État ». Comme les groupes qui dirigèrent la Révolution en Bretagne sous l'impulsion des Loges, le groupe de Dijon « se compose de médecins, de chirurgiens, d'hommes de loi surtout, avocats, procureurs, notaires, tous petits bourgeois obscurs, dont plusieurs se firent nommer députés du Tiers aux États, mais dont aucun ne laissa un nom...

Comme tous les groupes semblables, c'est dans les premiers jours de décembre 1788 que celui-ci commence sa campagne.

Il s'agit de faire proposer aux corporations par le maire, puis envoyer au Roi au nom du Tiers-État de la ville, la requête dont nous avons parlé. Or, la première condition pour se faire entendre de l'autorité et de l'opinion était de parler au nom d'un corps constitué ; les particuliers ne sont rien alors ; les corps seuls sont écoutés.

Les avocats de la cabale font donc réunir leur ordre par le bâtonnier le 3 décembre. L'un des meneurs, Volfius, prend la parole : un grand procès, dit-il, est engagé entre le Tiers et les privilégiés ; toutes les provinces y prennent part ; l'ordre des avocats de Dijon ne peut rester indifférent... Il faut agir, imiter Metz et le Dauphiné, soulever et diriger l'opinion. » (Cochin et Charpentier, *La Camp. élect...*, pp. 9, 10.)

Quand la Maçonnerie, quelques mois plus tard, sera devenue maitresse du pays, son premier soin sera de détruire les corporations qui formaient l'ossature de la France : pour que sa tyrannie pût durer, il était nécessaire en effet qu'il ne subsistât plus aucun organisme vivant en face de l'organisme maçonnique - cet horrible cancer qui va prétendre jouer dans le corps de la nation française le rôle de tous les organes vitaux criminellement extirpés ! Mais, avant de tuer les corporations et précisément pour préparer leur mort, la Maçonnerie les a trompées - partout en France comme en Bourgogne - ainsi que c'est sa fonction de tromper, en attendant qu'elle vole et qu'elle assassine.

Le plan du conjuré Volfius est mis à exécution par le comité des avocats dijonnais : on élabore en même temps un projet de requête au Roi et un résumé des démarches à faire pour obtenir l'adhésion de la province.

Revenant une fois de plus sur l'universalité du complot, MM. Cochin et Charpentier écrivent : « La requête est semblable pour la forme et pour le fond à celles qui se rédigeaient de la même manière dans toutes les villes du Royaume. » (*La Camp. élect...*, p. 11).

Quand on réfléchit à l'existence de près de 700 Loges en France à cette époque, et quand on se souvient de la remarque du F*** Jouaust sur le soulèvement de toutes les villes de Bretagne à la fois expliqué fort bien, dit-il, par les étroites relations des nombreuses Loges bretonnes, il est impossible de ne pas voir dans le groupe sans nom des bourgeois dijonnais le syndicat d'action révolutionnaire des Maçons de Bourgogne.

Ce syndicat d'action révolutionnaire des Maçons de Bourgogne ressemble d'ailleurs comme un frère au syndicat d'action révolutionnaire formé à Rennes par les Loges de Bretagne, avec trente Maçons au moins sur cinquante membres, écrit le F*** Jouaust.

L'hypocrisie maçonnique suinte à travers les lignes de la Requête au Roi rédigée par le comité dijonnais : on y a dosé de la haine âpre mais savamment contenue contre la noblesse et le clergé ; une admiration débordante pour le Tiers ; une pitié déclamatoire pour les misères du peuple - dont le Tiers maçonnisé veut exploiter les douleurs.

« Et ces idées générales mènent comme partout à quatre demandes précises : le doublement du Tiers ; le vote par tête aux États-Généraux ; les mêmes réformes aux États de la Province ; et aux élections du Tiers, la défense de nommer un seigneur, ou même un fermier ou un agent d'un seigneur. » (*La Camp...*, p. 11.)

On touche ici du doigt, une fois de plus, la cynique impudence de la Maçonnerie. Dès 1789, la voilà qui coupe et rogne les droits du Suffrage populaire afin d'en fausser les votes à son profit. Cette interdiction aux gens du Tiers de voter pour le fermier d'un seigneur ne fait-elle pas un admirable pendant avec l'interdiction des candidatures multiples, de nos jours ? Et le plus fort, c'est qu'il ne fut jamais interdit - et pour cause - aux députés de la Noblesse acquis au Maçonnisme de passer au Tiers avec armes et bagages !... C'est ainsi qu'à son berceau même l'Égalité maçonnique s'affirme en créant de nouvelles inégalités...

Il faut voir, dans la passionnante brochure de MM. Cochin et Charpentier, quelle tartuferie éminemment maçonnique les conjurés dijonnais ont mise en œuvre pour arriver à faire adopter leur plan et leur requête par toutes les corporations de la ville, successivement !

Avant de donner quelques exemples intéressants des tours malhonnêtes qui furent employés dans ce but, citons une profonde remarque de MM. Cochin et Charpentier :

« Les « plans » et « moyens » de ces avocats sont plus savamment combinés que simples et naturels. On ne se figure pas ainsi les premiers efforts d'un peuple exaspéré pour rompre ses chaines. Et pourtant ces mêmes « moyens » si compliqués furent employés, au même moment et dans le même but, sur les avis du comité de Dijon, par d'autres groupes semblables d'avocats et de médecins dans une quinzaine de villes de Bourgogne. » (*La Camp. élec...*, p. 15.)

Si nos lecteurs veulent bien se reporter encore une fois à ce que nous avons cité du F*** Jouaust sur les menées maçonniques à Rennes en 1789, comme nous ils concluront que c'est en toute réalité la Maçonnerie qui, dans la France entière, a faussé à son profit les élections aux États-Généraux d'où est sortie la première République, comme elle fausse les élections sous la troisième République.

« COMMENT ON FABRIQUE L'OPINION. »

Ce titre d'une éloquente brochure de Maurice Talmeyr est ici tout à fait à sa place.

Nous avons vu que les « plans » et « moyens » combinés en Bourgogne pour le truquage des Élections aux États-Généraux de 1789 avaient pour but de cacher l'action des meneurs derrière les Corporations, les Échevins, le Tiers-État.

Juste un siècle après, la Maçonnerie fit un nouvel effort d'ensemble pour assujettir la France sous sa domination et ce qui s'est accompli aux alentours de 1889 avec le vœu des FF*** Pochon et Cocula est identique à la poussée maçonnique pour l'insertion des soi-disant vœux du Tiers dans les Cahiers de 1789.

De 1888 à 1891, on s'en souvient, le vœu du F*** Pochon, député de l'Ain, a subi une longue incubation dans les Loges. Puis, cette vie cachée du vœu Pochon s'est bientôt épanouie dans un grand nombre de Conseils généraux qui l'adoptèrent simultanément. Ce vœu ouvrait le chemin au monopole de l'enseignement par l'État et demandait que les catholiques fussent réduits en une caste de parias inaptes aux fonctions publiques ; or ce vœu criminel sortait « du sein de la Maçonnerie même, du Convent et du Conseil de l'Ordre », a dit le F*** Blatin au Convent de 1891.[47]

C'est aussi « du sein de la Maçonnerie » qu'étaient sorties les revendications - toutes les mêmes d'un bout de la France à l'autre - qui se trouvèrent formulées et insérées dans les Cahiers de mille et mille communes. C'est dans le sein des 700 Loges de France qu'ont été couvés les Cahiers de 1789, conçus dans les mêmes termes aux quatre coins du pays : c'était autant de « Planches d'Architecture » tracées par les Frères*** suivant un modèle commun.

---

[47] Compte-rendu du Convent de 1891, p. 451.

Dans son livre déjà cité : *La Bigorre... pendant la Révolution*, M. l'abbé Ricaud a étudié de près les 260 Cahiers que renferment les Archives du département des Hautes-Pyrénées. Il a montré que des formules générales avaient été dressées, et les paysans se bornaient à les transcrire...

Un très grand nombre de cahiers, au moins la moitié, proviennent de ces modèles ou types communs. Chaque partie, chaque coin de la Bigorre avait en général son type. (*La Bigorre....* p. 17.)

Et M. Ricaud cite neuf communes de la vallée de Barèges qui ont un cahier semblable. Dix-huit communes sises dans les vallées qui rayonnent autour d'Argelès « ont copié littéralement ou se sont inspirées d'un type commun ».[48]

J'ai cité (ajoute-t-il) onze communautés des environs de Tournay qui avaient déclaré, en mêmes termes, souffrir des mêmes maux.

Outre ces formules propres à telle région, les Cahiers révèlent la présence d'une formule générale que l'on trouve sur tous les points de la province. (*La Bigorre...*, p. 18.)

Cette formule-là, c'était la Planche d'Architecture mère, celle que les « Lumières » du Grand-Orient de France avaient adressée de Paris aux « Lumières » des Loges de Bigorre, comme aux « Lumières » des Loges de Dijon et de Rennes, où nous avons déjà vu opérer les Frères***.

---

[48] Ce fut en Bretagne comme en Bigorre. Que l'on confronte plutôt les dires du F*** Jouaust sur la prépondérance de ses FF*** dans les élections de 1789 en Bretagne avec un article de M. Sée (professeur d'histoire à l'Université de Rennes) paru dans l'une des nombreuses revues chargées de distiller les poisons jacobins et intitulé : Les Cahiers de paroisses de la Bretagne en 1789. Là aussi, il est question, de doléances générales qui étaient des reproductions d'un modèle. (*La Révol. Française*, n° du 14 juin 1904.) (L. D.)

Pour Dijon et la Bourgogne, MM. Cochin et Charpentier ont fourni les détails les plus précis sur les manigances toujours hypocrites et souvent révoltantes de malhonnêteté (maçonniques en un mot) qui en 1789 servirent à fabriquer l'opinion.

C'est - nous allons le voir - un abus de confiance qui donna l'hôtel de ville de Dijon à la bande maçonnique pour base de ses opérations en Bourgogne. Quoi de plus naturel quand on songe aux vols et aux pillages monstrueux qui remplissent les annales de la Révolution. Ce ne fut là qu'un commencement.

Une fois la Requête au Roi rédigée, la Maffia Maçonnique de Dijon décida :

« de la faire approuver aux Échevins et au Vicomte Mayeur, de l'envoyer en leur nom au Roi, à M. Necker, à l'intendant, au gouverneur militaire, et d'autre part aux villes de la province et du royaume qui seront priées d'en faire une semblable et de la répandre de la même manière.

Ces points établis, on entreprend les autres Corporations : plan et requête sont adoptés par les médecins et chirurgiens le 5 décembre ; par les procureurs au bailliage le 6 ; par les notaires le 8 ; le 9 par les procureurs au Parlement, les procureurs à la Chambre des Comptes, les tanneurs et les écrivains ; le 10 par les apothicaires, les horlogers, les épiciers, les perruquiers... On voit avec quelle tactique procédait le parti, dès les premiers pas : des naïfs auraient prié le Maire d'assembler le Corps de Ville, et de lui soumettre leur projet de requête. Mais le Maire pouvait refuser ; de plus une assemblée nombreuse a des retours imprévus et se mène mal. Le comité des avocats préfère appeler les Corps un à un, à petit bruit, en commençant par ceux où il a le plus d'amis, les médecins et les gens de Palais : de cette manière, des minorités importantes, des majorités mêmes peuvent être surprises et éliminées discrètement, sans avoir eu le temps de se reconnaître ni de s'unir. Puis, le faisceau des adhésions grossissant, l'assurance augmente : on convoque des corporations moins voisines du Palais, et en plus grand nombre ; elles se trouvent en présence d'une requête toute prête et déjà votée par des corps influents ; quelques membres sont d'intelligence avec les avocats ; on pèse sur la décision des autres de tout le poids des adhésions obtenues ; et ils votent : c'est la tactique de la boule de neige.

Le 10 décembre, treize Corps avaient adhéré. C'était peu dans une ville qui en comptait plus de cinquante. Mais le Parlement prenait l'éveil... Les avocats jugèrent le moment venu d'aborder la deuxième partie de leur plan. Jusque-là, les assemblées des Corps sont censées individuelles et spontanées. Elles sont provoquées, sans doute, par les avocats, mais officieusement ; ils ne tiennent pas à se donner une importance illégale qui eût fait des jaloux et inquiété le pouvoir, en proposant eux-mêmes leur plan. Cette consultation du Corps de Ville, le Maire et les Échevins seuls peuvent la faire.

Or, à l'Hôtel-de-Ville, la cabale a pour elle Trullard, le Procureur Syndic, un de ses meneurs. Le Vicomte Mayeur, M. Mounier, est de cœur avec le Parlement mais il a peur des avocats et prend le parti de tomber malade. Quant aux Échevins, Trullard les réunit à l'Hôtel-de-Ville le dimanche 11 décembre, et leur soumet un projet de requête insidieux, tout semblable à celui des avocats, à une différence près : l'article le plus important est omis, on ne dit mot du vote par tête. Les Échevins approuvent. Aussitôt les députés de l'ordre des avocats se présentent à la porte de la salle, suivis des délégués des treize corporations consultées les jours précédents et de sept autres, gagnées le matin même. Ils n'étaient pas convoqués et le Maire était absent ; on les admet pourtant, pêle-mêle avec une cinquantaine de citoyens zélés. Trullard se lève et propose, au nom du Corps de Ville, la requête écourtée qu'il venait de faire signer aux Échevins. Arnoult, syndic des avocats, prend alors la parole au nom de cet ordre, déclare adhérer au projet des Échevins et, sous prétexte de le répéter, le complète en y remettant l'article du vote par tête. Le tour est joué. Les assistants acclament en tumulte. Le comité des avocats reçoit tous pouvoirs pour exécuter les décisions de l'assemblée et les Échevins n'osent rien dire.

Pas un article de la requête ni un membre du comité n'avait changé ; mais la requête ratifiée tant bien que mal par les Échevins et les Corporations était devenue « le vœu librement émis du Tiers de la Ville de Dijon », et le comité des avocats l'envoyait, sous ce titre imposant, aux autres villes de la province, en les invitant, de la part du Vicomte Mayeur (!) à suivre l'exemple de la capitale. » (Cochin et Charpentier, *La Camp. élect...*, pp. 11 à 14.)

Le Vicomte Mayeur, hostile au « plan » des FF*** avocats, était alors atteint d'une maladie diplomatique. Mais qu'importait une forfaiture de plus aux faussaires des Loges !...

Tels furent le mensonge, l'abus de confiance, le faux (le tout bien maçonnique !) sur lesquels s'édifia la propagande électorale de la Maçonnerie en Bourgogne. D'ailleurs, comme l'ont dit et redit MM. Cochin et Charpentier, après Taine, il en fut de même dans la France entière. À travers toute la France également, les agissements des Maçons dans les assemblées électorales donnèrent le signal des désordres :

« Dans les quatre mois qui précèdent la prise de la Bastille, on peut compter plus de trois cents émeutes en France. » (Taine, *La Révol.*, I, p. 13.)

En Normandie, en Touraine, en Orléanais, « dans toute l'étendue du royaume le spectacle est pareil », d'émeutes « à grand peine contenues par les troupes et la maréchaussée », ainsi que le baron de Besenval, commandant militaire des provinces du Centre, l'écrivait à Necker le 20 avril 1789.

En Provence aussi les nouveautés politiques sont l'étincelle qui met le feu à l'amas de poudre ; partout c'est le jour même de l'assemblée électorale que le peuple se soulève ; en moins de quinze jours, il y a dans la province 40 à 50 insurrections. (Taine, *La Révol.*, I, p.23.)

L'heure est venue où, sous de mystérieuses suggestions, les Loges remplies jusque-là de dupes et de beaux parleurs vont ouvrir leur sein complaisant aux hommes de pillage et de meurtre... Après la salive, le sang.

ÉPURATION MAÇONNIQUE

C'est par une transmutation digne des plus puissants adeptes qui aient jamais possédé la pierre philosophale, que le Pouvoir Occulte a changé les Loges - assemblées de bavards suggestionnés - en des repaires d'assassins. Mais à travers quelles savantes gradations !...

En 1789, la Bourgogne et la Bretagne, aux deux extrémités de la France, nous font saisir sur le vif le procédé du Pouvoir Occulte occupé à modifier au fur et à mesure l'état d'esprit avec la composition des Loges, afin d'adapter constamment l'instrument maçonnique à la besogne attendue de lui pour un moment déterminé.

La Bourgogne et la Bretagne, en effet, au début de la campagne électorale en vue des États-Généraux, furent ensemble le théâtre de la même guerre fratricide : la guerre des FF*** de la basoche révolutionnaire contre les FF*** de la noblesse de robe et des Parlements. Et cette guerre, ici et là, dans ces deux provinces si distantes l'une de l'autre, est menée avec les mêmes armes, sur un plan manifestement commun.

Nous sommes en présence (écrivent MM. C.et Ch.) d'une de ces épurations qui marquent les différentes étapes de la Révolution... (*La Camp. élect...*, p. 26.)

C'est bien en épurant les Loges - au profit d'un fanatisme grandissant contre les traditions catholiques et royalistes - qu'on procéda pour les conduire de l'opposition factieuse mais relativement anodine des FF*** des Parlements (après le Procès du Collier), jusqu'à l'époque des insurrections, lorsque les Francs-Maçons se répandront dans les clubs pour y devenir les ferments les plus actifs de la Révolution.

Et cet ON terriblement habile, c'est l'organisme secret qui, à leur insu, mène ces clans maçonniques destinés à se culbuter les uns par-dessus les autres. Cet ON, c'est le Pouvoir Occulte, le Bund mystérieux qui agit en 1789 dans les sous-sols de la Révolution française, comme il agira, de nos jours, dans les sous-sols de la Révolution russe.

Nous n'avons pas encore eu l'occasion de dire qu'en mai 1788, quand le Ministère voulut supprimer les Parlements, des troubles avaient déjà éclaté partout à la fois, si bien qu'en juin le Roi s'était vu forcé de céder devant la coalition des FF*** de la Basoche et des FF*** des Parlements. Or, quand la coterie des avocats de Dijon s'efforça de décider les parlementaires à signer sa fameuse Requête au Roi, son orateur lui dit :

« Souvenez-vous du 28 mai dernier : « ce que vous fîtes l'année dernière annonce ce que vous allez faire aujourd'hui... » En mai 1788 (écrivent MM. C. et Ch.), le parti[49] avait à sa tête un état-major qu'il perdit, ou exclut depuis : c'était cette même noblesse de robe, ces mêmes parlementaires si fort malmenés six mois plus tard, ivres de

---

[49] Le comité d'action maçonnique en Bourgogne. (L. D.)

popularité, et se servant pour ébranler l'autorité du Roi des mêmes hommes, des mêmes cadres, des mêmes « moyens » secrets et puissants qu'ils jugeaient si dangereux en décembre. Ainsi les parlementaires avaient comploté avec les avocats ; avant de les combattre ils avaient fait campagne à leurs côtés... Voilà pourquoi les parlementaires voient si clair dans le jeu des avocats, et ont si peur d'eux : ils ont joué le même jeu six mois plus tôt, en connaissent les règles savantes et cachées, dont la première est de ne jamais dire où on va, et soupçonnent les avocats de vouloir aller très loin... ; voilà pourquoi enfin le peuple, le clergé, la plus saine partie de la noblesse, le roi lui-même n'ont pas peur et ne voient rien : ils ne sont pas initiés. (MM. Cochin et Charpentier, *La Camp. élect...*, p. 25.)

Commentons ces judicieuses remarques sur la Révolution en Bourgogne à l'aide de certains textes contemporains des événements et relatifs à la Bretagne. Là, comme en Bourgogne, les FF*** du Parlement qui avaient ouvert le feu contre l'autorité royale n'ont joui que bien peu de temps de leur popularité : épurés, excommuniés par la nouvelle équipe maçonnique – celle des Cahiers et des Élections aux États - voici les FF*** parlementaires cruellement attaqués dans des pamphlets enragés... Pour ces libelles anonymes, frères cadets des immondices ramassées contre Marie-Antoinette, nous connaissons les officines où ON les a fabriqués : ils font partie de l'arsenal des armes honteuses maniées par ces Francs-Maçons qui, au dire du F*** Jouaust, ont été les vrais chefs des mouvements révolutionnaires de 1789, en Bretagne - comme ailleurs !

On lit dans l'Histoire authentique (sic) et suivie de la Révolution (Londres, 1792) :

« Ce fut surtout en Bretagne que commença d'éclater le feu de la discorde : Événement d'autant plus remarquable que cette province avait été la première... à s'opposer peu de mois auparavant au despotisme ministériel, à réclamer unanimement le retour du Parlement devenu, depuis, l'horreur, l'exécration et ce qui pis est, le mépris et la fable du 3e Ordre. » (*Hist.*, t. 1, p. 88.)

Je n'ai pas besoin de faire remarquer combien vive est la lumière que projette sur les aveux du F*** Jouaust touchant le Maçonnisme de la Révolution en Bretagne le simple énoncé de ce fait historique : ce fut surtout en Bretagne que commença d'éclater le feu de la discorde ! ...

ARRÊTS DU PEUPLE

À la suite du passage ci-dessus, l'auteur de *l'Histoire autentique et suivie* a publié en note :

« une de ces pièces essentielles à conserver, dit-il, et que leur rareté rendrait suspecte, si l'on n'était à portée d'en vérifier l'exactitude sur les lieux mêmes. C'est un Arrêt du Peuple, du 9 janvier 1789, affiché à Rennes le jour même et le 10 à tous les Carrefours et Portes d'Églises de Nantes et de Saint-Malo » (tome I, p. 88).

L'astuce et la tartuferie maçonniques brillent de toute leur splendeur dans cet Arrêt du soi-disant Peuple rédigé par les Maçons de Rennes. Cela semble d'ailleurs la paraphrase de l'apostrophe des avocats de Dijon rappelant aux parlementaires qu'ils avaient conspiré ensemble, en 88. En termes véhéments, le soi-disant Peuple reproche aux membres du Parlement de Rennes d'oublier que « sans l'enthousiasme populaire », l'année passée, ils étaient perdus. Il stigmatise leur ingratitude, il flagelle leur partialité qui les pousse à dénier le droit de réunion aux gens du commun, tandis que lui, le Parlement, s'est bien assemblé quand il ne formait plus corps : il n'a point eu égard aux coups d'une autorité qui le séparait. Après avoir montré lui-même que des lois injustes ne peuvent enchaîner, peut-il espérer que son arrêt produira quelque effet ?

Par toutes ces considérations, le Peuple, en vertu de l'autorisation que donnent toujours la Justice et la Raison, casse et annule ledit arrêt, fait défense à tous ses députés d'y avoir égard... (tome I, p. 89)

Si l'on veut mesurer d'un seul regard l'immense chemin parcouru (dans l'espace de cinq mois !) par la Maçonnerie en route vers la Terreur, il faut, après ce placard affiché au nom du Peuple le 9 janvier 1789, envisager un autre Arrêt du Peuple : c'est Arthur Young[50] qui l'a rapporté dans sa lettre du 9 juin 1789 où nous lisons :

Il y a trois jours, un enfant de quatre ans, mais plein d'intelligence et bien appris, fit le tour du jardin (du Palais-Royal) en plein jour, au moins vingt fois, porté sur les épaules d'un crocheteur. Il criait : « Arrêt du Peuple français ; la Polignac exilée à cent lieues de Paris Condé idem ; Conti idem ; d'Artois idem ; la Reine... je n'ose vous le répéter. »

---

[50] Arthur Young était un agronome distingué d'Angleterre qui, pour ses études scientifiques, parcourut toute la France en juillet et en août 1789. Ses lettres forment un tableau remarquable de l'état du royaume au début de la Révolution.

X

LA REINE ET LES ÉTATS GÉNÉRAUX

On vient de le voir : au milieu de 1789, la Maçonnerie tient à son actif une double victoire. Les élections viennent de remplir les États-Généraux de ses initiés : la voici à même de saisir le pouvoir en France. En outre, Marie-Antoinette - qui seule est un obstacle sérieux à la réussite de ses complots - est partout exécrée, honnie, et les haines semées sans relâche depuis quinze ans contre la Reine vont se manifester coup sur coup, de la plus cruelle façon, au moment même où se réunissent les États-Généraux.

« Jusqu'ici, écrit M. de la Rocheterie, malgré les nuages passagers qui assombrissent son ciel bleu, malgré de noirs pressentiments et des tristesses contenues, nous avons vu la Reine relativement heureuse : elle a encore pour elle l'éblouissement de la jeunesse et la majesté de la Couronne. Si l'on marche à l'abîme, on y marche lentement, et l'éclat du Trône, le rayonnement de la maternité dissimulent à demi le gouffre béant. Aujourd'hui, les voiles se déchirent ; le danger apparaît, pressant, inexorable, et sur le front même de la mère un nouveau rayon va s'éteindre. La Reine de Trianon a disparu ; la Reine de Versailles va disparaître ; voici venir la Reine des Tuileries, en attendant la Reine du Temple et de la Conciergerie. La souveraine se dépouille, mais la femme grandit ; son caractère se retrempe et l'épreuve la transfigure. Toutes les qualités vigoureuses, contenues en germe dans sa nature, et que la bonne fortune avait comme cachées sous le vernis plus séduisant des qualités aimables, la dignité fière, la vaillance intrépide, le mépris du danger, l'élan, l'indomptable fermeté d'âme se développent et s'accusent en saillie ; la femme élégante fait place à la femme forte. » (M. DE LA ROCHETERIE, *Hist. de Marie-Antoinette*, Paris, Perrin, 1892, t. II, p. 2.)

« ... Au printemps de 1789..., tout était à l'espérance on rêvait de l'âge d'or. Il est difficile aujourd'hui de se faire une idée du tressaillement qui s'était emparé de la France, à l'approche des États-Généraux... De tous côtés on saluait avec enthousiasme cette ère nouvelle qui s'ouvrait...

... Au milieu de cette satisfaction générale, il y avait un point noir : c'était la Reine. Les acclamations qui saluaient le Roi se taisaient devant sa femme. La calomnie avait fait son œuvre, et tous ces nobles de province, ces curés de campagne, ces bourgeois de petites villes, qui composaient l'immense majorité des États, arrivaient des extrémités de la France imbus des plus détestables préjugés contre l'infortunée Princesse. Les pamphlets que la malignité avait vomis contre elle, ces rumeurs vagues et mystérieuses qui circulent partout, colportées à voix basse sans qu'on puisse savoir d'où elles émanent... avaient si souvent répété que la Reine était l'auteur de tout le mal, qu'on s'était habitué à voir en elle, avec la cause du déficit, le seul obstacle sérieux à des réformes efficaces. « La Reine pille de tous côtés, pour envoyer même, dit-on, à son frère l'Empereur», écrivait, en 1787, sur son registre paroissial, un prêtre du Maine...[51] Si, dès 1787, de pareils bruits avait pénétré jusqu'au fond des campagnes et trouvé créance près d'hommes éclairés comme le curé Boucher, on juge de ce que cela devait être, deux ans plus tard, lorsque la convocation des États-Généraux eut surexcité les esprits... Que les réformes annoncées échouassent, c'était à Marie-

---

[51] Revue des Questions historiques : Th. Meignan, *Registres paroissiaux de l'État civil* ; janv. 1879, p. 149. (Registre du Curé Boucher.)

Antoinette que les impatiences de l'opinion... devaient s'en prendre ; on lui imputerait tout le mal qui se ferait, tout le bien qui ne se ferait pas. » (M. DE LA ROCHETERIE, Hist., t. II, pp. 2 à 5.)

Les suspicions et les colères que la Maçonnerie a doucement amenées à leur paroxysme se manifestèrent dès les premiers jours de la réunion des États-Généraux :

« Les députés du Tiers, raconte Mme Campan, arrivaient à Versailles avec les plus fortes préventions contre la Cour... Ils croyaient que le Roi se permettait les plaisirs de la table jusqu'à des excès honteux ; ils étaient persuadés que la Reine épuisait les trésors de l'État pour satisfaire au luxe le plus déraisonnable ; presque tous voulurent visiter le Petit Trianon. L'extrême simplicité de cette maison de plaisance, ne répondant pas à leurs idées, quelques-uns insistèrent pour qu'on leur fît voir jusqu'aux moindres cabinets, disant qu'on leur cachait les pièces richement meublées. Enfin, ils en indiquèrent une qui, selon eux, devait être partout ornée de diamants, avec des colonnes torses mélangées de saphirs et de rubis. La Reine ne pouvait revenir de ces folles idées... » (Mme CAMPAN, Mémoires..., édit. Didot, Paris, 1849, p. 229.)

Quelques jours plus tard, ce sera l'un de ces députés du Tiers (pénétrés de Maçonnisme !) qui enverra en Alsace la lettre odieuse dont Arthur Young[52] eut l'écho dans une conversation de table d'hôte où l'on affirmait que la Reine était à la tête d'un complot, qu'on en était sûr, qu'un député l'avait écrit...

Mme Campan n'eut garde d'omettre dans ses Mémoires une anecdote « qui prouve, dit-elle, qu'une faction avait ourdi des trames contre la Reine » :

---

[52] Nous citerons au chapitre suivant la lettre où Arthur Young relate cette infamie.

« Lors de la procession des États-Généraux (le 4 mai 1789, à Versailles), des femmes du peuple, en voyant passer la Reine, crièrent *vive le duc d'Orléans !* avec des accents si factieux, qu'elle pensa s'évanouir. On la soutint et ceux qui l'environnaient craignirent un moment qu'on ne fût obligé d'arrêter la marche de la procession. » (Mme CAMPAN, *Mémoires...*, p. 227.)

De son côté, le Gouverneur Morris, ambassadeur des États-Unis, constate que « pas la moindre acclamation n'accueillit la Souveraine » :

« Je n'ai pu m'empêcher, écrit-il, de ressentir l'affront fait à la pauvre Reine, car je ne vois en elle que la femme, et il me semble lâche de se montrer dur envers une femme. » (*Journal de Gouv. Morris*, 1789 à 1792, Paris, Plon, 1901, p. 26.)

L'Américain Morris parlait là comme eût parlé tout Français, avant l'envahissement de la peste maçonnique. Mais les abominables traitements qui seront bientôt infligés à Marie-Antoinette par les valets des Arrière-Loges nous donneront une preuve trop cruelle de la vérité du mot de l'abbé Le Franc : La Franc-maçonnerie a changé les mœurs de la France !

Le discours prononcé par Louis XVI dans la Chambre des Menus, à l'ouverture des États-Généraux, est interrompu, écrit le républicain Morris, « par des applaudissements si chaleureux et si communicatifs que les larmes inondent mon visage malgré moi. La Reine pleure ou semble pleurer, mais pas une voix ne s'élève pour elle. J'élèverais certainement la mienne si j'étais Français ; mais je n'ai pas le droit d'exposer mes sentiments, et c'est en vain que je prie mes voisins de le faire. » (*Journal de Gouv. Morris*, p. 28.)

Dès l'issue même de la séance royale, les difficultés commencèrent. Le Tiers refusa de se rendre, comme les deux autres Ordres, dans le local qui lui était désigné ; il resta dans la Chambre des Menus, semblant ainsi prétendre personnifier, à lui seul, la Nation tout entière. Le colossal brandon de discorde allumé depuis longtemps par la Maçonnerie - la question du vote par tête - fit ensuite son œuvre.

« Ainsi commençait à se creuser, entre une royauté qui semblait impuissante et une Assemblée qui tendait manifestement à s'emparer du pouvoir, le gouffre où devait sombrer la Monarchie.

Cette situation attristait profondément Marie-Antoinette. Vainement s'était-elle efforcée de s'attirer les sympathies des députés. Vainement avait-elle ordonné que ses jardins de Trianon, ceux de Versailles, le Château leur fussent ouverts à toute heure. Vainement avait-elle fait remettre à chacun d'eux une carte qui leur donnait l'entrée gratuite aux spectacles de la ville et de la Cour. Les rares députés qui avaient cru pouvoir répondre à ces avances étaient signalés aux vengeances populaires comme des séides de la Reine et des ennemis de la Nation. La pauvre Souveraine était navrée et je ne sais quels pressentiments sinistres agitaient son esprit. » (M. DE LA ROCHETERIE, *Hist...*, t. II, p. 12.)

C'était la Maçonnerie - reine du Mensonge et de la Délation - qui désignait ainsi aux fureurs populaires qu'elle excitait lâchement dans l'ombre les hommes assez courageux pour témoigner quelque sympathie à la Reine de France ! En peut-on douter quand on sait qu'en ces jours-là mêmes un député, le F*** Adrien du Port,[53] exposait à la Loge *Les Amis*

---

[53] Du Port, député de la Noblesse de Paris aux États-Généraux, fut l'un des magistrats du Parlement que les Loges ont le plus suggestionné. Il fut des 46 nobles qui passèrent au Tiers, en juin 1789 ; mais dès le retour de Varennes il se repentit ! Proscrit en 1792 comme royaliste, il mourut en Suisse, dans la misère.

Réunis son système de la terreur et, pour sa part, signalait comme victimes à sacrifier Foulon, Berthier, d'autres encore...

LA SYSTÈME DE LA TERREUR ET LA LOGE « LES AMIS RÉUNIS »

Il est en effet un point d'histoire avéré : l'organisateur apparent des premiers massacres destinés à mater la France par la peur fut le F*** Adrien du Port, de la Loge parisienne *Les Amis Réunis*.

Dès 1800, un ex-ministre de Louis XVI, Bertrand de Molleville, a dévoilé les affreuses combinaisons que le F*** du Port avait conçues et fait adopter par le Comité de propagande de la Loge *Les Amis Réunis*, à la fin du mois de juin 1789. Bertrand de Molleville rapporte comme il suit le discours tenu par le F*** du Port à ses affidés :

« Ce n'est que par les moyens de terreur (avait dit le F*** Duport en propres termes) qu'on parvient à se mettre à la tête d'une révolution et à la gouverner. Il n'y en a pas une seule dans quelque pays que ce soit que je ne puisse citer à l'appui de cette vérité. Il faut donc, quelque répugnance que nous y ayons tous, se résigner au sacrifice de quelques personnes marquantes. »

Duport (ajoute de Molleville) fit pressentir que Foulon, le contrôleur général des finances, devait naturellement être la première victime. Il désigna ensuite l'intendant de Paris, Berthier.

« Il n'y a qu'un cri, dit Duport, contre les intendants ; ils pourraient mettre de grandes entraves à la révolution dans les provinces. M. Berthier est généralement détesté : on ne peut pas empêcher qu'il ne soit massacré, son sort intimidera ses confrères, ils seront souples comme des gants... » (B. DE

MOLLEVILLE, *Hist. de la Révol. franç.*, t. IV, p. 181, Paris, an IX.)

Le Comité de propagande de la Loge *Les Amis Réunis* (centre du complot maçonnique) adopta le plan du F*** du Port et les moyens criminels qu'il proposait.

« L'exécution suivit de près, continue de Molleville ; le massacre de MM. de Launay, de Flesselles, Foulon et Berthier, et leurs têtes promenées au bout d'une pique[54], furent les premiers effets de cette conspiration philanthropique. Ses succès rallièrent bientôt, et pour longtemps, les différents partis révolutionnaires qui commençaient à se défier les uns des autres, mais qui, voyant tous les obstacles aplanis par cette horrible mesure, se réunirent pour en recueillir le fruit. » (Id. ibid., t. IV, p. 181.)

Depuis mai 1789 jusqu'à Thermidor, c'est invariablement par la terreur que la Franc-maçonnerie installe et maintient sa domination : c'est la peur, qui à Versailles, en mai, enlève à la Reine quelques défenseurs éventuels ; c'est la peur (la Grande Peur !) qui, en juillet, va souffler sur toute la France en même temps le même vent de panique démente.

Mais - redisons-le à satiété - c'est entre les deux dates précédentes, c'est en juin que le F*** Adrien du Port dogmatisa sur le système de la terreur et désigna les victimes qui, trois semaines plus tard, seront dépecées vivantes par les hommes de main des Loges. Telle est l'odieuse unité de vues et d'action que la Maçonnerie a imprimée à toute la période révolutionnaire.

---

[54] Le mois suivant, en juillet 1789. (L. D.)

La Mort du Dauphin

On le sait : cette unité de vues et d'action visait la Reine depuis quinze ans. Chaque jour elle sentait autour d'elle les ténèbres s'épaissir, les haines grandir et s'exalter. Aussi les peines cuisantes qui lui furent infligées coup sur coup en mai 1789 furent-elles pour Marie-Antoinette le présage que d'effroyables malheurs lui étaient préparés par ses ennemis cachés dans l'ombre... Et des pressentiments lugubres l'étreignaient.

« La Reine, écrit Mme Campan, se couchait très tard ou plutôt cette infortunée princesse commençait à ne plus goûter de repos. Vers la fin de mai, un soir qu'elle était assise au milieu de la chambre, elle racontait plusieurs choses remarquables, qui avaient eu lieu pendant le cours de la journée. Quatre bougies étaient placées sur sa toilette ; la première s'éteignit d'elle-même ; je la rallumai ; bientôt la seconde, puis la troisième s'éteignirent aussi ; alors la Reine me serrant la main avec un mouvement d'effroi, me dit : *Le malheur peut rendre superstitieuse ; si cette quatrième bougie s'éteint comme les autres, rien ne pourra m'empêcher de regarder cela comme un sinistre présage.* La quatrième bougie s'éteignit.

On fit observer à la Reine que les quatre bougies avaient été probablement coulées dans le même moule, et qu'un défaut à la mèche s'était naturellement trouvé au même endroit, puisque les bougies s'étaient éteintes dans l'ordre où on les avait allumées. » (Mme CAMPAN, Mémoires... Paris, édit. Didot, 1849, p. 228.)

Vaines explications ! Elles ne délivrèrent pas la Reine du cauchemar éveillé où elle vivait. Ses pressentiments d'ailleurs ne furent pas trompés : quelques jours après cette scène des quatre bougies, le Dauphin mourut à Meudon.

Bien différent de son jeune frère (le malheureux Louis XVII), le premier Dauphin était malingre, chétif. Déjà en 1788 son dos se voutait et ses jambes avaient peine à le porter. Mais en 1789 le mal empira ; la gangrène gagna l'épine dorsale et si son intelligence restait vive, son caractère s'était aigri.

« Du moins restait-il d'une tendresse touchante pour sa mère. On eût dit qu'avant de la quitter il voulait lui donner tout ce qu'il avait d'affection dans le cœur. Il la suppliait de demeurer près de lui, et pour lui faire plaisir, elle restait parfois à diner dans sa chambre. Hélas ! la pauvre mère avalait plus de larmes que de pain. » (M. DE LA ROCHETERIE, *Hist...*, t. II, p. 16.)

Le 4 mai 1789, ce ne fut que d'un balcon, où on le tenait couché sur des coussins, que l'héritier du Trône put assister à cette procession des États-Généraux qui marqua le commencement de l'agonie de la Royauté française et pendant laquelle la Reine fut l'objet des cris de haine que l'on sait. Un mois après, le Dauphin à son tour entrait en agonie.

Tandis que les bêtes de proie de la Maçonnerie aiguisaient leurs griffes et arrêtaient leurs plans de massacre, voici ce qui se passait à Meudon : le duc d'Harcourt, gouverneur du Dauphin, envoyait son secrétaire, M. Lefèvre, supplier le Roi, qui arrivait de Versailles, à ne pas entrer dans la chambre du Prince.

Le Roi, raconte Lefèvre, s'arrêta de suite en sanglotant : « Ah ! mon fils est mort ! » - « Non, Sire, répondis-je, il n'est pas mort, mais il est au plus mal. » Sa Majesté se laissa tomber sur le fauteuil près de la porte. La Reine entra presque aussitôt, se précipita à genoux entre ceux du Roi, qui, en pleurant, lui cria : « Ah ! ma femme, notre cher enfant est mort, puisqu'on ne veut pas que je le voie » ... La Reine, en répandant un torrent de larmes et toujours les deux bras appuyés sur les genoux du Roi, lui dit : « Ayons du courage, mon ami ; la

Providence peut tout, et espérons encore qu'elle nous conservera notre fils bien-aimé. » (Le Gouvernement de Normandie, t. IV, p. 387)

Le lendemain 4 juin, à une heure de la nuit, le Dauphin mourut et, dès le matin même, Bailly, doyen du Tiers-État, vint présenter au Roi les maigres condoléances de son ordre et lui demander en même temps de recevoir une députation du Tiers désireux de lui remettre en mains propres une adresse sur la situation.

Bailly insista d'un ton si impérieux, dit Weber, ... que le Roi, tout absorbé dans sa douleur, dut céder à ces exigences et recevoir, dès le samedi 6 juin, avant même les funérailles du Dauphin, les députés du Tiers ; mais peu d'empiétements sur son autorité l'affectèrent autant que cette violation du sanctuaire intime de ses regrets : « Il n'y a donc pas de pères dans l'assemblée du Tiers ? » dit-il avec un amer serrement de cœur. (M. DE LA ROCHETERIE, t. II, pp. 17, 18.)

Ces Francs-Maçons des États-Généraux ne furent-ils pas alors aussi odieux que le gendarme qui tint à ne pas laisser la Reine changer de chemise sans témoins, avant de quitter sa prison pour aller à l'échafaud ?...

Le 17 juin 1789, la Franc-maçonnerie fait un nouveau bond vers le pouvoir souverain, et voici qu'aboutissent à leur résultat prémédité les complots dévoilés pour la seule Bourgogne par MM. Cochin et Charpentier - mais ourdis dans la France entière. Le 17 juin, en effet, le franc-maçon que le F*** Amiable a nommé solennellement, à la fête maçonnique anniversaire de la Révolution, comme l'un des trois Frères qui, dès l'abord, marquèrent le mieux leur place parmi les élus des Loges aux États-Généraux, le F*** Sieyès, fit voter à une énorme majorité une motion par laquelle l'assemblée du Tiers se déclarait Assemblée Nationale.

LA PEUR AUX ÉTATS-GÉNÉRAUX

Du jour où le Tiers - si profondément maçonnique ainsi que les FF. Amiable et Jouaust l'ont proclamé avec orgueil - se fut déclaré Assemblée Nationale, la Maçonnerie fut maîtresse souveraine en France. Dès lors, le mot fameux du F*** Sieyès sur le Tiers-État qui n'était rien et qui devait être tout nous apparaît comme un mensonge maçonnique destiné à voiler cette vérité lamentable, aussi vraie dès juin 1789 qu'elle l'est aujourd'hui : « l'État, c'est nous, les Francs-maçons ! »

Les émules du F*** Sieyès, ces Frères*** que le F*** Jouaust appelle la fleur du Tiers-État, se sont servis pour instaurer leur « Sainte Révolution » des moyens les plus honteux : dignes ancêtres des Maçons d'aujourd'hui qui volent les biens d'Église et jettent à la rue des religieuses mourantes, les Maçons de 1789 ont employé les armes les plus viles : contre la noble Reine Marie-Antoinette, la calomnie la plus ordurière ; et contre la noble France, hier encore si pleine de viril courage, la peur, cet infâme bâillon !

Devant l'audace révolutionnaire du Tiers-État, prétendant par sa désastreuse scission[55] du 17 juin incarner toute la France, le gouvernement ne pouvait se taire ; il annonça une séance royale pour le 22 juin et ferma jusqu'à ce jour la salle des Menus. Le 20, le Tiers trouva la porte gardée par des soldats et se réunit au vieux Versailles, dans la salle du Jeu de Paume.

Là, les FF*** visiteurs des Arrière-Loges eurent beau jeu, dans l'enfièvrement des esprits, pour exaspérer cette cohue avec les mensonges de ces « mille conspirations

---

[55] Ce mot est de MALOUET, *Mémoires*, 2e édit., t. I, p. 283.)

dangereuses » soi-disant tramées par la Cour (par la Reine, derrière la Cour !) - mensonges criminels dont la Maçonnerie bernait la France entière en ce moment.[56]

Congrûment cuisinés par les Hauts-Maçons qui les menaient à leur insu, et malgré leurs chefs apparents, malgré Malouet, malgré Bailly, malgré Mirabeau qui eut peur et n'essaya même pas de faire prévaloir ses sentiments, les députés du Tiers jurèrent de ne pas se séparer avant d'avoir donné, avec ou sans le Roi, une constitution à la France. Par ce serment fatal, comme a dit Mounier, la Maçonnerie accéléra terriblement la marche à l'abîme...

En même temps, toute la canaille cosmopolite qu'on avait vu entrer dans Paris dès la fin d'avril[57] est sur pied. Le 22, juin, d'Epresménil et l'abbé Maury manquent d'être assommés ; le 23 et le 25, l'Archevêque de Paris est lapidé dans les rues, son hôtel assiégé, jusqu'à ce qu'il promette de se réunir aux députés du Tiers.

Aujourd'hui, l'action du Grand-Orient s'exerce en-dessous, au Palais-Bourbon, de façon à ce que cela ne se voie pas. En 1789, les hommes de main des Loges terrorisaient, dans l'Assemblée dite Nationale, les parleurs formés dans leurs Tenues pour les pousser en avant, toujours plus en avant, jusqu'à ce qu'ils butent sur les marches de l'échafaud.

Quoique notre salle fût interdite, dit Bailly, il y avait toujours « plus de six cents spectateurs », non pas respectueux, muets, mais actifs, mêlés aux députés, levant la main aux motions... assemblée collatérale et, qui souvent

---

[56] Voir au sujet de ces bruits alarmants, la lettre de M. Turckheim député d'Alsace, à ses commettants, en date du 23 novembre 1789, Déjà, en juillet, Young eut l'écho de ces choses. Nous en parlons plus loin.
[57] Taine, *La Révolution*, t. I, p. 33, d'après les documents du temps. Nous y insistons ci-après.

impose à l'autre sa volonté. Ils notent et prennent par écrit les noms des opposants ; ces noms transmis aux porte-chaises qui se tiennent à l'entrée de la salle, et, de là, jusqu'à la populace qui attend les députés à la sortie, sont désormais des noms d'ennemis publics. Des listes en sont dressées, imprimées, et le soir, au Palais-Royal, deviennent, des listes de proscriptions. - C'est sous cette pression grossière que passent plusieurs décrets, entre autres celui par lequel les communes se déclarent Assemblée Nationale et prennent le pouvoir suprême. La veille, Malouet avait proposé de vérifier au préalable de quel côté était la majorité ; en un instant tous les Non, au nombre de plus de trois cents, se rangent autour de lui ; là-dessus, « un homme s'élance des galeries, fond sur lui et le prend au collet en criant... : « Tais-toi, mauvais « citoyen » ». On dégage Malouet ; mais la terreur s'était répandue dans la salle, les menaces suivirent les opposants « et le lendemain, ajoute Malouet, nous ne fûmes que quatre-vingt-dix ». Aussi bien, la liste de leurs noms avait couru ; quelques-uns, députés de Paris, vinrent trouver Bailly le soir même. L'un d'eux... avait été averti qu'on devait mettre le feu chez lui ; or sa femme venait d'accoucher, et le moindre tumulte devant la maison eût été mortel pour la malade. (Taine, *La Révolution*, Hachette, 1878, t. I, pp. 46, 47.)

« De pareils arguments sont décisifs », ajoute ironiquement M. Taine. - Et voilà les moyens qui donnèrent aux Francs-Maçons de 1789 de pseudo-majorités dans l'Assemblée dite Nationale. Que l'on compare ces moyens aux truquages variés qui aujourd'hui donnent aux petits-neveux des grands ancêtres des majorités aussi mensongères, aussi éloignées de représenter les véritables vœux de la Nation, et l'on verra que c'est toujours la même chose, avec cette circonstance aggravante que la bassesse d'âme des Francs-Maçons modernes est encore plus écœurante que celle des Frères*** de 1789 - et ce n'est pas peu dire.

« Les arguments décisifs » rapportés par M. Taine d'après Malouet furent très réellement ceux qui donnèrent au Pouvoir Occulte ses deux victoires dans les votes pour la transformation de l'Assemblée du Tiers en Assemblée Nationale et pour le Serment du Jeu de Paume. En voici un irrécusable témoignage :

« Trois jours après (les menaces contre Malouet), au Serment du Jeu de Paume, un seul député, Martin d'Auch, ose écrire à la suite de son nom « opposant ». Insulté par plusieurs de ses collègues, « dénoncé sur le champ au peuple qui s'est attroupé à l'entrée de la salle, il est obligé de se sauver par une porte détournée pour éviter d'être mis en pièces », et, pendant quelques jours, de ne plus revenir aux séances. - Grâce à cette intervention des galeries, la minorité radicale, trente membres environ, conduisent la majorité, et ne souffrent pas qu'elle se délivre. » (Taine, *La Révolution*, t. I, pp. 47, 48.)

Trois jours ont passé depuis le fatal serment du Jeu de Paume. Le 23 juin a lieu la séance royale annoncée pour le 22. Là, le Roi fait une déclaration qui réalise une partie considérable des réformes réclamées par les Cahiers.

« Qu'on relève les déclarations de Louis XVI le 23 juin, on y verra le principe, le développement même de toutes les réformes politiques qui ont été écrites depuis dans les éditions si souvent renouvelées de nos constitutions et de nos chartes. » (DE LARCY, Vicissitudes de la France, p. 11. Cité par M. DE LAROCHETERIE, Hist. de Marie-Ant., t. II, p. 23.)

Un adversaire déclaré mais loyal de l'Ancien Régime, Arthur Young, a de plus écrit ces lignes, au moment même où Louis XVI venait de parler :

« Tout le monde connaît les propositions faites par le Roi ; le plan était bon ; on accordait beaucoup au peuple sur les points essentiels. (*Voyage en France 1789, 1790*, t. 1, p. 349.) Les Communes, en refusant opiniâtrement ce qu'on leur propose, abandonnent au hasard des avantages certains et immenses, à ce hasard qui fera peut-être que la postérité les maudira, au lieu de bénir leur mémoire comme celle de vrais patriotes. » (Id., p. 355.)

Oui, la postérité les maudira, les criminels qui ont fait la Révolution, parce qu'ils l'ont faite non pas en patriotes français, mais en ennemis de la France, en instruments de la Maçonnerie, fille exécrable des exécrables Juifs Kabbalistes secrètement acharnés depuis des siècles à la destruction de la foi et de la monarchie chrétiennes, ces deux remparts des nations d'Europe contre la conquête juive.

Nous voici en juillet 1789 : tout ce que nous avons dit jusqu'à présent n'était que le prologue de ce drame : le complot maçonnique contre la France catholique et royale et contre Marie-Antoinette.

Maintenant, c'est le drame lui-même qui commence.

JUILLET 1789

« Voilà la victime ! » s'était écrié Mirabeau, l'un des conjurés du complot maçonnique, en désignant Louis XVI, le jour de l'ouverture des États-Généraux. Ce mot terriblement prophétique ne fut pas inventé après coup : Weber le relate dans ses Mémoires (t. 1, chap. IX, p. 335) et « Weber assistait à la séance », écrit le F*** Louis Blanc après avoir cité ce passage. (*Hist. de la Révol.*, t. II, p. 264.)

Au moment où nous en sommes de notre étude, en juillet 1789, Louis XVI fait un grand pas vers le sacrifice. Mais, à plusieurs reprises, Marie-Antoinette s'efforça de faire prévaloir des avis qui eussent peut-être sauvé la tête du Roi et la sienne. Hélas ! la fatalité était révolutionnaire, alors, comme de nos jours elle fut dreyfusarde pendant si longtemps. Cette fatalité, d'ailleurs, les Loges et leurs agents secrets en tissaient la trame jusque dans le palais de Louis XVI : grâce à elle, les avis de Marie-Antoinette ne furent jamais écoutés ; les aveugles mêlés de traîtres qui conseillaient le Roi le poussèrent sur la route de son angoissant Calvaire.

Quant à la Reine - résolue au Martyre - elle va prononcer bientôt, lorsqu'on la suppliera de s'éloigner, ces paroles admirables : « Toute réflexion faite, je ne partirai pas : mon devoir est de mourir aux pieds du Roi. »[58]

Mensonge et trahison, toute la Maçonnerie tient dans ces deux termes. À quel point le Roi était trompé, trahi, quelques mots des contemporains vont nous l'apprendre.

NECKER

Le principal cheval de relais de la Maçonnerie à ce moment était le Genevois Necker, premier ministre, dont les Loges avaient fait l'idole du peuple. Le double jeu de cet agent du Pouvoir Occulte a été démasqué dans ces courtes lignes qui concernent lui, sa sœur et son beau-frère, membre de cette monstrueuse Arrière-Loge qu'on appelait le *Club de la Propagande* :

Germain, beau-frère de Necker, recevait la veille des massacres des gardes du corps, le 6 octobre 1789, à Versailles, une lettre de sa sœur qui lui mandait : « Soyez tranquille, tout ira bien, nous ne pouvons parler, ni écrire » ; et pendant que son digne époux se tenait caché, elle, tranquille spectatrice des fureurs des brigands dans les galeries mêmes du château,

---

[58] Cité par Augeard, secrétaire des Commandements de Marie-Antoinette, *Mémoires secrets*, Paris, Plon, 1866, p. 205.

disait : « Laissez donc faire ce bon peuple ! Il n'y a pas de danger ! » (*Mémoires de Barruel*, t. IV, p. 305.)

De son côté, Mme Campan écrit dans ses Mémoires :

« Le trop mémorable serment... fait au Jeu de Paume à Versailles, fut suivi de la séance royale du 23 juin. La Reine regardait comme trahison ou lâcheté criminelle dans M. Necker de n'avoir pas accompagné le Roi (à la séance du 23). Elle disait qu'il avait changé en poison un remède salutaire ; que possédant toute la popularité, l'audace de désavouer hautement la démarche de son souverain avait enhardi les factieux et entraîné toute l'Assemblée, et qu'il était d'autant plus coupable que, la veille, il lui avait donné sa parole d'accompagner le Roi à cette séance. M. Necker voulut en vain s'excuser en disant qu'on n'avait pas écouté ses avis. » (*Mémoires*, édit, Didot, 1849, p. 252).

Les avis de ce demi-traître - s'il n'était entièrement traître - le Roi ne les avait que trop écoutés ! Au début de juin, Augeard, délégué de la Ferme Générale, avait présenté à la Reine (de suite elle en fit part à Louis XVI) un travail remarquable sur un moyen certain de sortir des embarras financiers d'alors. Son mémoire était, comme de juste, en opposition avec les idées subversives de Necker qui, pour accabler son Roi, jouait (en virtuose) du Déficit - le pauvre Déficit de quelques millions que la Révolution saura transformer en un colosse ! Ne fera-t-elle pas en effet une banqueroute de trente milliards, après avoir saccagé, ruiné le pays ?

« Necker veut nous tromper ! » dit la Reine à Augeard. « Il veut nous faire jouer notre royaume à quitte ou double ! ... » (Augeard, p. 183.)

Bien entendu, endormi par le fourbe genevois (que la Maçonnerie menait, à n'en point douter, par son beau-frère, le Haut-Maçon Germain) Louis XVI laissa de côté les conseils d'Augeard. Et le 23 juin la perfide abstention de Necker brisa dans l'œuf les réformes offertes par le Roi aux États-Généraux, - ces réformes dont la sagesse avait arraché à l'anglais Young un cri d'approbation pour Louis XVI et de réprobation contre le Tiers.

Le Commencement de la Fin

Mme Campan résume en ces termes le récit des affreuses journées qui suivirent :

Bientôt, les insurrections du 11, du 12 et du 14 juillet ouvrirent le cours des désastres dont la France était menacée. Le massacre de M. de Flesselles et de M. de Launay fit répandre à la Reine des larmes bien amères ...

Le soulèvement ne portait plus le seul caractère d'insurrection populaire : les mots Vive la Nation ! Vive le Roi ! Vive la Liberté ! avaient jeté la plus grande lumière sur l'étendue du plan des réformateurs. Cependant le peuple parlait encore du Roi avec amour et semblait le considérer comme propre, par son caractère, à favoriser le vœu de la Nation par la réforme de ce qu'on appelait les abus ; mais on croyait le Roi arrêté par les opinions et l'influence du comte d'Artois et de la Reine et ces deux augustes personnes étaient alors l'objet de la haine des mécontents. (*Mémoires*, p. 243.)

Un mois auparavant, Arthur Young avait déjà vu de ses yeux l'infâme comédie que nous avons dite, cet enfant promené au Palais-Royal sur les épaules d'un crocheteur et criant :

« Arrêt du Peuple français : la Polignac exilée à cent lieues de Paris ; Condé idem ; Conti idem ; d'Artois idem ; la Reine... » je n'ose le répéter (ajoutait Young).

On voit ici avec quelle astuce diabolique le Pouvoir Occulte attisait le feu des colères de la populace contre la malheureuse Marie-Antoinette - et quelle populace ! À la boue des bas-fonds parisiens, il avait mêlé la plus infecte lie des vagabonds cosmopolites, - dignes ancêtres de cette canaille internationale que Maurice Talmeyr nous montrait tout récemment, largement hospitalisée dans le Paris d'aujourd'hui :

Pendant les derniers jours d'avril (1789), les commis virent entrer dans les barrières (parisiennes) « un nombre effrayant d'hommes mal vêtus et d'une figure sinistre... » (BEZENVAL, *Mémoires*, t. I, p. 353.)

Dès les premiers jours de mai, on remarque que l'aspect de la foule est changé ; il s'y mêle « une quantité d'étrangers, venus de tous pays, la plupart déguenillés, armés de grands bâtons et dont le seul aspect annonce tout ce qu'on en doit craindre. » (Taine, *La Révolution*, t I, p. 33.)

« On ne se doute pas d'avoir vu de pareilles têtes en plein jour... D'où sortent-ils ? Qui les a tirés de leurs réduits ténébreux ?... Les uns presque nus, les autres bizarrement vêtus de loques disparates, « affreux à voir » voilà les chefs ou comparses d'émeute à 6 francs par tête, derrière lesquels le peuple va marcher. » (Taine, *Anc. Rég.*, p. 508.)

Le 11 juillet, le Roi se prive, en termes pleins de douceur, des services de Necker. Aussitôt, branlebas général... - Des émissaires pénètrent dans les lieux publics, dans les théâtres, qui vont se vider en quelques instants : là, ils crient d'une voix lugubre que la Patrie est en danger, dès lors que Necker, l'ami du Peuple, n'est plus là pour le protéger. Au Palais-Royal, quartier général des émeutiers, « on couvre d'imprécations le comte d'Artois et la Reine à qui l'on attribue le renvoi de Necker ».[59]

Nous retrouvons ainsi, le 11 juillet, dans les hurlements de la plèbe fanatisée, ce que glapissaient, dix ans auparavant, les vers infâmes dictés par les Arrière-Loges : l'accusation d'amours criminelles enchaînant « Toinette » à « Charlot » !

Camille Desmoulins qui, suggestionné par les calomnies dont la Maçonnerie avait saturé la France, venait, dans un exécrable poème, d'appeler la Reine une « Messaline », le F*** Camille Desmoulins entraîne à travers Paris les bêtes fauves du Palais-Royal. Les Garde-françaises « dont la plupart faisaient métier de souteneurs »,[60] et qui - en outre - étaient entrés en masse dans les Loges, se joignent à l'émeute et marchent contre les troupes royales... Et voici que se déchaîne sur la France le Tohu-Vah-Bohu talmudique réalisé par les Arrière-Loges, filles des Rose-Croix kabbalistes.

---

[59] De la Rocheterie, Histoire de Marie-Antoinette, t. II, p 28.
[60] M. Funck-Brentano, Légendes de la Bastille, p. 261.

XI

LA PRISE DE LA BASTILLE
ET LA GRANDE PEUR

Dans son Rapport lu à la Tenue Plénière des RR*** LL*** *Paix et Union et la Libre Conscience à l'Orient de Nantes*, le lundi 23 avril 1883, le F*** Brunellière a caractérisé l'action finale par laquelle la Maçonnerie mit en branle la Révolution, quand il a dit que « Weishaupt avait caché à beaucoup de ses initiés l'appel à la force des masses ». (*Rapport* .... p. 7.)

L'APPEL À LA FORCE DES MASSES

Un siècle auparavant, l'abbé Barruel exprimait la même idée que le F*** Brunellière, lorsqu'il racontait l'illuminisation des Loges françaises par des députés chargés en février 1787 de leur porter un nouveau grade :

« ... Mais c'était peu de ces Frères acquis à l'illuminisme dans les anciennes Loges ; l'Epopte de Weishaupt exhorte ses adeptes à se fortifier par la multitude. C'est aussi à l'époque du nouveau grade et du départ des Députés, que l'on voit à Paris et dans les Provinces les Loges se multiplier plus que jamais, et le système des Francs-Maçons changer sur le choix des Frères. Quelque avilie que fût déjà la Franc-maçonnerie, ses assemblées se composaient rarement... de la lie du peuple. Alors les faubourgs Saint-Antoine et Saint-Marceau se remplirent de portefaix, de crocheteurs Francs-Maçons. Alors les adeptes répandus dans les bourgs et les villages se mirent à établir des Loges, où les derniers des artisans, des paysans venaient entendre parler d'égalité, de liberté, et s'échauffer la tête sur les Droits de l'Homme. Alors même d'Orléans appela aux mystères et fit recevoir Francs-Maçons jusqu'à ces légions de Garde-françaises destinées au siège de la Bastille et de Versailles. Qu'on le demande aux Officiers de ces légions, et ils répondront qu'à cette époque ils quittèrent les Loges de l'Égalité, en les voyant se remplir de leurs subalternes.

C'est à cette même époque que s'établissent dans Paris une foule de clubs... Ce ne sont plus de simples Loges, ce sont des clubs, des comités Régulateurs, des comités Politiques. Tous ces clubs délibèrent ; leurs résolutions... sont portées au comité de correspondance du Grand-Orient, et de là elles partent pour tous les Vénérables des provinces. C'est la chaîne de Weishaupt ; c'est l'art de soulever les peuples en un jour, du Levant au Couchant, et du Midi au Septentrion...

Les instructions arrivent jusqu'aux extrémités ; et tous les Vénérables sont avertis d'en accuser réception, de joindre à leur réponse le serment d'exécuter fidèlement et ponctuellement tous les ordres qui arriveront par la même voie. Ceux qui hésiteront sont menacés de *l'aqua tophana* et des poignards qui attendent les traitres.

Les Frères que ces ordres effraient et révoltent n'ont pas d'autre ressource que de quitter la Loge et le maillet, sous tous les prétextes que la crainte et l'horreur peuvent suggérer. Des Frères plus zélés prennent leur place ; les ordres se succèdent et se pressent jusques à ce moment où arrivent les États-Généraux. Le jour de l'insurrection générale est fixé au 14 juillet 1789. En ce jour, les cris de liberté et d'égalité se font entendre hors des Loges ; Paris est hérissé de haches, de baïonnettes et de piques : la Bastille est tombée ; les courriers qui en portent la nouvelle aux Provinces reviennent en disant que partout ils ont vu les villages et les villes en insurrection... En ce jour il n'est plus de Loges, plus d'antres maçonniques. Vous ne trouverez plus de vrais Adeptes qu'aux Sections, aux Hôtels de Ville et aux Comités révolutionnaires. Comme ils ont dominé aux Assemblées Électorales, ils dominent à l'Assemblée Nationale... » (Abbé BARRUEL, 2e édit., 1803, t. V, pp. 97 à 100.)

Les recherches de MM. Cochin et Charpentier, les aveux des FF*** Amiable et Jouaust - sans compter l'étude de M. G. Bord sur le maçonnisme de la prise de la Bastille - présentent avec cette page de Barruel la concordance la plus écrasante pour la Maçonnerie. Les trois cents émeutes qui ont précédé le 14 juillet ; les incendies, les meurtres qui ont alors couvert la France ; les massacres hideux dont se souillèrent les assassins qu'on décora du titre de Vainqueurs de la Bastille ; les effroyables supplices qu'endurèrent de Launay, Foulon, Bertier de Sauvigny, - ce sang répandu, ces tortures démoniaques infligées, tout cela c'est l'œuvre de la Maçonnerie ! Et elle, se vante aujourd'hui de ces crimes, après en avoir hypocritement repoussé les responsabilités, tant qu'elle ne s'est pas crue la maîtresse d'imposer à la France l'adoration de ses cruelles infamies.

En même temps que, selon le mot du F*** Brunellière, « les francs-maçons (en 1789) se dispersent dans les clubs, dans la vie politique, etc. »,[61] des anarchistes d'en bas joignent leur effort payé à celui de ces anarchistes d'en haut et les aident à réaliser en actes leurs théories de mort. Dès le commencement de 1789, en effet, on vit abonder à Paris une quantité d'étrangers de tous les pays, la plupart déguenillés, armés de grands bâtons, et dont l'aspect effrayant suffisait pour faire juger ce que l'on devait en craindre. (*Mémoires du*

---

[61] *Du rôle de la Franc-maçonnerie au XVIII siècle*, rapport lu à la Tenue Plénière des RR*** LL***, etc. Nantes, 23 avril 1883.

baron de BESENVAL, avec notes de MM. BERVILLE et BARRIERE, Paris, 1828, t. II, p. 349.)

Le 28 avril 1789, dans l'émeute du faubourg Saint-Antoine où furent détruites la maison et la manufacture de Réveillon, l'action simultanée de meneurs mystérieux et de la canaille cosmopolite soudoyée est manifeste aux yeux de Besenval qui commandait une partie des troupes chargées de réprimer ces désordres.[62]

Tous les espions de la police, dit-il, qui nous rapportaient des nouvelles, s'accordaient à dire que l'insurrection était occasionnée par des étrangers qui, pour grossir leur nombre, prenaient de force tout ce qu'ils rencontraient ; que même ils avaient député, à trois reprises différentes, au faubourg Saint-Marceau pour y faire des recrues, sans avoir pu déterminer qui que ce fût à les venir joindre. Ces espions ajoutaient qu'on voyait des gens exciter le tumulte et même distribuer de l'argent. (BESENVAL, Mémoires, t. II, p 351.)

Au sujet de la même affaire Réveillon, nous lisons dans le Répertoire général des Sources manuscrites de l'Histoire de Paris pendant la Révolution française, par M. Al. Tuetey :

M. de Villedeuil écrivait au Roi, le 30 avril : « J'ai recommandé à M. le Procureur du Roi du Châtelet de ne rien négliger pour découvrir les moteurs et instigateurs de l'incroyable frénésie d'avant-hier » ... Qu'il y ait eu des meneurs, cela ne semble pas douteux, l'autorité elle-même le reconnaît et met tous ses soins à rechercher et à retrouver ces agents provocateurs. C'est ainsi que M. de Villedeuil marquait au Roi, dans cette même lettre du 30 avril :

---

[62] Besenval est mort en 1792. Les pages qu'il a consacrées aux événements de 1789 ont sûrement été écrites peu après qu'il en avait été le spectateur.

« J'ai été informé qu'avant-hier, un homme avec deux béquilles, en habit de velours noir, veste de drap d'argent brodé en or et la croix de Saint-Louis, avait tenu les propos les plus incendiaires, excitant le peuple à culbuter toute la troupe qu'on lui opposait, disant que les Parisiens étaient des lâches, étant aussi nombreux, de ne pas écraser le régiment des gardes, ajoutant que le pain devrait être à 2 sols, etc... »

Ce personnage énigmatique demeura introuvable. (Al. TUETEY, t. I, Introd., p. XLI, Paris, 1890.)

LES PRÉDICTIONS DU F*** CHAMFORT

Au début de mai 1789, peu de jours après l'affaire Réveillon, eut lieu entre deux membres de l'Académie Française, Marmontel et Chamfort, une conversation extraordinaire, écho direct de ce que tramaient les Arrière-Loges. La haine que Chamfort y exhale contre le Catholicisme et la Monarchie, c'est la haine maçonnique. Les plans qu'il y dévoile à Marmontel épouvanté, ce sont les plans maçonniques. Chamfort est membre de la Loge *Les Neuf Sœurs* - celle du F*** Voltaire - et il s'y rencontre avec le F*** Condorcet, le F*** Brissot, le F*** Garat, le F*** Desmoulins, sans compter le F*** Danton. (BARRUEL, *Mémoires....* 1803, t. V, p. 83.)

Nos lecteurs estimeront sans doute qu'il est intéressant d'entendre le F*** Chamfort décrire en mai 1789 les manœuvres qui, quelques semaines plus tard, serviront à jeter Paris, et toute la France après Paris, dans « un délire de frayeur et de rage ».

« Nous avions à l'Académie française (écrit Marmontel), un des plus outrés partisans de la faction républicaine : c'était Chamfort, esprit fin, délié, plein d'un sel très piquant lorsqu'il s'égayait sur les vices et sur les ridicules de la Société, mais d'une humeur âcre et mordante contre les supériorités de rang et de fortune qui blessaient son orgueil jaloux... » (MARMONTEL, *Mémoires*, t. II, p. 281.)

À l'Académie, après une séance, Marmontel et Chamfort étaient restés seuls. Le F*** Chamfort félicite son collègue de son échec aux élections :

« Excellent pour édifier (lui dit-il), vous ne valez rien pour détruire...

Vous m'effrayez en parlant de détruire (riposte Marmontel), il me semblait, à moi, qu'on ne voulait que réparer.

Oui (répond Chamfort), mais les réparations entraînent souvent des ruines : en attaquant un vieux mur, on ne peut pas répondre qu'il ne s'écroule sous le marteau... Vous désoleriez-vous de ne plus entendre parler d'Éminences, ni de Grandeurs, ni de titres, ni d'armoiries, ni de noblesse, ni de roture, ni du haut ni du bas clergé ?...

En voulant tout abolir, il me semble (dit Marmontel) qu'on va plus loin que la nation ne l'entend, et plus loin qu'elle ne demande.

Bon ! (reprend Chamfort), la nation sait-elle ce qu'elle veut ? On lui fera vouloir et on lui fera dire ce qu'elle n'a jamais pensé ; et si elle en doute, on lui répondra comme Crispin au Légataire : C'est votre léthargie. La nation est un grand troupeau qui ne songe qu'à paître, et qu'avec de bons chiens, les bergers mènent à leur gré. Après tout, c'est son bien que l'on veut faire à son insu ; car, mon ami, ni votre vieux régime, ni votre culte, ni vos mœurs, ni toutes vos antiquailles de préjugés ne méritent qu'on les ménage... et pour tracer un nouveau plan, on a toute raison de vouloir faire place nette.

Place nette ? (insiste Marmontel) Et le Trône ? et l'Autel ?

Le Trône et l'Autel (lui dit Chamfort) tomberont ensemble ; ce sont deux arc-boutant appuyés l'un sur l'autre ; que l'un des deux soit brisé, l'autre va fléchir... » (*Id., ibid.*, t. II, pp. 282 à 284.)

Le F*** Chamfort sait bien que ses frères et amis sont en droit de compter sur l'inertie de ceux qu'on appelle les hommes sages et modérés, tout occupés de leurs intérêts privés ou de leurs plaisirs. Et d'ailleurs, il compte sur le concours de « la classe des gens qui n'ont rien à perdre au changement et tout à gagner » :

« Pour l'ameuter, dit-il, on a les plus puissants mobiles, la disette, la faim, l'argent, les bruits d'alarme et d'épouvante, et le délire de frayeur et de rage dont on frappera ses esprits. Sachez que tous nos orateurs de tribune ne sont rien en comparaison des Démosthènes à un écu par tête, qui, dans les cabarets, dans les places publiques, dans les jardins et sur les quais, annoncent des ravages, des incendies, des villages saccagés, inondés de sang, des complots d'assiéger et d'affamer Paris. C'est là ce que j'appelle des hommes éloquents... » *Id., ibid.*, t. II, pp. 285, 286.)

Cette conversation, comme bien on pense, fit une impression profonde dans l'esprit de Marmontel, effrayé par ce fanatisme destructeur :

« Le malheureux Chamfort, ajoute-t-il, s'en est puni en s'égorgeant lui-même lorsqu'il a connu ses erreurs. » (Id., ibid., t. II, p. 288.)

Le F*** Chamfort, en effet, si ardent qu'il fût pour la Révolution, ne compta plus du jour où l'équipe des intellectuels de son espèce fut remplacée par l'une des équipes d'assassins qui, successivement, travaillèrent aux abattoirs maçonniques de la Terreur. Jeté en prison, il ne put échapper à la guillotine que par le suicide, tandis que le Pouvoir Occulte de la Maçonnerie continuait à saigner la France aux quatre veines en attendant que les menteurs aux gages de ce même Pouvoir Occulte « déclarent au peuple qu'il est le plus grand de tous les peuples depuis 89, alors que c'est précisément à cette date que commence sa décadence. » (Ed. DRUMONT, La France Juive, t. 1, p. 495.)

LES MOYENS DE TERREUR

Nos lecteurs connaissent les horribles propos tenus, fin juin 1789, par le F*** Adrien du Port, devant le comité de propagande de la Loge *Les Amis Réunis* :

« Ce n'est que par les moyens de terreur qu'on parvient à se mettre à la tête d'une révolution et à la gouverner. Il n'y en a pas une seule dans quelque pays que ce soit que je ne puisse citer à l'appui de cette vérité. Il faut donc, quelque répugnance que nous y ayons tous, se résigner au sacrifice de quelques personnes marquantes. »

Duport (ajoute de Molleville) fit pressentir que Foulon, le contrôleur général des finances, devait naturellement être la première victime... Il désigna ensuite l'intendant de Paris, Bertier. (B. DE Molleville, *Hist. de la Révol. franç.*, t. IV, p. 181, Paris, an IX.)

Telle fut la théorie du système de la Terreur, théorie mise en pratique dès le mois de juillet 1789 avec les assassinats - parfaitement maçonniques puisque prémédités et machinés par la Maçonnerie - dont les premières victimes ont été Foulon et Bertier de Sauvigny.

Si nous rapprochons les paroles du F*** du Port[63] de celles du F*** Chamfort que nous venons de citer, nous embrassons d'un coup d'œil l'ensemble des procédés criminels qui ont servi à la Maçonnerie pour parfaire la Révolution.

Ainsi, tandis que le F*** du Port, de la Loge *Les Amis Réunis*, a formulé la théorie de la Terreur en juin 1789, dès le mois précédent le F*** Chamfort, de l'Académie Française et de la Loge *Les Neuf Sœurs*, avait en quelque sorte prophétisé ce qu'on appelle la Grande Peur, six semaines avant que ce « délire de frayeur et de rage »[64] ait frappé les foules françaises.

D'ailleurs on se souvient que le F*** Chamfort avait très clairement annoncé comment on susciterait ce délire ! Mais cela n'empêchera pas les évangélistes de l'Église révolutionnaire et maçonnique d'accumuler volumes sur volumes pour faire croire que la Grande Peur a été spontanée.

Et voilà justement comme on écrit l'histoire

dit un vers bien connu.

Nous verrons dans un instant à quel point ment l'Histoire maçonnisée.

LA PEUR À PARIS

Parmi bien d'autres, trois ouvrages contemporains des événements nous apportent des témoignages complètement opposés à la thèse des historiens officiels de la Révolution,

---

[63] Nous avons dit que le F*** du Port fut député de la Noblesse. Il signait en deux mots. Ses contemporains écrivaient à tort son nom en un seul mot.
[64] Voir plus haut les prédictions du F*** Chamfort.

pour qui la spontanéité de « la frayeur et de la rage », en 1789, est un dogme intangible.

Chose piquante, l'un de ces ouvrages est vanté par M. Aulard comme fournissant des « informations souvent précises et presque toujours curieuses ». (Aulard, *La Société des Jacobins*, t. I, p. XXXI.) C'est l'Histoire autentique (sic) et suivie de la Révolution de France. (2 vol. in-80, Londres, 1792.)

Nous y lisons qu'en juillet 1789 :

« Des agents obscurs se répandaient dans les attroupements des classes inférieures et y racontaient des faits crus d'autant plus facilement de ces auditeurs grossiers qu'ils étaient plus effrayants et plus absurdes. On ne retirait les troupes d'un côté que pour les faire rentrer de l'autre ; il en venait par la porte Saint-Martin, par la porte Saint-Antoine ; on voyait arriver des trains d'artillerie, des bombes, des boulets et jusqu'à des grils pour les chauffer. » (*Hist. aut...*, t. I, p. 166.)

Le résultat de cette tactique de mensonge - si souvent employée de nos jours dans les feuilles maçonniques, avec les innombrables coups montés contre l'Église, avec ces accusations calomnieuses portées contre prêtres, religieuses et religieux - le résultat, le voici : au moment où les « victimes » marquées pour la mort par les Hauts-Maçons comme le F*** du Port vont être livrées à leurs « assassins masqués en juges » ainsi que l'a dit un contemporain[65] : « le peuple, auquel les factieux, à force de le répéter, avaient persuadé comme une vérité démontrée la conspiration contre la capitale, son bombardement son saccagement et, surtout, le massacre de

---

[65] L'abbé Morellet, de l'Académie française, *Mémoires inédits sur le XVIIIe siècle et la Révolution*, Paris, 1822, 2e édit. t. II, p. 36.

tous les siens, ne respirait plus que la vengeance... » (*Hist. aut.*, 1792, t. I, p. 208).

Dans sa *Deuxième lettre à mes commettants*, publiée en janvier 1790, l'un des députés de la Noblesse passés au Tiers-État, le comte de Lally-Tollendal écrit :

« Paris, depuis longtemps, était rempli d'artisans de troubles ; on y répandait la corruption, on y semait l'argent dès l'émeute de Réveillon... (p. 66)

... Déjà l'on avait la nouvelle que la commotion éprouvée par la capitale s'était faite sentir non seulement dans les villes voisines, mais dans les provinces lointaines. Saint-Germain et Poissy avoient vu éclore des scènes sanglantes ; Pontoise était menacé des mêmes désordres ; ils s'annonçaient dans la Bretagne ; ils existaient dans la Normandie et dans la Bourgogne. Ils menaçaient de se répandre dans toute la France. Des émissaires, partis évidemment d'un point central, couraient par les chemins, traversant les villes et les villages sans y séjourner, faisant sonner les tocsins, annonçant tantôt des troupes étrangères, tantôt des brigands, criant partout aux armes ! et plusieurs répandant de l'argent. Le pillage des grains, l'embrasement des maisons, le meurtre des propriétaires allaient être la suite de leur affreux passage. » (LALLY-TOLLENDAL, *Deuxième lettre*, 1790, pp. 77-78.)

Marmontel habitait en ce moment (juillet 1789) le hameau de Grignon situé près de Choisy-le-Roi[66], à quatre lieues au sud de Paris :

« En effet (écrit-il pour corroborer, au sujet des « émissaires » de la Peur, les dires de Lally-Tollendal qu'il cite en ses *Mémoires*), j'en voyais moi-même traverser à cheval le

---

[66] L'abbé Morellet de l'Académie française, *Mémoires*...,

hameau où j'étais alors, et nous criant qu'autour de nous des hussards portaient le ravage et incendiaient les moissons ; que tel village était en feu et tel autre inondé de sang. Il n'en était rien, mais dans l'âme du peuple, la peur excitait la furie et c'était ce qu'on demandait. » (Marmontel, *Mémoires*, t. II, p. 383.)

Devant ces textes concordants, comment n'être pas frappé de la clairvoyance de Le Franc - destiné lui-même à être massacré le 2 septembre 1792 par les tueurs maçonniques commandés par le F*** Maillard - quand il s'écriait douloureusement :

« Qui a rendu le Français farouche, toujours prêt à attenter à la vie de ses semblables et à se repaître de l'image de la mort ? Le dirai-je et m'en croira-t-on ? C'est la Franc-maçonnerie. » (LE FRANC, *Le Voile levé*, 1791, p. 67.)

Longtemps, sur la foi des menteurs francs-maçons pour qui l'Histoire n'est qu'une conspiration contre la vérité, j'ai cru qu'il y avait un abîme entre 1789 et 1793. Je suis détrompé. Je ne fais plus entre ces deux dates qu'une différence légère : si les Francs-Maçons de 1793 ont été des voleurs et des assassins, leurs frères aînés de l'équipe maçonnique de 1789 ont, tout comme eux, volé et assassiné ; seulement, ceux qui étaient les exécuteurs de leurs basses œuvres par l'incendie, le vol et l'assassinat s'appelaient, en 1789, des « émissaires », tandis qu'en 1793, c'étaient les « Tape-Dur » et les juges des tribunaux révolutionnaires. Mais le nom importe peu à la chose et c'étaient toujours des scélérats au service de scélérats pires encore : les membres du Pouvoir Occulte.

LA GRANDE PEUR

Trois ans avant que commençât la Terreur, ce cauchemar maçonnique, la France entière avait été secouée par une sorte de crise gigantesque de tétanos. Cela dure une dizaine de jours, fin juillet 1789. C'est la Grande Peur. Pour les paysans, c'est ici la *Grande Pourasse*, et là *lo Grando Paoù* etc. Aujourd'hui encore, 1789 se nomme en Auvergne *l'Annada de la Paou*, « l'Année de la Peur ».[67]

Des hommes qui ont un culte pour la Révolution Française ont dit de la Grande Peur qu'elle devint, par ses conséquences, un des plus grands événements de la Révolution[68] ; qu'elle peut être envisagée comme un des événements les plus considérables de la Révolution.[69]

Enfin, M. Aulard, le Grand Pontife de la Religion révolutionnaire, insiste sur l'importance de la Grande peur :

« Cette Grande Peur (dit-il), de juillet à août 1789, qui est peut-être l'événement le plus important de la Révolution Française... » (Revue : *La Révol. franç.*, juin 1904, p. 556.)

Dans le même fascicule de cette Revue, nous lisons ces lignes suggestives :

Si la propagande révolutionnaire a été l'œuvre de la bourgeoisie, si celle-ci, obéissant à un mot d'ordre général, a partout répandu des modèles dont devaient s'inspirer les cahiers de paroisses... (M. SÉE, *Les Cahiers de paroisses de la Bretagne en 1789. La Révol. franç.*, juin 1904, p. 501.)

Ce « mot d'ordre général » qui, au commencement de 1789, « a partout répandu des modèles de cahiers de

---

[67] M. MÈGE, Bulletin historique et scientifique de l'Auvergne, Clermont-Ferrand, 1900, p. 141.
[68] M. Marcel BRUNEAU, inspecteur d'Académie, *Les Débuts de la Révolution.... Cher et Indre*, thèse de doctorat, Paris, 1902, P. 63.
[69] M. Georges Bussière, *Événements historiques de la Révolution en Périgord*, t. III, *La Révolution bourgeoise, l'Organisation spontanée*, Paris, 1908, pp. 73, 74.

paroisses », d'où venait-il ? Qui l'avait donné ? Quel était le géant dont la voix fût assez forte pour faire répéter ce mot d'ordre par tous les échos de France à la fois ? Qui était-il, ce géant, sinon le Pouvoir Occulte de la Maçonnerie ?

La phrase de M. H. Sée devient d'une exactitude rigoureuse du moment qu'au mot bourgeoisie on substitue simplement le mot franc-maçonnerie...

Certes, à tous ceux qui ont des yeux pour voir, la propagande électorale d'où est sortie l'Assemblée Nationale de 1789 apparaît comme une œuvre maçonnique au plus haut degré. - Il en est de même pour la Grande Peur.

Là aussi, un « mot d'ordre général » a circulé.

En Alsace, on montre un édit du roi, portant qu'il est permis de se faire justice à soi-même ; en Bourgogne, on imprime et on affiche des arrêtés disant : « De par le Roi, permis du 1er août au 1er novembre de brûler tous les châteaux et de pendre quiconque y contredira ». En Auvergne, les paysans ont « des avis qui disent que Sa Majesté le veut ainsi ».

On a aussi des avis qui disent que la France est envahie ; en Bretagne et en Normandie, ce sont les Anglais ; en Dauphiné, les Savoyards ; les impériaux marchent sur l'Alsace ; les Espagnols ont franchi les Pyrénées. On voit partout des espions et des complices de l'étranger.[70]

Pour ajouter à l'effroi public, le bruit se répand soudain qu'une armée de brigands parcourt les campagnes, ravageant tout sur son passage, pillant, brûlant, massacrant. Des courriers, venus on ne sait d'où, parcourent la France, portant

---

[70] C'est exactement avec le même procédé qu'en septembre 1792 on excita la populace parisienne au massacre des « suspects ». (L. D.)

partout la fatale nouvelle. (Pierre DE WITT, *La Peur en 1789 : la Journée des Brigands en Limousin*, d'après les documents communiqués par M. le baron D'AUZERS, Caen, 1887, pp. 7, 8.)

Et M. de Witt ajoute :

« Beaucoup d'historiens ont vu là la preuve d'une organisation savante et complète du parti révolutionnaire, dont les agents, sur tous les points du territoire, auraient obéi à un mot d'ordre. (Id., ibid., p. 8, note.)

...Le 28 juillet, la peur se répand dans toute la région (*de Saint-Angel-Limousin*) ; le 29, à midi, on sonne le tocsin à tous les clochers, on crie aux armes, on bat la générale ; les hommes se rassemblent pour défendre leurs foyers, les femmes se hâtent de cacher leurs objets les plus précieux, et s'enfuient dans les bois avec leurs enfants. » (*Id., ibid.,* pp. 17,18.)

Écoutons maintenant M. Bussière :

« Nous constatons (en Périgord) la première panique le 29 au matin, à peu près en même temps qu'elle fond sur Limoges. Il est visible qu'Angoulême a été le foyer initial. » (G. Bussière, *Étud. hist.*, t. III, p. 94.)

M. Bruneau, de son côté, dit que :

« C'est de l'Angoumois et du Limousin, autour de Ruffec, de Saint-Claud, de Rochechouart et de Confolens, que partit l'ébranlement qui rayonna sur plusieurs provinces.

Il commença et il se propagea, comme ailleurs sans motif.[71] Meulan d'Ablois, l'intendant de Limoges, n'en put découvrir d'autre que le passage à Ruffec de six personnes déguisées en capucins. Des bords de la Charente et de la Haute-Vienne, la commotion traversa le Limousin septentrional et la Marche ; le 29 juillet, dans la soirée, elle gagna le Berry. » (Marcel Bruneau, *Les Débuts de la Rév.*, p. 56.)

Qui étaient ces « six personnes déguisées en capucins » ? - Mystère et Maçonnerie !

L'HOMME AUX CHEVEUX ATTACHÉS EN QUEUE

Au moment même où les pseudo-capucins et leurs acolytes révolutionnaient l'Angoumois, le Limousin et le Berry, un autre foyer de peur s'allumait très loin de là, dans le Dauphiné. Voici, entre mille, une des dépositions faites lors de l'enquête qui eut lieu de suite après les événements :

« Est, comparu sieur Antoine Thomas, notaire et châtelain à Saint-Pierre de Chandieu lequel nous a déclaré que dans le temps de la moisson dernière et peu de temps avant les brigandages qui se sont commis, plusieurs personnes, notamment ses deux frères cadets et les nommés Maurice et François Maret, qui moissonnaient pour lui, vinrent lui rapporter qu'un étranger vêtu en bourgeois, ayant les cheveux attachés en queue et se disant de la Côte-Saint-André, passant près de l'endroit où ils se trouvaient, à portée de la grande route, les appela, ainsi que beaucoup d'autres personnes, pour leur dire qu'il venait de Paris, qu'il était un député, et qu'il était parti de cette capitale avec quatre-vingts autres députés pour annoncer dans toute la France qu'il y avait un édit qui permettait de piller et saccager les châteaux, même de brûler

---

[71] C'est la thèse de la génération spontanée, autrement dit des effets sans cause. (L. D.)

ceux qui seraient écartés des villages. En disant cela, il montrait une pancarte qu'il ne laissait pas lire et qu'il disait aller faire imprimer à Grenoble... » (*Mémoire détaillé et par ordre de la Marche des Brigandages qui se sont commis en Dauphiné en 1789.* - Document officiel du temps, publié par M. Xavier Roux, Grenoble, 1891, p. 176.)

Dans l'Introduction, d'une remarquable sagacité, dont il fait précéder ce document, M. Xavier Roux s'écrie :

« Les meneurs ! C'est bien sur ce mot qu'il faut arrêter son observation quand on étudie les origines de la Révolution française. Le pillage, l'incendie, la destruction, sous quelque forme qu'elle se produisit, n'éclata pas à cette époque comme une indignation trop longtemps contenue. Le peuple souffrait, il n'était pas exaspéré ; il voulait un changement, il ne souhaitait pas une révolution ; il attendait des réformes, il ne désirait pas des ruines. Non. Mais, tandis que le mécontentement était général, des hommes – les meneurs - étudiaient le parti et le profit qu'ils en pourraient tirer. Appeler le peuple à se révolter contre le Roi n'aurait pas abouti ; le soulever contre une autorité constituée quelconque, fût-elle impopulaire, pour la renverser, on n'y eût point réussi. C'était, là cependant à quoi il fallait parvenir. On y arriva par détour. L'on prit en effet et l'on exécuta sur toute la surface du territoire un plan singulièrement hardi. Il se résume en ces mots : Ameuter, au nom du Roi, les peuples contre les Seigneurs ; les Seigneurs une fois renversés, se précipiter sur le trône, désormais sans défense, et le briser.

Les procès-verbaux que nous publions attestent bien tout cela : l'existence des meneurs - mystérieux, - la destruction de la propriété seigneuriale au nom du Roi... » (X. Roux, Introd., pp. III et IV.)

Quiconque a tant soit peu médité sur la tactique d'hypocrisie et de mensonge employée, à travers les deux derniers siècles, par la Maçonnerie, n'a pas là-dessus le moindre doute : les « meneurs mystérieux » qui ont semé la Grande Peur, « l'étranger », le faux « député » vu à Saint-Pierre-de-Chandieu aussi bien que les faux « capucins » de Ruffec n'étaient autres que des agents des Loges.

LA PRÉTENDUE SPONTANÉITÉ DE LA GRANDE PEUR

Plus haut, nous avons cité certains apôtres de la Religion révolutionnaire qui s'accordent à voir dans la Grande Peur « l'événement peut-être le plus important de la Révolution Française ». (M. AULARD, *La Révol. Franç.*, juin 1904, p. 556.)

Chose étrange, il semble qu'aux yeux de ces pieux adorateurs de la Révolution, ce serait un sacrilège que de ne pas croire à la naissance miraculeusement spontanée de la Grande Peur, aube sinistre d'où l'on vit sortir leur idole rougie dès le premier jour par des lueurs d'incendie et par du sang.

C'est ainsi que pour M. Conard, auteur d'une monographie sur *La Peur en Dauphiné*, la Grande Peur est « le mouvement populaire le plus spontané et le plus fertile en conséquences qui ait agité les campagnes pendant la Révolution. » (M. CONARD, *La Peur...*, Paris, 1904, p. 3.)

Parlant de MM. Bruneau, Bussière et Mège qui ont étudié (nous l'avons vu) la même question pour d'autres provinces, M. Conard ajoute : « Pas plus qu'eux pour l'Auvergne, le Périgord ou le Berry, je n'admets pour le Dauphiné que l'alarme ait été le résultat d'une machination. » (*Id., ibid.*, p. 4.)

Ainsi la Grande Peur aurait été spontanée ! Nulle machination ne l'aurait enfantée !... Comme de juste, M. Aulard couvre de fleurs l'orthodoxe monographie de M. Conard, « monographie tout à fait remarquable »,[72] dit-il. Ce que nos lecteurs trouveront tout à fait remarquable, c'est ce que deviennent, dans les mains habiles de M. Conard, celles des dépositions de l'enquête de Septembre 1889 où sont particulièrement en cause les « meneurs mystérieux » qui conduisaient le branle des pillages et des incendies...

Nos lecteurs ont vu (p. 282) la déposition du notaire et châtelain Thomas que nous avons reproduite en partie, et la suggestive histoire du soi-disant député chargé d'annoncer partout qu'il y avait un édit qui permettait de piller et saccager les châteaux. En outre, le sieur Thomas « observe que les propos de cet homme avaient excité beaucoup de surprise et paru faire sensation à plusieurs personnes, mais il tâcha de les désabuser en disant que ce n'était là qu'un fou, qu'il aurait fallu l'arrêter et l'emmener par devant lui... » (Roux, *id.*, pp. 176, 177.)

Le notaire Thomas - c'est de toute évidence - considérait l'étranger en question comme un dangereux meneur, en pleine possession de son intelligence.

Or, M. Conard analyse la déposition Thomas, - qui est écrasante pour sa thèse de la génération spontanée de la grande Peur - dans une note que voici :

« Il est possible, dit-il, que le bruit des ordres du Roi soit dérivé des propos d'un fou qui avait passé à Saint-Pierre de Chandieu dix ou douze jours avant l'alarme. Entre autres propos incohérents, celui-ci avait dit « qu'il y avait un édit qui

---

[72] *La Révolution française*, juin 1904, p. 556.

permettait de piller et saccager les châteaux ». (Roux, *Dépos... Thomas*, p. 176. - M. CONARD, p. 81, en note.)

Cette façon d'interpréter une déposition contraire à la thèse que l'on défend n'est-elle pas singulière ?

Mais ce n'est pas seulement dans la déposition Thomas qu'était mis en scène le pseudo député aux cheveux attachés en queue et l'on se demande si M. Conard n'était pas atteint de fâcheux troubles visuels quand certaines pièces officielles lui sont venues sous les yeux.

ENCORE « L'HOMME AUX CHEVEUX ATTACHÉS EN QUEUE »

Sans renfort de lunettes, nous avons lu, dans le Document officiel mis au jour par M. Roux, plusieurs dépositions qui corroborent d'une façon saisissante les dires du notaire Thomas :

Du sept dudit (Septembre 1789), nous nous sommes rendus à Eyrieu[73], dans l'auberge de la veuve Brehier. Est d'abord comparue Marie Ferra, femme de Pierre Colère, cabaretier à Eyrieu, qui nous a dit que dans le temps de la moisson dernière, environ quinze jours avant l'alarme et les brigandages qui en furent la suite, un étranger ayant habit, veste et culotte grise, les cheveux attachés en queue, de la taille de cinq pieds un pouce tout au plus, paraissant âgé d'environ 40 ans, cheveux bruns, visage blême, s'arrêta dans le cabaret de la comparaissante pour y dîner. Lorsqu'il eût bu quelques coups, il lui adressa la parole en ces termes : « Vous saurez pourquoi je passe ici. Je suis un des députés du Tiers-État. Nous étions sept qui sommes arrivés ensemble de Paris et qui nous sommes séparés au Moulin à Vent, chacun de nous

---

[73] Autrement dit Heyrieux, à 23 kilomètres de Vienne (Isère). (L. D.)

allant de différents côtés pour donner les avis que nous sommes chargés de donner. Nous devons nous rejoindre à Grenoble où l'on doit nous remettre des patentes, pour annoncer que si les seigneurs ne se rangeaient pas d'abord du Tiers-État et s'ils ne payaient pas comme tous les autres, le Roi permettait que l'on pillât et saccageât leurs châteaux, mais il défendait qu'on y mît le feu ». Ce que cet étranger répéta plusieurs fois. Il ajouta qu'il repasserait trois jours après pour remettre une de ces patentes à M. le Curé, afin qu'il en fît la lecture à son prône et qu'il se réservait d'en afficher une lui-même à la porte de l'église... La comparaissante lui ayant fait observer qu'il ne paraissait pas avoir une tournure qui annonçât un député, il répondit : « Nous sommes sept à peu près du même état et de la même apparence. Ce ne sont pas nos richesses qui nous ont fait choisir, c'est notre esprit et notre science » ... La comparaissante ajoute que son mari ayant demandé à cet étranger s'il avait des papiers pour faire voir ce qu'il était, et pour lui servir de passeport, il sortit sur le champ une grande feuille de papier et la présenta en disant : « Savez-vous lire ? Voilà qui annonce ce que je suis », mais le mari de la comparaissante ne sachant pas lire il ne put prendre de là aucun éclaircissement. (Roux, *Doc. off.*, pp. 169 à 171.)

On ne s'explique pas ce que M. Conard a pu voir ici qui fût de nature à lui faire décréter que le pseudo-député venu à Heyrieux et à Saint-Pierre de Chandieu était « un pauvre dément »[74].

Le même jour, ont aussi comparu Anna Couchon, femme de Jacques Merlin, marchand à Eyrieu ; François Blanc, laboureur à Eyrieu, et sa femme ; puis Michel Bouvard et Jacques Merlin. Leurs dépositions concordent toutes avec la précédente.

---

[74] P. Conard, La Peur en Dauphiné, p. 39.

Anna Couchon a entendu de plus que : « ce même homme annonçait que le Roi permettait de piller et saccager non seulement les châteaux mais encore les granges et tout ce qui appartenait aux seigneurs. » (Roux, *Doc. off...*, pp. 171, 172.)

Encore une déposition. Elle prouve quel souci de la plus minutieuse exactitude était inspiré aux comparaissants par les Commissaires enquêteurs :

« Du huit dudit (Septembre 1789), est comparu Pierre Colère, charron à Eyrieu, lequel nous a fait une déclaration exacte, conforme à celle que nous fit hier Marie Ferra, sa femme, sauf que l'étranger dont il y est parlé, au lieu de dire qu'il allait à Grenoble chercher des patentes pour afficher, dit qu'il allait les y faire imprimer[75], et qu'au lieu de sortir de sa poche un grand papier pour lui servir de pouvoir, il ne sortit qu'une lettre cachetée... » (Roux, *Doc. off.*, p. 174.)

Étrange spontanéité que celle d'un mouvement de brigandages où l'on voit opérer en Dauphiné ce quidam déguisé en « député du Tiers », et en Angoumois les six personnages déguisés en « capucins » !

Nous reviendrons sur la capitale enquête de septembre 1789 et sur les « meneurs mystérieux » qu'elle a trouvés sur sa route. Mais, d'ores et déjà, les dévots de la Déesse Révolution nous paraissent là-dedans en singulière posture.

Pourquoi les historiens de l'école Aulard font-ils tant d'efforts pour ne pas reconnaitre que la *Grande Peur* - cette sœur ainée de la Terreur maçonnique - a été, comme sa cadette, engendrée par des scélérats envoyés à travers la France par d'autres scélérats ? Ces historiens craignent-ils

---

[75] Même chose dans la déposition Thomas. (L. D.)

qu'on découvre là, une fois de plus, les traces criminelles de la sacro-sainte Maçonnerie ?

LES MENEURS

À bien des reprises, nous avons montré la Maçonnerie à l'œuvre, depuis 1735, pour miner les fondations religieuses et politiques de la France. Ira-t-on supposer qu'en 1789, au moment où ses desseins subversifs vont triompher, le Pouvoir Occulte qui mène la Maçonnerie va tout à coup cesser d'agir ? Ce serait par trop invraisemblable ! D'ailleurs, malgré tous les étais dont la soutiennent les historiens officiels de la Révolution, la thèse de la spontanéité de la Grande Peur est incapable de tenir debout en face de ce simple fait : pour allumer la Grande Peur, de faux édits du Roi ordonnant aux paysans de saccager les châteaux étaient répandus à travers la France. Ces faux édits ne s'étaient pas rédigés, imprimés et colportés tout seuls. Quelqu'un les avait rédigés et imprimés.

Quelqu'un les faisait colporter. Et ce quelqu'un, nous l'avons vu travailler, un demi-siècle durant, sous divers masques, entre autres sous le masque du perfide F*** de la Tierce qui, dès 1745, protestait qu'on avait bien tort de croire que la Maçonnerie machinât « je ne sais quelle Révolution », disait-il.

Pour cette Révolution, son ouvrage, la Maçonnerie avait besoin d'une immense armée. La Grande Peur la lui donna.

Le 23 juillet 1789, à l'Assemblée Nationale, Malouet disait :

« ... En s'opposant aux milices bourgeoises, on a craint un armement général, et cette crainte est juste... Lorsqu'un grand intérêt a fait un grand soulèvement, alors le plus léger prétexte suffit pour réveiller les inquiétudes du peuple et le porter à des excès. C'est de tels malheurs qu'il est instant de prévenir... » (Résumé dans le *Journ. polit. de Bruxelles*, juillet 1789, p. 42.)

Ces excès et ces malheurs, il n'était plus possible de s'y opposer, car déjà circulait dans les veines de la France le poison des mensonges maçonniques. Déjà des « meneurs mystérieux » répandaient dans le Dauphiné - où on les a vus sur le fait quinze jours avant les événements, - dans l'Angoumois, etc., les paniques qui, justement, devaient provoquer cet armement général redouté par Malouet.

À la séance du 23 juillet, l'Assemblée Nationale est saisie des plaintes des villages voisins de Pontoise qui demandent des troupes contre huit cents brigands. À la séance du 28 juillet, on lit une lettre de la municipalité de Soisson suppliant l'Assemblée de lui envoyer des troupes parce que « près de quatre mille brigands » ravagent les campagnes à Crépy, à Villers-Cotterets.

Il n'y avait pas plus de brigands aux environs de Soissons qu'aux environs de Pontoise, pas plus qu'il n'y eut d'invasion savoyarde en Dauphiné, ni d'invasion anglaise dans le Maine et dans l'Angoumois. Mais partout, par cette même peur d'un ennemi imaginaire, le Pouvoir Occulte arma les bras et remplit les âmes de fiel et de colère.

« Pendant que dans les villages rapprochés de Lyon, on disait que le roi avait permis de détruire les châteaux des seigneurs, aux environs de Bourgoin on organisait la destruction par le propos suivant. Les meneurs disaient : « Les Savoyards ont envahi le sol ; réunissez-vous et faites face à l'ennemi ». Les populations effrayées couraient aux armes, en un lieu de réunion. À peine y arrivaient-elles, que l'alarme était reconnue fausse et les seigneurs proclamés responsables de tout le mal que subissait le pays. De là à brûler leur demeure, il n'y avait que la distance du lieu de réunion au château. La plupart des populations des environs de Bourgoin avaient pris les armes pour repousser l'invasion des Savoyards ; ils ne les employèrent qu'à brûler et incendier les terriers[76] de leur seigneur.

Les meneurs avaient donc réussi. En moins de six jours, la partie du Dauphiné qui va du Grand-Lemps au-delà de Crémieu vit ses châteaux dévastés et les titres de propriétés anéantis par le feu. Mais les meneurs, qui étaient-ils ?

Nos lecteurs savent que le même mouvement de destruction avait jeté l'épouvante dans la plupart des autres provinces de la France ; ils se rappellent que l'Assemblée Nationale émue d'une action si générale et qui parut si bien concertée, décida qu'une enquête serait faite dans toute la nation.

Nos procès-verbaux contiennent cette enquête pour le Dauphiné. Or, malgré les interrogatoires les plus pressants et les plus sagaces, adressés à une foule très variée de témoins des dévastations, les enquêtes ne parvinrent jamais à savoir le nom d'un seul meneur.

C'était un, ou deux, ou trois étrangers qu'on avait vus un jour et qu'on n'avait plus revus, qui avaient excité l'alarme ou transmis les prétendus ordres du roi contre les seigneurs. Ils étaient venus, avaient tout enflammé : les colères, les appétits, les vengeances, et, quand il ne resta plus que les cendres des vieilles demeures et des vieux titres de propriété, ils s'étaient évanouis comme une fumée. On n'avait pas su leur nom et on avait obéi à une autorité qu'ils avaient annoncée sans la justifier jamais ! Ils s'étaient adressés à des passions qui ne raisonnent pas et on les avait suivis !

---

[76] C'est-à-dire les titres des propriétés terriennes. (L. D.)

La réalité de ces meneurs et leur passage fugitif que l'on constate partout, sur des traces qui ne mènent à rien, sont les deux mystères qui conduisent l'attention des lecteurs à travers nos procès-verbaux... Nous en sommes sûrs : ce document s'ajoutera à d'autres et en fera mettre de nouveaux au jour. À une date quelconque, les historiens découvriront les visages de ces hommes, sans nom encore, qui ont conçu et mené à bout l'œuvre de la Révolution... » (Roux, *Mém. détaillé... Brigandages dans le Dauphiné en 1789*, Grenoble 1891, Introd., pp. IV et V.)

Ces hommes-là, le Supérieur des Eudistes, l'abbé Le Franc, les désignait déjà en 1790 et 1791, quand il déclarait les Francs-Maçons responsables du sang versé à flots dès les débuts de la Révolution.

Mais puisque pour les historiens de l'école Aulard, Xavier Roux s'est trompé quand il a attribué à des « meneurs mystérieux » le développement de la Grande Peur, - tandis qu'il faut la considérer comme spontanée si l'on veut rester dans l'orthodoxie de la Religion révolutionnaire - il est nécessaire que nous citions encore quelques-uns des textes officiels de l'enquête du Dauphiné. Nos lecteurs diront si, à, leurs yeux, « la réalité de ces meneurs », n'en ressort pas aussi claire que le jour :

« Du 16 septembre (1789) est comparu Mathieu Belmont, jardinier du château de Montcarra, lequel nous a dit que le mercredi 29 juillet... (pendant qu'on forçait les archives du château) il se trouva près de la chapelle avec un homme habillé couleur de noisette, coiffé et vêtu assez proprement et fort petit, d'une figure assez mince et la barbe noire, auquel il demanda si l'on ne pourrait pas arrêter les désordres qui se commettaient. Ce monsieur dit au comparaissant : « Nous ne sommes ici, nous autres, que pour les papiers et le pillage n'est fait que par les gens du pays qui nous suivent et que nous ne pouvons pas empêcher de faire ce qu'ils veulent. Nous les employons quand nous ne sommes pas assez forts, mais quand nous sommes assez nombreux, nous nous en passons. » (Roux, *Mémoire...*, pp. 85 à 87.)

A comparu sieur Joseph Génin, fermier de M. le comte de Bally, à Montcarra... Il remarqua très bien, dans le nombre de ces brigands, un homme de petite taille ayant une veste ou habit court couleur de noisette, qui paraissait être un des chefs de la bande et un autre grand jeune homme à veste bleue et ces deux-là disant qu'on en voulait aux papiers. (*Id., ibid.*, p. 89.)

Du 21 septembre, à Saint-Pierre-de-Paladru, le nommé François Bonnot, jardinier du château..., a ouï dire au sieur Joseph Guilloud ... qu'étant venu le mardi 28 juillet il fut arrêté dans le bois au-dessus du château par plusieurs personnes, qui lui demandèrent où il allait... et qu'il n'avait connu aucune de ces personnes qui paraissaient bien mises et au-dessus du commun.

... Est encore comparu François Morand... qui nous a fait une déclaration absolument semblable... et que le sieur Joseph Guilloud lui avait dit aussi avoir été arrêté dans le bois par plusieurs hommes qui étaient tous des bourgeois et qu'il ne les connaissait pas. (*Id., ibid.*, pp. 104, 105.)

(*Trois jours avant le mouvement*) à Crémieu, dans une assemblée de paysans, avait paru un homme ayant un cordon rouge, qui avait dit qu'il fallait, en exécution des ordres du Roi, piller ou saccager tous les châteaux... » (*Id., ibid.*, p. 196.)

Bien souvent, au cours de ces dernières années, le Pouvoir Occulte qui renouvelle contre les Tzars l'assaut de 1789 contre les Bourbons, s'est servi auprès des paysans russes de la même manœuvre : bien des châteaux ont été pillés en Russie en exécution d'ordres attribués mensongèrement à l'Empereur !...

Nous laissons à nos lecteurs le soin de tirer de ces rapprochements les conclusions qu'ils comportent.

LES RÉSULTATS DE LA GRANDE PEUR

Dans la thèse de doctorat de M. Bruneau, les colossales conséquences de la Grande Peur sont énumérées en ces termes :

« Elle déposa, dans l'esprit des masses, un levain redoutable de soupçons. Elle fit surgir de toutes parts les comités municipaux, les gardes nationales, les premiers organismes révolutionnaires... La défiance resta après la peur, prête à tout croire, même l'incroyable. Il subsista un ferment d'inquiétudes, d'appréhensions vagues, de haines inconscientes, qui aigrirent les cœurs contre les ennemis supposés de la Révolution.

Cette Révolution s'organisait. La peur des brigands lui donna, dans le Berry, sa première forme, la forme municipale. Dans cette province, la création du comité permanent de Paris et la prise de la Bastille avaient préparé l'ébranlement, mais ce fut la panique de la fin de juillet 1789 qui le détermina... Les deux premiers comités permanents qui furent formés, à la Châtre le 30 juillet et à Châteauroux le 31, furent à l'origine des comités de défense, ... de résistance contre les brigands...

Au mois de septembre 1789, la Révolution municipale était consommée. Dans presque toutes les villes du Berry, les comités permanents étaient en pleine activité.

Déjà même, dans plusieurs villes, ils commençaient à se renouveler, à s'épurer...

À Vierzon comme à Bourges, la « régénération » du comité se fit par moitié tous les mois... Ce fut surtout la peur des brigands qui fit naître les gardes nationales comme les comités permanents. À la nouvelle du danger, bourgeois et paysans se levèrent pour repousser l'ennemi. Une fois l'épouvante passée, ils restèrent debout et armés. » (M. Bruneau, *Les Débuts de la Révol...*, Cher et Indre, Paris, 1902, pp. 63, 67, 74.)

Bref, la Grande Peur a déterminé la mobilisation de l'armée dont la Maçonnerie avait besoin pour conquérir la France.

Mais si l'on veut se convaincre une fois de plus que « les Meneurs » qui ont machiné la panique sortaient bien des Loges, il suffit de se reporter à la brochure du F*** Brunellière, toute pleine d'aveux :

« Ce fut de 1772 à 1789 que la Franc-maçonnerie élabora la Grande Révolution qui devait changer la face du monde.

C'est alors que les Francs-Maçons vulgarisèrent les idées qu'ils avaient puisées dans leurs Loges...

Après 1789... les Francs-maçons se dispersent dans les clubs, dans la vie politique, dans la représentation nationale et dans l'armée ; nous voyons des Loges se transformer en clubs sans même changer de nom, entre autres la loge *Le Cercle Social* qui devint un des clubs les plus influents.

Le temps des discussions et de l'étude était passé, il fallait agir ; mais ce sont les grandes idées maçonniques qui vont recevoir leur application au fur et à mesure que les événements vont marcher. » (*Du rôle de la Franc-maçonnerie au XVIIIe siècle...* Tenue plénière des RR*** LL***, Nantes, 23 avril 1883, pp. 8, 9.)

On sait où les « grandes idées maçonniques » ont conduit la France : aux « boucheries de chair humaine » de 1793, comme a dit le girondin Vergniaud.

QUATRE TÉMOIGNAGES DE CONTEMPORAINS

Quatre témoins oculaires de la Révolution corroborent nos dires - sur la non-spontanéité ainsi que sur le Maçonnisme de la Grande Peur. D'autre part, ces hommes - qui ont vu de leurs yeux, entendu de leurs oreilles - sont là-dessus d'une opinion tout à fait opposée à l'opinion de Aulard et de ses disciples.

En 1797, Sourdat (qui attribue aux Calvinistes le rôle principal dans la Révolution, à tort selon nous) déclare que c'est la Maçonnerie qui a semé la Grande Peur :

« Ce fut, écrit-il, par les Francs-Maçons que se répandit, au mois de juillet 1789, le même jour, à la même heure dans tout le royaume, l'alarme des prétendus brigands ; ce fut, par les Francs-Maçons que s'établirent une correspondance générale et les levées des deniers nécessaires au parti. » (SOURDAT, *Les Véritables Auteurs de la Révolution...*, Neufchâtel, 1797, p. 452.)

Lombard de Langres - l'auteur très renseigné de *Souvenirs* qui furent « clandestinement mis au pilon »[77] par les policiers jacobins réfugiés dans la police impériale, parce qu'on redoutait ses révélations sur les dessous révolutionnaires - Lombard de Langres dénonce comme organisateurs de la grande Peur les Hauts-Maçons qui se

---

[77] *Des Sociétés Secrètes en Allemagne...*, Paris, 1819, p. 186.

réunissaient « à Ruel et à Passy », a Passy[78] où déjà l'affaire lu Collier avait été tramée !

Mirabeau, (écrit Lombard de Langres), Dumouriez, d'Aiguillon, Le Peletier, Lameth, d'O..., Danton, Dubois-Crancé, Sy..., Men..., Laf..., et une foule d'autres adeptes tenaient alors leurs chapitres nocturnes à Ruel et à Passy ; ils dirigeaient les Frères du troisième ordre ; ... et au moyen de leurs ramifications dans les Loges, ils réalisaient, le même jour et à la même heure, l'insurrection spontanée de 1789. (*Des Sociétés Secrètes en Allem.*, Paris, 1819, p. 180.) Dans ses Mémoires, le Ministre et Comte Beugnot (l'ex-confident de Mme de la Motte) a fait de la Grande Peur un tableau d'une vigueur extraordinaire ; il habitait alors à Choiseul, chez son beau-père ; on y riait de ses appréhensions suscitées par les événements du 14 juillet :

« J'admirais, écrit-il, combien était heureuse la vie que nous y menions, lorsque Paris était si cruellement agité. Une nouvelle qui éclata sur la France comme un coup de foudre, celle des brigands, nous ravit à notre sécurité. Dans l'une des belles soirées du mois d'août, nous soupions tranquillement... lorsque survint tout en émoi un laboureur de Choiseul qui nous dit que les brigands étaient répandus dans la contrée et s'avançaient vers le château pour le piller. Chacun de s'écrier : « Mais comment des brigands ? d'où viennent-ils ? » Je ne pousse pas la question plus loin, je veux seulement que le laboureur dise s'il a vu ces brigands ; il l'affirme, et qu'il en a reconnu une première bande longeant le bois de Montot, une autre le bois de Pennecière, deux bouquets de bois peu distants du château. Je commence à croire, d'autant mieux que ce laboureur ne manque pas de sens et qu'il était l'homme de confiance de la maison. M. Morel, persuadé de la vérité du récit, ne veut pas qu'on perde le temps à délibérer ; son vieux courage reparaît tout entier, il

---

[78] Voir l'article de M. G. BORD, cité plus haut.

ordonne de charger les armes, et me fait remarquer que l'arsenal dont je m'étais tant moqué n'est pas de trop aujourd'hui. Il place trois homme en vedette... avec l'ordre, à la première apparition des brigands, de se replier sur le corps de la place. Il garnit d'hommes armés les deux entrées par où le château est abordable... et prévient ces dames qu'au premier coup de feu elles auront pour agréable de descendre dans les caves... La nuit se passa sans que les vedettes se soient repliées, que la garde ait été attaquée, et que les dames aient pris le chemin des caves ; le lendemain matin, elles riaient de grand cœur de leur propre frayeur et de l'appareil militaire de la veille. Cependant M. Morel ne jugea pas prudent de lever encore l'état de siège. Les brigands ne s'étaient pas, à la vérité, présentés sur les points indiqués la veille, mais ils avaient incontestablement paru et même opéré dans les environs. On citait des châteaux brûlés, d'autres qui brûlaient encore... L'état de siège, qui perdait... chaque jour de sa vigueur, ne disparut entièrement qu'à la fin de la semaine.

J'ai fait alors ce qui était en mon pouvoir pour éclaircir par quel canal cette annonce de brigands était parvenue... parce que de l'effet bien constaté, on eût pu remonter à la cause. Je n'y ai trouvé que du doute et de l'incertitude. Le laboureur de Choiseul qui nous avait apporté cette nouvelle, l'avait reçue, disait-il, d'un habitant de Collombey, village voisin. Il était plein de cette idée, en arrivant à Choiseul, et à la clarté incertaine de la lune, il avait vu ou cru voir les brigands sur les deux points qu'il avait indiqués ; je remontai à l'habitant de Collombey, et celui-ci me dit qu'il la tenait d'un habitant de Montigny. Je négligeai des recherches ultérieures parce que je vis bien que je n'arriverais qu'à des instruments qui s'étaient transmis cette nouvelle et effrayés réciproquement, de la meilleure foi du monde. J'ai eu occasion alors de lire des lettres de députés du Tiers-État qui mandaient, en effet, que des brigands parcouraient la France et qu'il fallait s'armer pour les repousser : ces députés, au reste obscurs, n'étaient encore que des instruments de première ligne ; mais on n'a pas su d'où partait la première pensée de cet étrange moyen... » (Comte Beugnot, *Mémoires*, 3e édition, Paris, Dentu, 1889, pp. 111 à 113.)

Souvenons-nous que le F*** Chamfort avait manifestement prédit l'emploi de « cet étrange moyen », dans sa mémorable conversation avec Marmontel.

« Cette peur des brigands enfanta le brigandage (continue Beugnot). Tout homme qui avait une arme s'en saisit ; celui qui n'en avait pas s'en faisait donner, et, en un moment, la France fut couverte de bandes armées au hasard, sans discipline et sans frein. Cette institution d'une force militaire intérieure a été organisée depuis en garde nationale ; mais à son début, elle n'était qu'une force aveugle. À l'exemple des États-Généraux, devenus l'Assemblée Nationale, et où les comités se multipliaient tous les jours, chaque ville et chaque bourgade eut son comité de surveillance, son comité permanent de garde nationale ; et les mouvements irréguliers de ces corps de nouvelle fabrique servirent merveilleusement à paralyser l'action des anciennes autorités. » (Beugnot, *Mémoires*, pp. 113, 114.)

Tout ce qui précède jette une lumière éclatant sur cette page de Beugnot. On y saisit sur le vif l'extériorisation des Loges maçonniques en 1789, et la formation de ces « corps de nouvelle fabrique », les Comités de Surveillance, les Comités permanents de Garde Nationale, sous la direction secrète de Francs-Maçons que le Pouvoir Occulte avait fait essaimer dans ce but hors de leurs cavernes. Les détails que donne Beugnot sur les premiers hauts faits des sous-Maçons de ces Comités ne rentrent pas dans notre cadre. Mais nous renvoyons aux *Mémoires* déjà cités ceux de nos lecteurs curieux de voir de près le fonctionnement « des moteurs d'anarchie qui avaient été semés sur la France avec assez de symétrie », dit encore Beugnot (p. 119).

Qui avait semé partout ces moteurs d'anarchie ? La Franc-maçonnerie, a dit un homme qui, tout jeune, a vu la journée de la Grande Peur : Boutillier de Saint-André. Son témoignage a d'autant plus de poids que sa perspicacité avait mûri précocement sous le lourd soleil du malheur. Sa mère, jetée comme suspecte au château d'Angers, y mourut le 12 mars 1794. Son père fut guillotiné à Nantes le 11 avril de la même année :

On lui fit un crime de son humanité, et quand il rappela devant le tribunal révolutionnaire de Nantes, qu'il avait sauvé la vie à bien des prisonniers des Vendéens, et en particulier à son accusateur : « Tu m'as sauvé la vie, repartit celui-ci. Eh bien ! c'est là que je t'attendais. Tu m'as sauvé la vie ! Cela prouve que tu étais royaliste, puisque c'est à ta sollicitation que les royalistes m'ont fait grâce ».[79]

Nous dédions cet épisode qui répugne à tout cœur vraiment français aux fabricants officiels de Manuels d'Histoire...

Le jeune fils avait jusque-là servi à son père - confident et historiographe des chefs vendéens - de copiste et de secrétaire. À son tour, il a laissé à ses enfants de remarquables *Mémoires* où nous lisons :

« Le véritable motif (de la réunion des États-Généraux) fut de changer le gouvernement de la France ; mais il n'y avait que les adeptes, les chefs de la Franc-maçonnerie, qui fussent initiés dans le mystère ; les autres, et c'était le plus grand nombre, croyaient qu'il ne s'agissait seulement que de détruire quelques abus et de rétablir l'ordre dans les finances de l'État.

---

[79] Page X de l'Introduction écrite par M. l'abbé Bossard pour les Mémoires de Boutillier.

... Nous étions destinés à voir démolir le superbe et antique édifice de la noble dynastie des Bourbons.

... Le temps était venu où les hommes ambitieux et méchants qui voulaient renverser un gouvernement qui, depuis quatorze cents ans, faisait la gloire et le bonheur de la France, pour élever sur les débris du trône de nos rois l'édifice monstrueux de la République, commençaient les intrigues et excitaient les troubles qui devaient amener les plus terribles catastrophes.

Pour parvenir à s'aider du peuple, il fallait lui faire connaître sa force, le soulever, l'armer, l'organiser, l'ameuter contre le pouvoir établi... ; il fallait enfin lui imprimer un mouvement d'énergie qu'il ne pouvait prendre de lui-même. Mais pour en venir à ces fins, il ne suffisait pas de lui offrir des doctrines, ... de proclamer sa souveraineté, de l'appeler à briser ses chaînes, à se ruer sur les tyrans. Les principes philosophiques auraient produit peu d'effet sur ses sens grossiers ; il était plus expédient de l'ébranler par une secousse soudaine, et de lui mettre les armes à la main sous un prétexte plausible, celui de sa défense personnelle, à la vue d'un grand et imminent danger, afin d'exercer subitement un pouvoir général sur les esprits et de faire agir tous les bras à la fois.

Ce mouvement extraordinaire, cet ébranlement soudain, préparé d'avance avec soin et dans le secret, avait été transmis d'avance et confidemment aux adeptes de chaque province... Il éclata le jour de la Madeleine, 22 juillet 1789... Je me rappellerai toute ma vie ce jour funeste, ou tous les Français se levèrent à la fois et s'armèrent, dociles à l'impulsion de la révolte, pour servir d'instruments aux projets des factieux. Ce jour, fatal à jamais parmi ceux consacrés par l'histoire des révolutions, prépara la chute du trône et la mort du Roi... » (*Mémoires d'un père à ses enfants. - Une famille vendéenne pendant la Grande Guerre* (1793-1795), par BOUTILLIER DE SAINT-ANDRÉ, avec Introduction, Notes, Notices et

Pièces justificatives par M. l'abbé Eugène BOSSARD, Paris, Plon, 1896, pp. 26 à 29.)

Avec la journée du 14 Juillet et ses bandes d'assassins francs-maçons, le jour de la Grande Peur, « ce jour funeste », ouvre la période où la Maçonnerie commence à « agir » (selon le mot du F*** Brunellière !) en attendant que les guillotinades et les massacres de la Terreur marquent l'apogée de son ignoble et cruelle dictature.

Plus que jamais, le mot de Malouet apparait d'une vérité profonde : « Pour tout homme impartial, la Terreur date du 14 juillet 1789. »

LA REINE ET LA GRANDE PEUR

En même temps que la Maçonnerie poussait la Nation française affolée par la Grande Peur à déchirer le pacte de confiance et d'amour qui depuis tant de siècles la liait à ses Rois Capétiens, la même Maçonnerie semait dans toute la France, au même instant, les mêmes mensonges meurtriers contre Marie-Antoinette. Pourquoi ? Nous l'avons dit : parce que la Reine était pour la Révolution l'obstacle le plus redouté des Loges.

« Le 24 juillet 1789 (écrit l'anglais Arthur Young dans ses Voyages en France), la grande nouvelle à la table d'hôte de Colmar était curieuse : la Reine avait formé le complot, qu'elle était à la veille d'exécuter, de faire sauter l'Assemblée par une mine et au même moment d'envoyer l'armée massacrer Paris tout entier. Un officier français qui se trouvait là se permit d'en douter et fut à l'instant réduit au silence par le bavardage de ses adversaires. Un député l'avait écrit, ils avaient lu la lettre, il n'y avait pas d'hésitation. Sans me laisser intimider, je soutins que c'était une absurdité visible au premier coup d'œil, rien qu'une invention pour rendre odieuses des personnes qui, à mon avis, le méritaient, mais non certes par de tels moyens. L'ange Gabriel serait descendu tout exprès et se serait mis à la table pour les dissuader, qu'il n'aurait pas ébranlé leur foi. C'est ainsi que cela se passe dans les révolutions : mille imbéciles se trouvent pour croire ce qu'écrit un coquin. » (A. YOUNG, Voyages en France, trad. nouv., Paris, 1860, t. I, pp. 250, 251.)

Ces quelques lignes sont assez caractéristiques pour faire apprécier suffisamment leur auteur, le savant agronome A. Young, dévot admirateur de la Constitution anglaise et antipapiste forcené, qui parcourut toute la France pour en étudier l'agriculture, pendant les premiers temps de la Révolution.[80] En raison de l'acuité de sa vision - et aussi de son animosité contre la Cour de France et l'Ancien Régime - les témoignages qu'il apporte au sujet du complot tramé contre la Reine sont particulièrement précieux.

C'est en arrivant à Strasbourg, le 20 juillet, que Young avait appris les événements du 14. Le lendemain même 21, il assistait au siège et au sac de l'Hôtel de Ville, - siège mené à l'instar de celui de la forteresse parisienne et comme lui, à n'en pas douter, dirigé par les Francs-Maçons :

« Je remarquai (écrit Young) plusieurs soldats avec leurs cocardes blanches au milieu de la foule qu'ils excitaient sous les yeux des officiers du détachement (chargé de réprimer l'émeute !) Il y avait aussi des personnes si bien vêtues, que leur vue ne me causa pas peu de surprise. » (*Voy. en Fr.*, t. I, p. 249.)

De Strasbourg et Colmar, Young gagna la Franche-Comté par Belfort. Partout il trouva le pillage et l'incendie :

---

[80] Nous avons déjà cité une lettre de Young.

« Quelques personnes, dit-il, m'informèrent, à table d'hôte que des lettres reçues du Mâconnais, du Lyonnais, de l'Auvergne, du Dauphiné, etc., rapportaient des faits semblables... La France est incroyablement en arrière pour ce qui touche aux communications. Depuis Strasbourg jusqu'ici, je n'ai pas pu voir un journal. (Besançon, 27 juillet 1789, t. I, p. 256.)

Mais les langues des vipères maçonniques se chargeaient de répandre les venins utiles à la victoire du Pouvoir Occulte :

« Personne à Dijon n'avait entendu parler du sac de l'Hôtel de Ville de Strasbourg... Si les nouvelles véritables sont longues à se répandre, en revanche on est prompt à savoir ce qui n'est pas arrivé. Le bruit en vogue à présent et qui obtient crédit, est que la Reine a été convaincue d'un complot pour empoisonner le Roi et Monsieur, donner la Régence au Comte d'Artois, mettre le feu à Paris et faire sauter le Palais-Royal par une mine ! » (A. YOUNG, Dijon, 31 juillet 1789, t. I, p. 263.)

Ainsi donc, de même qu'en février 1789, au nord comme au sud, à l'est comme à l'ouest, les paysans de France déclaraient dans les mêmes termes, souffrir des mêmes maux, - de même, en juillet de la même année, à Dijon comme à Colmar, on murmure contre la Reine les mêmes propos de haine et de mensonge destinés à soulever partout contre elle des colères sauvages.

Alors qu'il n'y avait pas de journaux pour propager de province à province « les nouvelles véritables », les rumeurs mensongères contre la Reine couraient la poste ! On les entendait en même temps - à des centaines de lieues de distance - en Alsace, en Franche-Comté, aussi bien que dans cette Bourgogne où MM. Cochin et Charpentier nous ont montré certaine coterie mystérieuse qui travaillait toutes les corporations, toutes les villes et tous les villages, avec des « plans et moyens » savamment concertés.

À Moulins, capitale du Bourbonnais, comme plus tard au Puy, Arthur Young continue à constater qu'on ne trouve pas de journaux dans les cafés ni les hôtels ; ainsi ce n'est pas la presse qui répand les fausses nouvelles dans les grandes villes. En revanche, dans deux villages où jamais ne parvient un journal, à Royat, en Auvergne, à Thuytz, en Velay, voici qu'Arthur Young entend accuser la Reine d'être l'instigatrice du même complot dont on l'accusait en Alsace et en Bourgogne...

Le 13 août, à Royat, mécontent de son guide, Young le congédie pour prendre à sa place une femme du pays qui le conduit aux sources thermales :

« À notre retour, écrit-il, elle fut arrêtée par un soldat de la garde Bourgeoise (car ce misérable village, lui-même, a sa milice nationale), pour s'être fait, sans permission, le guide d'un étranger. » (*Voy. en Fr.*, t. I, p. 282.)

Il la suivit pour la faire relâcher

« Toute la populace du village nous accompagna (dit-il), ainsi que les enfants de cette femme qui pleuraient, de crainte que leur mère ne fût emprisonnée. Arrivés au château, ... on nous introduisit dans la salle où se tenait le conseil municipal. On entendit l'accusation : tous furent d'accord que, dans des temps aussi dangereux, lorsque tout le monde savait qu'une personne du rang et du pouvoir de la Reine conspirait contre la France, de façon à causer les plus vives alarmes, c'était pour une femme un très grand crime de se faire le guide d'un étranger, surtout d'un étranger qui avait pris tant de renseignements suspects : elle devait aller en prison. (*Voy. en Fr.*, I. p. 2821.)

À vouloir démontrer à ces affolés de la Grande Peur que cette femme était innocente, Young commença par s'attirer un interrogatoire en règle : « puisque son but n'était que de voir les sources, pourquoi sa multitude de questions sur le prix, le revenu et la valeur des terres ? etc, etc.), Il répondit qu'on n'avait qu'à envoyer à Clermont prendre des renseignements sur lui chez tels et tels, et que si on mettait la femme en prison, il la suivrait en rendant la municipalité responsable. Enfin, on relâcha l'infortunée après une réprimande et « je repris mon chemin, écrit Young, sans m'étonner de l'ignorance (!) de ces gens, qui leur fait voir la Reine conspirant contre leurs rochers et leurs sources ; il y a longtemps que je suis blasé sur ce chapitre-là. Je vis mon premier guide au milieu de la foule qui l'avait accablé d'autant de questions sur moi que je lui en avais posé sur les récoltes. Deux opinions se balançaient : la première que j'étais un commissaire, venu pour évaluer les ravages faits par la grêle, l'autre que la Reine m'avait chargé de faire miner la ville pour la faire sauter, puis d'envoyer aux galères tous les habitants qui en réchapperaient. Le soin que l'on a pris de noircir la réputation de cette princesse aux yeux du peuple est quelque chose d'incroyable, et il n'y a si grossières absurdités, ni impossibilités si flagrantes qui ne soient reçues partout sans hésitation. » (*Voy. en Fr.*, L. I, P. 283.)

Le 19 août 1789, à Thuytz, en Velay, aventure semblable. Les questions de Young sur le prix des vivres inquiètent ses hôtes qui refusent de lui fournir des guides et des mules pour visiter les montagnes voisines. Le marquis de Deblou, seigneur de la paroisse, l'envoie obligeamment quérir :

« Je lui expliquai, écrit Young, les difficultés que j'avais rencontrées : il me dit alors que mes questions avaient inspiré les soupçons les plus absurdes aux gens du pays, et que les temps étaient si critiques qu'il me conseillait de m'abstenir de toute excursion hors de la grande route... *Dans un autre moment il eût été heureux de me conduire lui-même ; mais à présent on ne saurait avoir trop de prudence.* » (*Voy. en Fr.*, t. I, p. 291.)

Le marquis promena dans son jardin et une pièce de terre voisine Young, qui prit des notes et rentra bientôt à l'auberge.

« Mes actions, dit-il, avaient eu plus de témoins que je n'imaginais, car à onze heures, une bonne heure après que je m'étais endormi, un piquet de vingt hommes de la milice bourgeoise, armés de fusils, d'épées, de sabres et de piques, entra dans ma chambre et entoura mon lit selon les ordres du chef, qui me demanda mon passeport... puis, cela ne leur suffisant pas, mes papiers. On me déclara que j'étais sûrement de la conspiration tramée par la Reine, le comte d'Artois et le comte d'Entragues (grand propriétaire ici), et qu'ils m'avaient envoyé comme arpenteur pour mesurer leurs champs, afin d'en doubler les taxes. Ce qui me sauva était que mes papiers étaient en anglais... Ne trouvant ni cartes ni plans, ni rien que leur imagination pût traduire en cadastre de leur paroisse, cela leur fit impression... Voyant qu'ils hésitaient encore, j'ouvris un paquet de lettres scellées, en disant : « Voici, Messieurs, mes lettres de recommandations pour différentes villes de France et d'Italie, ouvrez celle qui vous plaira et vous verrez, car elles sont écrites en français, que je suis un honnête fermier d'Angleterre, et non pas le scélérat que vous vous êtes imaginé ». Là-dessus, nouveau débat qui se termina en ma faveur ; ils refusèrent d'ouvrir mes lettres et se préparèrent à me quitter. Mes questions si nombreuses sur les terres, mon examen détaillé d'un champ..., tout cela avait élevé des soupçons qui, me firent-ils remarquer, étaient très naturels lorsqu'on savait à n'en pouvoir douter que la Reine, le comte d'Artois et le comte d'Entragues conspiraient contre le Vivarais. À ma grande satisfaction, ils me souhaitèrent une bonne nuit et me laissèrent aux prises avec les punaises qui fourmillaient dans mon lit comme des mouches dans un pot à miel. » (*Voy. en Fr.*, t. I, pp. 291 à 293.)

En 1791, moins de deux ans après, la France était déjà couverte de sang et de ruines ; l'abbé Le Franc publiait son courageux livre : *Le Voile levé pour les curieux ou le Secret de la Révolution révélé à l'aide de la Franc-maçonnerie* : « L'Europe est étonnée du changement qui s'est opéré dans les mœurs, écrit-il... Qui a rendu le Français farouche, soupçonneux ?... Le dirai-je et m'en croira-t-on ? C'est la Franc-maçonnerie. » (p. 67)

L'action des Loges - dénoncée par Le Franc, Barruel et bien d'autres, proclamée par le F*** Amiable, etc., - telle est la clef du double mystère qui s'énonce en ces termes : Comment se fait-il que dans tant de pays de France, les paysans aient déclaré, dans les mêmes termes, souffrir des mêmes maux ?

Comment se fait-il qu'Arthur Young ait entendu proférer les mêmes accusations contre Marie-Antoinette en Alsace, en Bourgogne, en Auvergne et en Velay, à quelques jours de distance ?

« LE CRACHAT ROYAL. »

Déjà en janvier 1789 la Reine savait tout le mal qu'on lui avait fait auprès de la Nation. Le 27 janvier, elle écrivait au comte de Mercy-Argenteau, ambassadeur d'Autriche :

« Vous connaissez les préjugés contre mon frère vous savez comment on est venu à bout de persuader à la moitié du peuple que j'envoyais des millions en Allemagne. » (*Lettres authentiques de Marie-Antoinette...*, t. II. P. 130.)

Un pamphlet particulièrement abominable parut en 1789 ; il résume toutes les infamies jetées depuis quinze ans à la face de la Reine ; il est en quelque sorte l'esquisse des Planches d'Architecture que les plus infâmes Initiés des Loges vont bientôt « tracer », afin de parachever l'œuvre de haine contre Marie-Antoinette. Le *Confident Patriote*, tel est le titre de cette ordure, digne sœur cadette des ordures que nous avons dû remuer déjà.

Le *Confident Patriote*, triste ancêtre de nos délateurs francs-maçons, ne manie pas seulement le mensonge et la calomnie. Le progrès maçonnique s'est accentué : ce Confident des Arrière-Loges marque pour l'assassinat les victimes qui bientôt périront sous les sabres de tueurs fanatisés ou sous le couperet des guillotines. Et parmi ces victimes, la Reine est la première désignée :

- Vous connaitrez, écrit le *Confident Patriote*, les intrigues journalières de la Cour...

- Les extravagantes espérances de la Reine, ses projets, les motifs de sa haine implacable pour tous les François sur lesquels elle a l'honneur de régner, quelques traits singuliers de sa vie privée, les secrètes conversations qu'elle tient avec des traîtres que nous avons l'imprudence de souffrir parmi nous, mais que vous vous hâterez de faire exterminer, afin qu'ils n'aient point le temps d'exécuter les infâmes projets qu'ils ourdissent contre nous... (*Le Confid. Patr.*, 1789, pp. 4, 5.)

Les mots *aristocrates* et *calotins* s'enchevêtrent sous la plume du scribe du Pouvoir Occulte : aussi bien n'était-ce pas le Trône et l'Autel ensemble que les Sociétés Secrètes avaient résolu d'abattre ? Page 13, une note indique « l'Appartement de la Reine » comme « le chef-lieu de l'aristocratie ». Page 20, Marie-Antoinette est appelée « cette femme orgueilleuse et perverse qui a causé tous nos maux ». Puis commence un chapitre où l'outrage est prodigué à la Reine en même temps que Louis XVI est l'objet d'une compassion insultante :

Le Crachat Royal : « La haine, chez les femmes, ne s'étouffa jamais : triste conséquence dont la Nation française a malheureusement éprouvé trop souvent les cruels effets. O mon Roi ! Toi qui aurais dû voir couler tes jours heureux et sereins ; toi que tes rares et sublimes vertus ont fait nommer le plus grand des Monarques, devais-tu t'attendre à ne rencontrer, dans la Princesse avec qui tu as daigné partager ta couronne qu'une femme altière, vindicative à l'excès, libertine par tempérament, et qui empoisonne l'aurore de tes beaux jours ? Non.

Qui aurait dit, le jour que tu daignas l'élever au rang suprême de ton épouse, et le jour le plus beau de ta vie, par les témoignages authentiques d'amour, de fidélité que ton peuple te donnait, que ce serait en même temps le terme de ta félicité, en associant à tes vertus une femme qui portait dans son cœur toute la férocité allemande qu'elle a déployée depuis contre tout ce qui portait le nom de français.

En vain cette femme naturellement méchante s'occupe chaque jour de nous animer par des traits de sa fureur, capable de nous porter à l'extrémité. Non, elle ne parviendra jamais à lasser notre patience, nous la respecterons toujours, malgré elle, parce que Louis XVI est notre Roi bien aimé.

Cela, c'est le lointain écho des protestations royalistes du Tartufe franc-maçon de la Tierce, en 1742 : « Le Franc-maçon est un homme craignant Dieu, fidèle à son Prince » !

« Français ! (poursuit le F*** tartufe de 1789) vous étiez dignes d'une meilleure Reine ; n'espérez pas adoucir le cœur de cette farouche Allemande ; non, la chose est impossible...

Réponds, Marie-Antoinette, que t'ont fait les Français pour les poursuivre avec, un acharnement sans exemple ? Leur crime est de t'avoir autant adorée que ton auguste époux, d'avoir tout sacrifié à tes caprices absolus, d'avoir prodigué leur or provenant des larmes, du sang du pauvre laboureur, pour satisfaire à ton faste, à ton orgueil, et secourir l'indigence de ton tyran de frère.

Quand tous ces sacrifices ne coûtaient, à nos cœurs que des regrets de ne pouvoir remplir tes désirs insatiables, injuste Reine ! pour récompense de tant de générosités tu nous accables chaque jour de ta haine implacable ; tu as fait tous tes efforts pour t'opposer aux vues bienfaisantes de notre auguste Roi... chaque jour est marqué par quelque trait nouveau de ta méchanceté ou de ta perfidie.

Dans le temps que des citoyens s'empressent à réunir tous les agréments qu'elle peut désirer dans le nouveau palais de son époux..., cette femme méchante nous outrage publiquement, en indignant les citoyens par ses mépris... Elle affecte de lancer des regards altiers, menaçants... sur ce peuple loyal... Son cœur se soulève de dépit ; à la vue d'un citoyen Français, elle fait éclater son aversion, et finit par cracher dessus, pour preuve incontestable de la haine qu'elle nous a jurée !

Ce dernier trait de sa malignité a été commis dernièrement dans le jardin des Tuileries, au sortir de ces sales orgies qu'elle-même nous a si légèrement tracées... » (*Le Confid. Patr.*, 1789, pp. 20 à 24.)

Ici, l'ouvrier d'infamie qui signe *Le Confident Patriote* emprunte une pierre aux édifices de mensonge construits par les faussaires qui ont publié les Essais sur la vie de Marie-Antoinette, « d'après des manuscrits de sa main », osaient-ils écrire. C'est que nous approchons de l'heure où les impostures des pseudo-confessions de la Reine vont être répandues par milliers, afin d'exaspérer les fureurs contre elle ! *Le Confident Patriote* vient de nouer sous nos yeux une maille du filet monstrueux qui se resserre autour de la Reine-Martyre.

Quelle stupidité que ce « Crachat Royal » ! Et quels abimes de mépris envers le peuple de France - mystifié, bafoué avant d'être mis à la torture - sont révélés par ce trait des vils criminels qui servaient les desseins du Pouvoir Occulte !

Mais n'oublions pas que parmi les flots de lumière maçonnique répandus depuis la glorieuse année 1789 dans les populations françaises, jusque-là plongées dans les ténèbres de l'Obscurantisme et les fers de la Tyrannie, il se trouvait hier encore des électeurs « éclairés et libres » pour donner leur confiance à un certain député qui a gagné sa prébende en promettant la suppression de la lune rousse.

Les citoyens qui, ces dernières années, ont cru en la parole de cet imposteur sont-ils plus déraisonnables que les citoyens de 1789 qui crurent à l'histoire du Crachat Royal ?

Combien de Français aveuglés par la Maçonnerie ont cru alors à des mensonges pour le moins aussi stupides que le mensonge du Crachat Royal ? Et parmi ces Français - trompés jusqu'à l'heure où ils porteront leur tête sur l'échafaud - combien on compte de ces membres de l'Assemblée dite Nationale dont la Maçonnerie avait truqué l'élection avant de les faire obéir en esclaves ?

XII

ÉPILOGUE

Nous avons dit le grand assaut qui, en juillet 1789, fut donné à la Monarchie des Rois Très Chrétiens par la Maçonnerie. Cet assaut ébranla si fortement le Trône et l'Autel tout à la fois - comme l'avait prévu le F*** Chamfort - que si l'Ancien Régime démantelé demeurait encore debout, son effondrement n'était plus qu'une question de jours.

Dans sa guerre contre la France, fille aînée de l'Église (contre la France, perpétuel champ de bataille et perpétuel enjeu des Sociétés Secrètes ennemies de la Chrétienté !), la Maçonnerie vient de conquérir les positions stratégiques qui lui assurent une victoire imminente : le complot maçonnique est à la veille de réussir, et le premier cycle de notre étude est achevé.

Mais pour lier le présent livre à ceux qui suivront, il convient de faire une incursion rapide parmi les événements qui seront la conséquence immédiate de ceux que nous avons retracés.

LA NUIT DU 5 AU 6 OCTOBRE 1789

Du mois d'août au mois d'octobre 1789, la Secte se prépare à un nouvel assaut. Elle donne cet assaut dans la nuit du 5 au 6 octobre. C'est alors qu'elle lance contre le palais de

Versailles les abominables armées qu'elle a patiemment recrutées, encadrées et aguerries dans de multiples émeutes.

Si le coup avait réussi complètement, le Roi, la Reine et le Dauphin eussent péri éventrés par les mégères qui criaient : « Nous voulons les boyaux d'Antoinette ! » Il s'en fallut de bien peu que ce coup n'aboutit à l'anéantissement de la famille royale, comme il advint en 1908 (de par la Maçonnerie, toujours !) pour le roi de Portugal et son fils aîné.

Enfin, tout de suite après la nuit du 5 octobre après que Louis XVI et Marie-Antoinette eurent fait jusqu'aux Tuileries le crucifiant voyage au bout duquel la Maçonnerie les tiendra sous sa main, dans une étroite et injurieuse captivité d'où ils ne sortiront plus vivants - une vague nouvelle se gonfle et s'élance, plus ignoble encore que la marée humaine des poissardes et des bandits envoyés par les Loges à l'assaut du palais de Versailles : la marée infâme de pamphlets plus nombreux et plus monstrueusement obscènes que tous ceux que nous avons cités jusqu'ici...

Et cette marée multiplie ses flots d'ordures pour souiller la Reine de leur écume, parce que « la Reine (ainsi que Mirabeau l'a dit magnifiquement) est la première et la plus forte barrière du trône, et comme la sentinelle qui veille de plus près à la sûreté du monarque ».

LA REINE ACCUSE LA MAÇONNERIE

Nous avons reproduit un fragment de la lettre ou, le 26 février 1781, Marie-Antoinette écrivait à, sa sœur Marie-Christine : « L'art du gouvernement est de laisser la Franc-maçonnerie s'étendre, car ce n'est qu'une association de bienfaisance et de plaisir. »

Mais voyez : la Bastille a été prise ; la funeste nuit d'octobre 1789 a obligé la famille royale à quitter Versailles, et voici « après quelques mois passés aux Tuileries sous l'œil des Barbares de la Maçonnerie, la Reine sait ! Elle sait qu'elle est dans les Loges la source des calamités qui viennent de fondre sur la France et sur la royauté ! Nous avons une irrécusable preuve de ce que la lumière s'est faite dans l'esprit de Marie-Antoinette. C'est une lettre[81] adressée par elle à son frère, l'empereur Léopold II, le 17 août 1790 - en voici les dernières lignes :

« ... Adieu, mon cher frère, il faut que je compte bien sur toute votre amitié pour ne pas craindre d'en abuser, mais en revanche comptez bien sur toute la tendresse de votre malheureuse sœur.

J'embrasse ma belle-sœur et vos enfants ; prenez bien garde là-bas à toute association de franc-maçons (sic) ; c'est par cette voie que tous les monstres d'ici comptent d'arriver dans tous les pays au même but... » (*Marie-Antoinette, Joseph II und Leopold II. Ihr Briefwechsel* (leur correspondance publiée par le Chevalier) *Alfred von Arneth*, p. 135.)

Neuf ans auparavant, nous l'avons dit, de clairvoyants serviteurs de la cause catholique et française avaient conjuré le Roi et la Reine de « prendre garde à toute association de francs-maçons » ... Hélas ! leurs avertissements n'avaient pas été écoutés. Quand le péril maçonnique fut aperçu dans toute son horreur par Louis XVI et Marie-Antoinette, il était trop tard : la France était la proie des Arrière-Loges ; la famille royale était leur prisonnière.

---

[81] *Cuique suum*. Nous avons eu connaissance de cette page si importante de la correspondance de Marie-Antoinette par un article de M. G. Malet, dans la Gazette de France du 9 mai 1910.

Pendant trois années d'angoisses et d'affreuses tortures, Marie-Antoinette va sentir la cruelle main de la Maçonnerie s'appesantir sur elle de plus en plus. Pendant trois années, la Reine attendra la mort que lui destinent les Arrière-Loges. Quelle agonie ! Pendant trois années, elle sera sous le coup de ce regret poignant qu'exprima Louis XVI, en 1792, après le retour de Varennes : « Que n'ai-je cru, il y a onze ans, tout ce que je vois aujourd'hui ! On me l'avait dès lors tout annoncé ! »

Tout ce qu'on avait annoncé au Roi et à la Reine, dès 1781, c'était le plan des Loges, arrêté par elles si longtemps auparavant, alors que le Pape Clément XII, puis le Pape Benoît XIV avaient en vain adressé au monde chrétien les plus pressantes adjurations de veiller au danger maçonnique !

En quelques lignes impressionnantes dans leur concision et pleines de muets reproches (trop justifiés, hélas !) contre l'aveuglement des catholiques, le Pape Léon XIII a énuméré les cris d'alarme poussés par ses prédécesseurs :

« Le péril fut dénoncé pour la première fois par Clément XII en 1738, et la Constitution promulguée par ce Pape fut renouvelée et confirmée par Benoît XIV. Pie VII marcha sur les traces de ces deux Pontifes ; et Léon XII, confirmant dans sa Constitution Apostolique *Quo graviora* tous les actes et décrets des précédents Papes sur cette matière, les ratifia et les confirma pour toujours. Pie VIII, Grégoire XVI et à diverses reprises Pie IX ont parlé dans le même sens... » (Lettre Encyclique de S. S. Léon XIII sur la Franc-maçonnerie, Coutances, Typographie de Ch. Daireaux.... 1884, p. 5.)

Les nations chrétiennes et les gouvernements chrétiens ont continué à méconnaître l'auguste voix des Papes. Le résultat de cette criminelle méconnaissance, on le connaît : toujours la première frappée en raison de ce que sa place à la tête des peuples chrétiens lui impose de plus grands devoirs et de plus lourdes responsabilités, - la France, après les hécatombes humaines de la Révolution et du Premier Empire, vit éclore en 1830 une nouvelle Révolution, maçonnique comme la précédente. Puis, l'Europe presqu'entière fut secouée par les convulsions de 1848 (convulsions maçonniques, elles aussi !) On sait, en outre, quelle part a prise la Maçonnerie dans la Commune de 1871. On sait enfin sous quel joug chaque jour plus écrasant et plus avilissant la Maçonnerie est parvenue à courber la tête de la France.

Que l'on confronte ce tableau déplorable avec la liste chronologique des Encycliques papales contre la Maçonnerie : on verra que chacun des mouvements révolutionnaires préparés par les Loges a été précédé de plusieurs Bulles où les Souverains Pontifes s'efforçaient de mettre en garde la Catholicité contre les nouveaux orages qui la menaçaient, - orages qu'il eût été possible de détourner, si on avait voulu écouter la Parole de Rome !

Un terrible enseignement nous paraît se dégager des faits historiques et des constatations que nous venons d'enchaîner dans ce livre :

Toutes les nations chrétiennes - mais au premier rang parmi elles les nations catholiques, et la France au premier rang parmi ces dernières - toutes les nations chrétiennes sont menacées par un ennemi aussi redoutable que mystérieux.

Cet ennemi, c'est la Société Secrète aux cent noms, aux cent incarnations successives qui, sous des masques et des manteaux différents, combat « sans trêve ni merci » depuis le Calvaire, contre l'Église de Dieu et la Civilisation née de l'Église.

Mais dans la Société Secrète visée par Léon XIII, il ne faut pas envisager la Maçonnerie vulgaire : c'est de la Haute

Maçonnerie qu'il s'agit, celle dont les agents d'exécution s'appellent Weishaupt, Nubius, Piccolo-Tigre, celle que Copin-Albancelli a nommée d'un nom qui lui restera : le Pouvoir Occulte.

Hélas !... Au XVIIIe siècle la France a refusé obstinément d'écouter la parole des deux Papes Clément XII et Benoît XIV qui l'adjuraient, ainsi que toute la Chrétienté, d'ouvrir les yeux devant le péril sectaire et de résister à l'Ennemi franc-maçon. En revanche, elle a bu jusqu'à la lie le poison que lui versaient les Loges, instruments du Pouvoir Occulte. Aussi du bas de l'échelle jusqu'en haut, il n'était plus en 1789 une classe de la société française qui ne fût profondément marquée du Signe de la Bête maçonnique. Eux-mêmes, le Roi et la Reine de France, avaient été trompés par la Société Secrète : en opposition souverainement impie avec la Papauté (lui, le Roi Très-Chrétien ! elle, la fille des Empereurs Apostoliques !) les voilà qui prêtent bénévolement les mains aux progrès de la Maçonnerie, alors que ces progrès s'accompliront sur les ruines de la Monarchie française ! « L'Art du gouvernement » n'est-il pas de « laisser la Maçonnerie s'étendre... » ?

Cet aveuglement du couple royal fut payé bien cher ! Nous dirons plus tard au prix de quelles larmes et de quelles douleurs. Mais, en finissant, nous adressons une prière suppliante aux vrais Français qui ont le respect du Passé de même qu'ils ont le respect de leurs pères, et parce que le Passé de la Patrie est fait du Passé de tous ceux qui les ont précédés ici-bas.

Certes, ces Français-là savent que la Foi catholique tient aux entrailles de notre nation si profondément que l'en arracher, ce serait tuer la Patrie. Ils ont donc nécessairement envers les Papes, gardiens suprêmes de cette Foi, la vénération la plus filiale.

D'autre part, ces Français-là vénèrent en Marie-Antoinette la Reine au grand cœur et à l'intelligence puissante, l'Épouse et la Mère de qui l'on peut dire comme d'une autre Mère qui est au-dessus de toutes les mères : « Considérez et voyez s'il est une douleur comparable à sa douleur ! »[82]

Ces Français dignes du nom de Français, nous les supplions, à la fois comme catholiques et comme fils de la Terre de France, de prendre garde à ne pas abuser plus longtemps de la patience de Celui qui de ses mains a rassemblé les nations chrétiennes autour du trône de saint Pierre. Ces Français, nous les supplions aussi de se souvenir du cri poussé par Marie-Antoinette en 1790.

Avoir méconnu durant près de deux siècles les pressants appels de sept Papes - avoir méprisé les ordres contenus dans sept Encycliques dirigées contre la Maçonnerie, - n'est-ce pas assez ? n'est-ce pas trop ?

Mais, en outre, le 17 août 1790, Marie-Antoinette tardivement éclairée l'a clamé à son tour à la Chrétienté en même temps qu'à son frère Léopold II : « Prenez bien garde à toute association de Francs-Maçons !... C'est par cette voie que tous les monstres d'ici comptent d'arriver dans tous les pays au même but... »

Que la France dévote et repentante - *Gallia poenitens et devota*[83] - écoute enfin la voix des Souverains Pontifes en même temps que celle de la Reine Martyre !

---

[82] Lamentations de Jérémie, ch. I, Lamed.
[83] Inscription placée au fronton de la Basilique du Sacré-Cœur à Montmartre.

Que la France tire enfin l'épée des Croisades contre le Franc-maçon, pire ennemi pour elle que le Sarrasin et l'Albigeois !

FIN

TABLE BIBLIOGRAPHIQUE

F*** AMIABLE, Discours... au Congrès maçonnique international de 1889. Archives Nationales : 01, 444, 446 ; G447, G699.

A. D'ARNETH et A. GEFFROY, Correspondance secrète de Marie-Antoinette, Paris, 1874.

Alfred VON ARNETH, Marie-Antoinette, *Joseph II ùnd Leopold II, Ihr Briefwechsel, Leipzig*, 1866.

AUGEARD, Mémoires secrets, Paris, 1866.

M. AULARD, La Société des Jacobins.

M. Edmond BARTHÉLEMY, Le Mercure de France, Paris, mai 1908.

Abbé BARUEL, Mémoires pour servir à l'histoire du Jacobinisme, Hambourg, 1803. Abbé V. BÉNARD. Frédéric Il et Voltaire, Paris, 1878.

Baron DE BESENVAL, Mémoires, Paris, 1828. Comte BEUGINOT. Mémoires, 3e édit., Paris, 1889.

F*** Louis BLANC, Histoire de la Révolution française, édit. de Bruxelles, 1848.

M. G. BORD La Conspiration maçonnique de 1789 : *Le Correspondant*, mai 1906.

M. G. BORD. La Franc-maçonnerie en France, Paris, 1908.

BOUTILLIER DE SAINT-ANDBÉ, Mémoires d'un père à ses enfants. - une famille vendéenne pendant la Grande Guerre (1793-1795). Paris, 1896.

MM. BRUNEAU. Les Débuts de la Révolution... Cher et Indre, Paris, 1902.

F*** BRUNNEL...E, Du rôle de la Franc-maçonnerie au XVIIIe siècle..., 1883.

Fréd. BULAU, Personnages énigmatiques, Paris, 1861.

M. Georges BUSSIERE, Événements historiques de la Révolution en Périgord, Paris, 1903.

CADET DE GASSICOURT, Les Initiés anciens et modernes, Paris, an V.

CAGLIOSTRO, Lettre au Peuple français, Londres, 1786.

CAGLIOSTRO, Lettre au Peuple anglais, Londres, 1786.

M. CAMPAN, Mémoires, Paris, 1849.

M. Aug. CARION, La Vérité sur l'Ancien Régime et la Révolution, Lyon, 1888.

Le Carnet historique et littéraire, Paris, 1900.

MM. Aug. COCHIN et Ch. CHARPENTIER, La Campagne électorale de 1789 en Bourgogne, Paris, 1904.

François COGNEL. La Vie parisienne sous Louis XVI (1787).

M. CONARD, La Peur en Dauphiné, Paris, 1904.

Le Confident patriote, Paris, 1789.

M. COPIN-ALBANCELLI, Le Pouvoir Occulte contre la France, Paris, 1908.

M. DESCHAMPS et Claudio JANNET, Les Sociétés Secrètes et la Société, Avignon, 1880, 1884.

DOINEL. La Loque noire, Paris, 1896.

Ed. DRUMONT, La France juive.

Essais historiques sur la vie de Marie-Antoinette, 1781, 1789.

F*** L. FIGUIER, L'Alchimie, Paris, 1860.

M. FINOT, La Revue, mars 1909.

Abbé LE FRANC, Le Voile levé... ou le Secret de la Révolution révélé à l'aide de la Franc-maçonnerie, Paris, 1791.

La Franche-Maçonne, 1744.

M. FUNCK-BRENTANO, L'Affaire du Collier, 6e édit., Paris, 1906.

M. FUNCK-BRENTANO, La Mort de la Reine, Paris, 1902.

M. FUNCK-BRENTANO, Légendes et archives de la Bastille, Paris, 6e édition, 1902.

Abbé GEORGEL, Mémoires.... Paris, 1820.

M. GÉRIN, Revue des Questions historiques, Paris, 1875.

Baron DE GLEICHEN, Souvenirs, Paris, 1868.

E. et J. DE GONCOURT, Histoire de Marie-Antoinette, 31 édit., Paris, 1863.

M. DE LA GORCE, Histoire religieuse de la révolution française, Paris, 1909.

E. HATIN, Histoire de la presse en France, Paris, 1859.

Histoire autentique (sic) et suivie de la Révolution. Londres, 1792.

Claudio JANNET, Les Précurseurs de la Franc-maçonnerie, Paris, 1887.

F*** JOUAUST, Histoire du Grand-Orient, Paris, 1865.

F*** JOUAUST, Le Monde Maçonnique, décembre 1859.

LAFONT D'AUSSONNE, Mémoires secrets.

LALLY-TOLLENDAL, Deuxième lettre à mes commettants, 1790.

La Reine dévoilée ou Supplément au Mémoire de Mme la comtesse de Valois.

LEFÈVRE, Le Gouvernement de Normandie.

Abbé LÉMANN, L'Entrée des Israélites dans la Société française, Paris, 1886.

M. DE LESCURE, Correspondance inédite sur Louis XVI, Marie-Antoinette... Paris, 1866.

Les plus secrets mystères des Hauts-Grades de la Maçonnerie dévoilés ou le Vrai Rose-Croix, traduit de l'anglais, suivi du *Noachite* traduit de l'allemand, Jérusalem, 1766.

Lettre de la comtesse Valois de la Motte à la Reine de France.

Lettre encyclique de S.S. Léon XIII sur la Franc-maçonnerie, Coutances, 1884.

LOMBARD DE LANGRES, Des Sociétés Secrètes en Allemagne..., Paris, 1819.

MALLET DU PAN. Mémoires et Correspondance, Paris, 1851.

MALOUET, Mémoires.

P. MANUEL. La Police de Paris dévoilée, Paris, an II.
MARMONTEL. Mémoires.

M. MÈGE, Bulletin historique et scientifique de l'Auvergne, Clermont-Ferrand. 1900.

Mémoire justificatif de La comtesse de Valois.... Londres, 1788.

Second Mémoire justificatif de la comtesse de Valois, 1789.

Mémoires secrets ou Journal d'un Observateur, Londres, 1782, 1786.

Comte DE MIRABEAU, Lettre sur MM. de Cagliostro et Lavater, Berlin, 1786.

B. DE MOLLEVILLE, Histoire de la Révolution française, Paris, an IX.

MORANDE. Les Principaux Événements de la vie merveilleuse du fameux comte de Cagliostro, Londres, 1786.

MORANDE, Suite de ma Correspondance avec M. le comte de Cagliostro Londres, 1786.

Abbé MORELLET, Mémoires.

GOUVERNEUR MORRIS, Journal..., 1789 à 1792, Paris, 1901.

F*** RAGON, Orthodoxie maçonnique, Paris, 1853.
Revue : *La Révolution française*, 14 juin 1904.

Abbé RICAUD, La Bigorre et les Hautes-Pyrénées pendant la Révolution, Paris, 1894.

M. DE LA ROCHETERIE, Histoire de Marie-Antoinette, Paris, 1892.

M. Xavier Roux. *Mémoire détaillé... de la marche des brigandages qui se sont commis en Dauphiné en 1789*, Grenoble, 1891.

SOUBDAT, Les Véritables Auteurs de la Révolution, Neufchâtel, 1797.

TAINE, L'Ancien Régime.

TAINE, La Révolution, Paris, 1878.

F*** THORY, *Acta Latomorum*, Paris, 1815.

F*** THORY, Histoire de la fondation du Grand-Orient de France, Paris, 1812.

P*** DE LA TIERCE, Apologie... Franc-maçonnerie, 1742.

M. TOURNEUX, Marie-Antoinette devant l'Histoire, Paris, 1901.

M. Al. TUETEY, Répertoire général des sources Manuscrites de l'Histoire de Paris pendant la Révolution française, paris, 1890.

Vie de Jeanne de Saint-Rémy de Valois, an I.

Vie de Joseph Balsamo, connu sous le nom de comte de Cagliostro, extraite de la procédure instruite contre lui à Rome en 1790, traduite d'après l'original italien imprimé à la Chambre apostolique, Paris, 1791.

F*** VOLTAIRE, Œuvres complètes, édit. du Siècle, Paris, 1869.

M. Pierre DE WITT, La Peur en 1789 : la Journée des Brigands en Limousin, Caen, 1887.

Arthur YOUNG, Voyage en France (1789, 1790), Paris, 1860

www.ingramcontent.com/pod-product-compliance
Lightning Source LLC
Chambersburg PA
CBHW050126170426
43197CB00011B/1727